叢書・ウニベルシタス　61

宗教とエロス

ヴァルター・シューバルト
石川実／平田達治／山本実 訳

法政大学出版局

目次

目次

凡例

一、本書は Walter Schubart: Religion und Eros, Verlag C. H. Beck, Müünchen, 1941. の全訳である。なお、Joseph Feisthauer による仏訳 Eros et religion (Librairie Arthème Fayard, 1972) を参照することができた。

一、訳出にあたっては訳者間であらましの基本用語について討議し、それらの訳語を統一した。ただし、“Erotik”についてはその語義のすべてを写しとるような適確な一語を見出しえなかったため、当該箇所の文脈に従って「エロス精神」、「エロスの世界」、もしくは「エロスの道」の訳語をあてた。

一、原注は（原注）として当該段落の末尾に配した。

一、原著者による挿入は（ ）で、訳注は〔 〕で表わした。

一、訳注は割注の形式によったため、本文の読み下しを妨げることがないよう簡潔・最少限をモットーとした。ただし、多少の注記があった方が好ましいと思われるような人名、神名等であっても、不詳のものが少なからず生じたことを付記しておく。

一、人名、神名、地名等の表記については、なるべく我が国で一般化している呼称を用いるよう努めた。

一、翻訳の分担は、序論〜第三章＝山本、第四章〜第六章＝平田、第七章〜第十章＝石川となっている。

一、訳者あとがきは石川が記した。

序論

宗教と性は人間生命の最も強力な二つの原動力である。両者を根源的な敵対物とみなす者は、人間の魂の永遠の二元性を説く者である。両者を不倶戴天の仇敵として分かつ者は、人間の心胸を引き裂く者である。そして、現に、それはすでに久しい以前から引き裂かれてしまっているのである！　宗教とエロス精神について深く思いを凝らす者は、人間の深部で血をしたたらせている最も痛ましい傷の一つに指を触れざるをえない。この傷の治癒に寄与すること、すなわち男女の愛に良心の安らかさを、そして魂にその統一性を返し与えること、これが本書の意図である。本書はまず宗教とエロス精神の間で一致をみている諸現象を叙述し、次いで宗教とエロス精神の間の本質的連関を明るみに出し、最後に両者を、一つの包括的な世界像の枠組のなかで、人間存在の究極的諸問題と結びつけようとするものである。これに対して、人類のさまざまの宗教を性とエロス精神に対するそれらの態度に関して順次歴史的に探査し、観察の結果を集成し、これをことごとく分析しつくそうとするのは、設定を過った課業というべきであろう。このような歴史的方法は我々の意図する目的のためには何らなすところがないであろう。歴史的方法は必然的におびただしい量の反復作業を強要するであろうし、しかも、本質的な事柄の洞察に関してはそれにもかかわらず広汎な空隙を残置してしまうという結果を招きかねない。ほかならぬ歴史的感覚と称するものこそ、観察者の視線をあまりにも細部の事象にのみ繋縛し、全体の景観を見失わせることによって、かえってしばしば歴史の意味を不明瞭にしてしまうのである。また宗教の性欲論的解釈を、あるいは性の神学的解釈を展開することも、同様に無益であろう。歴史的な経験知から出発しても、あるいは純粋にエロス的な省察、もしくは純粋に宗教的な省察から出発しても、本書における根本的諸問題がそこから展望さるべき当の望楼に向かっては、いかなる道も通じていない。不可欠なのは宗教的―エロス的な一体的通観である。結局、宗教とエロス精神について何らかの分析と解釈をほどこしうるためには、その当該者自身に両者の濃密な近親関係についての痛切な体験が具わっているのでなければならない。ただし筆者がこれによっていわんとするのは、人は経験よりも霊感に、外界の事実よりも内面の事実により多くの信をおかねばならない、ということにほかならない。実際、人間は伝統への追想や抽象的構想によってではなく、霊感と直観によってのみ新たな生命を獲得するのであり、このことは我々の不動の信念でなければならないのである。確かに我々もまた過去の人間を観察するであろう。しかしこれは過去の人間のためにではなく、我々現下の人間のために行なうのである。我々は現下の人間と、この現下の人間が陥っている窮境を考察の原点とするのであり、我々の憂慮と愛情は、新たな生命を得て蘇るべき未来の人間たちに向けられているのである。宗教とエロス精神がそれらの本性上どのような関係にあるのか、両者が互いに敵対化するという事態がどうして生じるのか、そして、両者が再び相まみえて和解を遂げるためには、どのような方法が考えられるか――本書はこうした基軸的な諸問題をめぐって論述したものである。それらは永遠に現代的な諸問題であるとはいえ、しかし現下の世代にとっては特に火急の諸問題なのである。なぜなら、宗教とエロス精神の間に新たな、親密かつ幸福な関係を回復させ、人間的尊厳と性本能とを再び和解に導くことに成功しないかぎり、今日多くの人々がそれを待ち望み、一切の希望をそれに託しているところの、かの、宗教の復活なるものは到来しないであろうからである。が、もしこの試みが成功をみた暁にはエロスは新たな宗教的品位を、そして宗教は新たな根源的生命力を獲得するであろうし、数千年の誤謬のなかで硬化し、引き裂かれ、生存の統一性を奪われてきた人間は再びこの統一性を見出し、同時に、失われた魂の平和をも再び見出すであろう。

この著述のよりよき理解に資するため、筆者はあらかじめいくつかの用語について概念規定をほどこしておきたい。

エロスの概念を筆者はプラトンよりも狭義にとらえ、男女間の関係ということに限定する。性本能(性欲)とは両性が互いに相手を求め合う本能のことである。この本能は人間が一定の道徳的成熟段階に達した時点で精神的な力の触発を受け、エロス、すなわち男女の愛として現われてくる。一般にエロス精神は同時に性本能をも自らのうちに包含しているのが常ではあるが、かといってすべての性本能がエロス精神の尊称を冠せられる栄に浴するわけではない。性本能を欠いたエロス精神は存在しない。エロス精神には両性相互間の憧憬が必要である(ただしこの憧憬は必ずしも肉体的合一への衝動を含む必要はない)。これに反して、エロス精神を欠いた性本能は存在しうる。動物の場合にはこれが専らの、そして人間の場合には最も一般的な形態の性関係(性生活)である。

宗教は神と人間の相互関係である。それは実にさまざまな形態をとって現われうる。たとえば契約として(ローマ人において)、人間が神にまで高まろうとする努力として(ギリシア人において)、人間界への神の降臨として(キリスト教の場合)、神と人間との互いに融合をめざす接近として(神秘主義の場合)。意識してこのような関係のなかへ歩み入り、首肯しつつこれに参与する者は、すでにそれだけで一個の宗教的な人間である。神—人の関係は両性間の関係とまったく同様に一つの所与の現実であり、実在界におけるうち消しがたい交わりの関係である。禁欲主義者は女性から、そして無神論者は神から身をそむけるであろうが、こうした離背は女性に関しても神に関しても何ら議論の余地を生ぜしめるものではない。本書における思考の骨組はこのような根本見解に立脚している。本書は神を論争の余地なき、大いなる絶対者として前提している。人は神の属性についても、また神に対してどのような態度をとるべきか、神を恐れるのがより信心深いのか、それとも神を愛するのがより信心深いのか、といった問題についても、さまざまな反抗的思考をめぐらすことができる。神の懲戒のもとで不平を鳴らしつつ神に向かって反逆することもできる。しかし、神を否認することはできない。我々は神についてのどのような論議も妨げはしないが、神は存在しないとする論議だけは容認しない。確かに神は証明されえない。しかし、神が反証されえないことも同様に確かなのである。神とは信仰さるべき存在である。そしてこのことは結局、神とは身をもって体験さるべき存在である、というに等しい。神を体験しないかぎりはいかなる証明も無益であり、そして神を体験してしまえば、神はもはやいかなる証明も要しない。証明を求める者はすでに疑った者である。神体験が成熟するやいなや一切の疑念は沈黙してしまうのである。

第一章　根源についての魔神論

神は常に唯一者にして永遠者である。しかし人間の側からは世代、人種、文化段階、年齢、および精神的成熟度に応じてそれぞれ異なった仕方で体験されるし、さらに、人間はそれぞれ各自の体験に従って神の像をかたどる。神的存在は、ただ人間の表象においてのみ諸々の矛盾と対立の間を揺れ動いている。神的存在それ自体は自らの絶対的充足性と恒常性のなかに休らっており、いかなる変化も蒙ることのない不易の存在である。しかし人間の神感情は移り変り、それは驚きや恐れや怯懦から、畏怖と畏敬を経て、小児のような信頼感と献身的な崇愛にまで高まっていく。太初に根源的戦慄があった。――筆者は人類の原初の宗教的感動をこのように名づけるであろう。この戦慄は人間にとって自分の周囲世界がもはや自明のものではなく、疑わしく不確かなものになり始めるその瞬間、はじめて彼の心に襲いかかってくる。この瞬間から人間は、自分がもはや自分を囲繞する自然のなかに組みこまれているものとは感じなくなり、逆にこれと相対峙していることに気づく。こうして自己自身、世界、そして神についての意識の萌芽が形成される。多種多様の現象のなかで人間はいまはじめて不易の存在に出会い、この存在から単一性の概念を導き出していく。そして、この単一性の体験をまってはじめて人間と動物との本質的相違が生じてくるのである。当初この体験にともなっている感情は根源的戦慄、すなわち世界に対する驚愕によって惹き起こされた息づまるような心理状態である。この時以来人間は奇蹟、聖なるもの、タブー、不可触のもの、近よりがたいものの存在を知るようになる――つまり人間にとって宗教が存在することになる。このような段階の宗教の基底と本質をなしているのは神の観念ではなく、聖なるものの体験であり、熟知した、日常的な事象と非凡な事象とを区別する態度である。宗教をもつ者とは、聖なるものに対する感受性をもつ者のことである。神の像は第二義的なものである。それは、いわば宗教的体験がそれによって自己確証をなすための鏡であるにすぎない。この世界のもはや理解しがたくなった部分、言い換えれば、それに出会った途端肝をつぶして後じさりしてしまうような存在の不気味な側面。当初人間たちが神と名づけたものは、まさにこのようなものであった。精神がより高度の発達を遂げるに従って、人間にとって自明的なものの領域は次第に狭まっていき、その反対に神概念はますます大きくふくらんでいく。人間が疑念を抱きうるということ、そして神々への道を発見するということは、人間が深さをもち精神をもつことの証左にほかならない。

聖なるものは同時にまた力強いもの、危険なもの、圧倒するものとして体験される。未開民族の語彙がタブーとマナ〔原始宗教にみられる不可思議を働く超自然的・非人格的な力〕の概念を一つに混同しているのはこのためである。人間は自己の弱さ、寄る辺なさ、無力さを自覚する。彼は自分を支配している超越的威力を常に感じるようになる。はじめて人間の死という出来事に出会ったときほど激しい衝撃によってタブーとマナの威力を思い知らされたことはないであろう。人間の宗教心は同胞の最初の亡骸《なきがら》を見ることによって目覚めた、と推測してよいであろう。人々は死去した者の霊を恐れた。かくして、物故した祖先たちが最古の「魔神《デーモン》たち」になったのである。魔的観念にもとづく祖先恐怖は長い時を閲《けみ》して変化を遂げ、ついに神観念にもとづく祖先崇拝に成長した。これにともなって、これまでのすべての宗教を掩《おお》っていた魔的な威光は祭司たちの頭上に乗り移っていった。彼らの絶大な、時には不可触のものとすらみなされる権威は、人間の深奥に根ざしている魔神恐怖をその唯一の――とはいえ強固不倒の――支えにしている。この階級の威信は、従って、人類がタブーを体験するその強度に応じて浮きかつ沈みするであろう。

最初の宗教的感動がもたらす戦慄――神に対する恐怖、ヘブライ人の真《まこと》の（emât）ヤーウェ――は、文明期の諸宗教の最深部にいたるまでその余波をおよぼしている。パウロが「わたしたちの神は、実に焼きつくす火である」、「生ける神の御手のうちに落ちるのは、恐ろしいことである」（ヘブル人への手紙一二の二九、一〇の三一）と呻吟したとき、彼の魂はこの恐怖に襲われていたのである。ルターもまた、神は悪魔よりも恐ろしく残忍である、として、神の冷酷さを嘆いている。こうして、ラクタンティウス〔二六〇頃―三二五頃。キリスト教護教論者〕がその著述の一つで論じているところの、かの神の怒り（ira Dei）の概念が生まれてくる。マタイ伝一〇章二八節および二一章四一節などの章句はまだ宗教的恐怖心によって動揺しており、それらはいわば愛の宗教の真只中における不安の浮島である。バラモン教におけるアパラドゥ（aparadh＝敬虔な気持で崇拝すること、宥和すること、怒りを鎮めること）という表現もまた敬神の根源が恐怖にあることを示唆している。

未開人がこの恐怖に撃たれて身辺を手探りするとき、いたるところでかの未知の非人格的存在、かの謎に満ちた「それ」に突きあたる。それはさまざまな形態をとって彼をとり囲み、待ち伏せている。が、それは常に同じ一つのものであり、常に同じ一つの感動――戦慄を惹き起こす。それは捉えがたく漠としており、その輪郭は、あたかも風に吹かれる雲の縁《へり》のように流れ移ろう。人間は――先史時代の暗黒のなかで――長期にわたる魂の発達を要したのであり、この巨大な「それ」は、人間の内面的視力のそのような発達をまってはじめて彼自身の姿に似た諸々の個別的像に分化し、凝縮しえたのである。いまや人間が対峙しているのは無数の魔神たちや、霊たちや、神々であり、それらが意のままに表象しうる存在であることに気づいたとき、彼の魂はすでに一種の安堵感と清澄感を覚えていたにちがいない。いまや人間は、呪法と祈願によってこれらの超越的な力と交渉をもつことができるようになった。この時から善意の神々や霊たちが存在することとなり、人間はそれらの庇護のもとに身を置くことができるようになった。またその一方では邪悪な、危険な神々や霊たちが存在するようになり、人間は善意の神々と結託してそれらに挑戦することとなった。彼はもはや天涯孤独の身ではなかった。もはや捉えがたい一者の前に放り出されているのではなかった。彼は、自らの根源的戦慄の克服者たらんとする無意識の欲求に衝き動かされて、すでにこの捉えがたい一者を解体することに成功してしまったのである。多神教とは、従って、根源的一者についての息づまるような体験を経たのちの魂の成熟段階を表わすものである。もっとも、明白な神観念が欠けていることを度外視してこの未分化の根源的一者の体験に原初的一神教としての地位を認めるのであれば、当然一神教は万神殿《パンテオン》より早期のものということになるであろうが。

当初人間の宗教的関心はマナの力から身を護り、この力を宥和することだけに向けられていた。しかしいまや人間のなかに、神々に対して謙虚に援助を懇願しようとする要求が目覚め、さらに引き続いて、神々に対して満腔の感謝の意を表明したいという一層高貴な願望が目覚めてきた。長い間善霊と悪霊は強さの点で同等の敵手であった。たとえばペルシア人におけるアフラ・マズダとアングラ・マイニュ〔アーリマン〕のように。しかしサタンの場合は、その恐るべき全能の敵手ヤーウェに対して急速に戦闘力を失ってしまう。やがてこの悪の原理はついに力萎《な》えてくずおれ、唯一の善なる人格神が戦いの場を闊歩するにいたる。人間精神の発展経路は非人格的な全一者から多数の神々を経て、再び神的な一者へと還帰していく。ただしこの一者とは、いまや愛の人格として体験されるようになった唯一者を指す。こうして人類は、不安の宗教を経て信頼の宗教へ、根源的戦慄を経て神への愛にたどりつくまで、文字通り長い茨の道を歩み続けたのである。神に対する全幅の信頼によって身の安全を固めているキリスト教徒には、未開人たちが根源的戦慄に襲われた際のあの凄まじい震撼はもはやほとんど体験できない。いわんや神々をあざ笑っている冷淡な文明動物たちにはなおさら不可能である。このように大部分の現代人は――信仰をもつ者であろうとなかろうと――宗教の魔的な諸要素に対する感受性を失ってしまっている。

しかし、元来神と魔神の概念はそのように截然と区別されていたのではなかった。ホメロスにおいてもまだテオス（θεός）とダイモーン（δαίμων）はまったく同一のものである。ソクラテスは自分の内心の声をダイモニオン（δαιμόνιον）、すなわち小さな神〔神霊〕と呼んでいる。イランではダイーヴァ（daeva）は魔神たちを意味しているが、インドではデーヴァ（deva）は――同一の語根をもちながら――神々を意味している。神概念が純化され、相応の純粋性と聖性を得たのちにはじめて、魔的存在の概念はこれとはっきり区別して考えられるようになったのである。ここではじめて神々と魔神たちを対置することができるようになったのである。神的な光明は魔的深淵の暗黒から解き放たれねばならなかった。神々はこの瞬間ようやく生まれ出ることができたのである――魔神たちの息子として。

犠牲のモチーフは宗教の魔的本性に根ざすものである。人間が愛惜する事物を放棄したり、あるいは熱望する事物を断念したりするのは、それによって魂の平安という返礼を得ようとするからである。彼が捧げる最初の犠牲は贖罪のためではなく、魔神たちの心を宥和するためのものである。人間を圧迫しているのはまだ罪悪感ではなく無力感である。タブー体験は善悪の彼岸においてなされているのである。従って、人身御供は何ら道徳的腐敗の標徴ではない。それは形而上学的恐怖と同様に、人間本性における根絶しがたい性向である。文明人は、往時のこのような供犠に激昂を覚え、祖先の原始的な粗暴さと奇矯な迷信に対して軽蔑的な裁きを下すが、これは何と誤った見方であることか。未開人のタブー恐怖に対しては、道徳的判断ではなく心理学的判断のみが適用されねばならない。それは何ら道徳上の欠陥を示すものではなく、逆に一切の道徳的開化の根源を明らかにするものである。それは今日ではほとんど追感できなくなった魂の苦悩の状態である。未開人たちが自分自身の子供をモロク神の灼熱の腕のなかへ投げ入れたとき、その胸中はいかばかりであったろうか！　ここにはいかばかりの量りがたい内面的苦悩と緊迫感が迸り出ていることか！　常に、そしていたるところで人身御供は存在したし、またそれは人類の歴史から決して完全に消滅することはないであろう。形式は移り変る。しかし祖先伝来の魔的な宗教遺産は周期的に蘇り、いつの世にも己れの健在を周知せしめずにはおかない。インド人は特に好んで処女を犠牲に捧げたし、ユダヤ人は長子を、クレタ島人は選りぬきの美少年・美少女を、そしてテミストクレスはサラミスの海戦に先立って三人のペルシア人を犠牲に捧げた。ローマ人は帝政時代に入ってもなおこの人身御供の儀式を忘れなかったし、ゲルマン人の場合は一〇〇〇年頃までも放棄しなかった。カルタゴ人は都市の城壁を難攻不落のものにしようとして、生身《いきみ》の子供たちをそのなかに閉じこめた。ベツレヘムにおける嬰児殺しもまたヘロデ王が祭司長と結託して断を下した、偽装された犠牲《いけにえ》の儀式であった。宗教裁判についても真相は同様であった。火刑の薪の山は、神の栄光を称えるために炎と燃えさかったのである。必ずしもそれと意識されていないにせよ、この場合もまた神の心を和らげる(異教徒たちの姿が神を怒らせたので)ことが最深の動機をなしていたのである。儀式の残酷さに目を奪われて、犠牲を捧げたこれらの人々の深い体験能力を見逃してはならない。彼らは神を偉大な、恐るべき存在として思考したが故に恐るべき犠牲を捧げたにすぎない。この凄惨な犠牲においてこそ、宗教の根源に潜むあの魔的な力が最もよく現われ出ているのである。宗教が改革を受ける時点においてもまた、この魔的な力は自己本来の残忍性を回復して登場するのが常である。新たに誕生した神の揺籃のそばに代父として立っていたのは——一体の魔神であった、といったことも決して珍しくはないのである。

禁欲は右の場合よりも穏やかな形式の犠牲である。禁欲においては、人間はすでに所有しているものを放棄するのではなく、所有したいと願う財物や享楽を諦めるのである。こうして断食と性的節欲が生じてくる。従って、エロス精神に対する禁欲的嫌忌は未開人の魂の奥底にいたるまで深く根を下ろしている。未開人の感情の隠れた根底ではすでにエロスと神々の間の緊張が芽生えており、やがてはそこから、両者の間の巨大な戦いが繰り広げられるのである。

宗教の形成によって人間の内部へ一種の異質の力が侵入してくる。この力が人間に触れるやいなや、彼は負傷の痛みを覚える。神秘主義者たちは、自分が「神々の投槍」によって傷を受けたように感じている。キリスト教の女性神秘主義者たちは、イエスが自分に傷を負わせたのだ、と訴えている。「おお主よ」、とアウグスティヌスは歎息している、「あなたは苦痛をご命令になります。あなたは癒さんがために傷を負わせ、死によってあなたの御許から離れることのなきよう、我々の生命《いのち》を奪われます！」師父ピレモンもまた苦しみ呻いていっている。神の恩寵によって至高の実在のなかへ導き入れられるとき、人間は「神の愛によって傷つけられた」ように感じて「愛の涙」を流すのだ、と。そしてマカリウス〔三〇〇頃―九一。隠修士。キリスト教的神秘思想の創始者の一人〕は、魂は天上の新郎と交わりをもっている、魂はこの新郎の愛に傷ついて喘ぎ、霊的―神秘的合一を憧れつつ病み衰えていくのである、と記している。神々はその手で触れた人間に外傷《トラウマ》の目印をつける。激しい痙攣のもとで神のための格闘、神ゆえの苦悶、いうなれば魂における陣痛の苦しみが始まる。単に原始時代においてだけではなく、成熟した文化段階においてすら人間は処々方々で神ゆえの苦悶に襲われている。ルターはエルフルトの修道院の独房でこれを苦しみぬいたし、L・トルストイは、あたかも悪霊たちにつけまわされているかのように「永遠の疑問」によって駆り立てられるのを覚え、ついに『懺悔』のなかで魂のこの窮状の一切を吐露せざるをえなかった。神ゆえの苦悶は一転して神への愛となることもありうるし、また神への憎悪となる場合もありうる。――ただし、いかなる場合も無関心に転化することはありえない。それは人間を導いて神に向かわしめ、もしくは神に逆らわしめることはありうるが、神のかたわらを通過せしめることはありえない。絶対者によって撃たれた人間は、神に向かって上昇していくこともでき、もしくは神に反抗することもできるが、神を忘れ去ることはもはやできないのである。宗教的体験はそもそもの初めから、崇拝かもしくは反逆の無神論かの二つの可能性を包含している。しかしこの反逆の無神論は無関心の無神論、すなわち宗教的諸価値に対する完全な不感症と取り違えられてはならない。外傷《トラウマ》の痕はこの外傷を負わせた神の投槍を常に想起させ、これによって人間の傲慢、自己愛、あるいは自律への願望に屈辱を加え続ける。そこで人間の傲慢はこの屈辱に対して復讐を遂げ、人間自身を欺いて、あたかも彼には自由――神々なき自由――が存するかのように思いこませてしまう。かくして、宗教は以後二筋の道に分かれて発展していくこととなる。一方は頭上なる天界に向かって、他方は地底のサタンの国に向かって。そして、このサタンの国なるものもまた宗教の魔的根源を表わすその名残りなのである！

宗教的な根源的戦慄は、世界に対する驚愕と、超自然的存在によって負わされた傷の痛みの最初の現われである。それ故、この感情は特異な複合的性格を帯びている。それは確かに苦痛感ではあるが、甘美な苦痛感である。戦慄感ではあるが、ただし恍惚とした戦慄感である。それは単なる恐怖感そのものではなく、畏敬の念にまで発展しうる恐怖感である。根源的戦慄によってうち震えている人間け、自分が奇妙にも、突き放されつつかつ同時に引き寄せられているのを覚える。彼の心を不安で満たすその当のものが、同時に彼の崇拝を強要するのである。たとえばトーテミズムにおいて現われているような原初的な形態の宗教の場合ですら、そこにはすでに集団的恐怖心と宗教的崇拝が共存しているのがはっきりとみとめられる（ヴント『民族心理学』二の二、二四五頁）。タブーは神聖と不浄という一見相容れないようにみえる概念を併せ含んでおり、そしてこの二つの概念は、近よりがたいもの、不可触のものという一層包括的な概念のなかで再び相会している。つまりこの包括的概念のなかでは、神に対する畏怖と魔神に対する恐怖が一つに融合しているのである。高度の文化段階においてすらなお、手探りしながらはじめて宗教の領域へ足を踏み入れていく人間が人類の最も原初的な体験に特有のあの感情に襲われる、もしくは襲われることがある、というのは刮目すべき現象である。最も強烈な信仰体験、すなわち宗教的天才が体験するようなあの凄まじい試練、回心および啓示、そしてその際の異常な感情や幻覚といったものこそ実にしばしば、宗教の根源の基本色をなすあのどす黒い魔的色彩によって染めぬかれているのである。アウグスティヌスは驚き怪しんで次のように問いかけている。「ではあれは何ものなのか、輝きつつ私のなかに射しこんできて、傷つけずに私の心を撃つものは？　私は戦慄に捉えられ、同時に歓喜によってうち震える。戦慄を覚えるのは、私がそのものに似ていないからであり、にもかかわらず熱く燃えあがるのは、私がそのものに似ているからである」（『告白録』一一の九）。もし太古の未開人にローマ風の教育を受けたヒッポの司教〔ヒッポ（ヒッポ・レギウス）は古代北アフリカの一地名。アウグスティヌスは三九六年以降この地の司教として活動した〕の知性があったならば、彼もまたタブー体験に見舞われたあとでこれと同様の問いを発することもできたであろう。

　人間は、宗教の根源から遠ざかるに従ってますます宗教からその不気味な諸要素を取り除いていく。宗教は変質して倫理となり、聖なるものは道徳的に完全なるものを意味するようになる。とくにカントおよび後期のプロテスタンティズムは、熱狂的信仰心が冷徹な知性によって整序された、純然たる道徳の領域へと逸脱していく最も顕著な過程の一つである。これと同時に、そして同様の経過をたどりながら、本来宗教的情操の喚起育成を目的としていた悲劇の上演場は、無味乾燥な「道徳的教化施設」と化していく。戦慄に満ちたタブー体験は倫理―実践上の決疑論〔規矩準縄に照らしてなされる形式的な論議・判断〕となって霧消する。現今の人間にとっては、特に北方諸国においては、魔神の憑依《ひょうい》を宗教の根源として肯定し、魔的事象と宗教的事象の根源的一体性を追感することは何ものにもまして困難である。それ故、どれほど執拗に繰り返してもなお言い足りないのは、宗教は――エロスと同様に――善悪の彼岸において発生するものであるという、まさにこの一事である。宗教はその歴史の全過程を通じて多種多様な仕方で倫理と対決し、かつ結びついてきた。しかし宗教は、その本質上、道徳外の領域で己れ自身の生を全うするものである。聖なるものは道徳的善のなかへ完全に吸収されることはありえない。それどころか、聖なるものは常に悪との秘かな関係を保ち続けているのである――悔悟、懺悔、そして新生を体験しているそのさなかにおいてすらも。宗教は、これまで到達した最高の頂点においてすら、自己本来の超道徳的な性格を露わに顕示している。すなわち、キリスト教のアガペー思想は道徳的尺度による価値評価――正と不正による価値評価――の一切を止揚しているのである。

　宗教の魔的本質はまた、それが自ら進んで狂気の側近を求めたり、あるいは少なくともこの症状を甘受する際のあの信頼感においても現われ出ている。ギリシア人ほどに両者の秘かな近親関係を鋭敏に感じとっていた民族はない。彼らはどのような種類の精神錯乱でもすべて「聖なる病い」(ἱερὰ νόσος) と呼んでいた。彼らはよく聖なる病いについて語り合い、宗教的な消魂忘我の症状のなかにあらゆる狂気の原形式を観ていた。宗教が魔的なるもの、犯罪、あるいは狂気と肌身を接して位置している以上、すでにその本質自身のなかに最もおぞましい醜怪と放恣の胚芽を宿しているのである。人間の魂と意識にはそもそもの初めから、絶対者を体験する際のあの凄絶な震撼にもはや耐えきれなくなってしまうという危険がつきまとっている。そうした場合、人間の精神は力つきてくずおれてしまうか、あるいは凄まじい勢いで外界に噴出してこれを破壊し、絶滅しようと努めるかのいずれかである。人類は自分たちの神々のために、他のいかなる目的に対してよりも多くの血を流してきた。魂のこの凄絶極まる激動と対比されうるものはただ一つのみである。宗教と同様に人間の魂を抗《あらが》うすべもなく捉えうる唯一の力——それはエロスである。

性愛もまた魔的な起源をもっている。はじめてこれを意識し、これによって揺り動かされたとき、人間は、タブーに対して覚えた最初の戦慄と同様の戦慄を覚えたにちがいない。突如として外部から闖入してきた超人間的な力の手に落ち、呪縛されてしまった際のあの感情が、この時もまた彼の喉元を締めつけたにちがいない。少年が大人になる際に苦しむのと同一の、あの甘美な憂愁が彼を襲ったことであろう。人類がその黎明期において体験したところのものを、男性は今日でもなお自己自身の生命の黎明期において体験している。彼は愛の根源的戦慄を覚える。やがて彼は女性に対しておずおずと好奇の眼差を向けるが、女性は彼の心を惹きつけると同時に警戒心を起こさせる。女性は、タブーやマナの場合と同様に、彼の意欲を掻き立てはするが同時に危険の予感をも惹き起こす。彼ははじめて魔神たちを体験したときと同様に、最初の女性を不安と憧憬のなかで体験したのであった。女性はもしや超人間的な力と秘かに結託しているのではあるまいか？　すでに先史時代の雲霧のなかで、このような疑念が男性の胸中に湧き起こっていた。宗教的な根本感情とエロス的な根本感情はあまりにも似通っていた。それは苦悩と歓喜の交錯した甘美な恐怖感であった。神話はイヴを最初の男性の至上の幸福として造り出しながら、同時に爾後彼が蒙るべき一切の禍運の種とすることによって、この不離一体の対立感情をみごとに形象化した。宗教的なそれと同様、エロス的な根源的戦慄もまた一種の複合感情である。それは神的存在に触れたときの感情と同様に、人間の魂を圧伏するとともにこれに感激の翼を与えるところの、あの魅了された心的状態を惹き起こす。それは歓喜のさなかにおける苦痛、苦痛のさなかにおける歓喜の状態であり、魂は天にもとどけと歓呼しつつ、同時に死ぬほどの悲哀に満たされている！　エロスはその最も初期の胚芽期から絶妙の開花期にいたるまで、終始このような独特の感情をともなっているのである。宗教と同様に男女の愛もまた――プルタークの深遠な表現を借りるならば――負傷の本源である。その故にまた古代人はエロスを、いつでも人間の胸板を狙うことができるよう弓矢を手にし、箙《えびら》を背負った神として描いたのである。神話のなかでは、プシュケ〔エロスに愛された美少女〕は愛の神が携えている武器の一つによって親指を傷つけられるが、これは負傷の本源としての愛の本性を極めて巧妙な手法で暗示するものである。さらに、右の例ほどに上品ではないが、男性の力が女性の身体のなかへ侵入する際に負わせるあの傷もまた、愛の同様の本性を表わす一つの比喩である。我々は先に神ゆえの苦悶について述べた。愛ゆえの苦悶――恋人を得んがための、魂の激動と痙攣のなかにおける格闘――は、まさにかの神ゆえの苦悶と対幅をなすものである。そして信者が時には自らの神々に反抗することがあるのと同様に、愛する者もまた己れ自身を固縛している恋情の絆を断ち切ろうともがくことがある。エロスの内奥には秘かな憎悪、反抗、そして闘争に対する無意識の衝動が隠されている。それ故、神々に対する崇敬が一転して呪詛に変化するのと同様に、エロス的な愛もまた容易に憎悪に豹変しうるものである。反逆の無神論に相通じるところの、一種のエロス的憎悪とも称すべきものが存在する。エロス精神におけるこの病的昂進の症状は宗教における狂気の側面を想起させる。プラトンは『パイドロス』のなかで恋を一種の狂気と呼んでおり、またシラーは『人間嫌い』のなかで、人の心に「巧みにとり入る狂気」と呼んでいる。

　エロス的な根源的戦慄はすぐれて男性的な体験である。男女間の関係についてみると、男性の女性恐怖は宗教における魔神恐怖に照応している。この現象は両性の身体的な力関係に一致しないものであるだけに、一層奇異の念を抱かせるにちがいない。しかしこれは人類史のあらゆる時代がその証拠を提示しているところの、一つの厳然たる事実である。この現象は母権制の時代――これについてはバッホーフェン〔一八一五―八七。バーゼル生まれの法学者、古代史家。古代母権制の確認者とされている〕の基本的な洞察以来もはや疑念の余地はない――が存在したことによって最も雄弁に立証されている。女性は男性を憎悪することはあっても、恐れることはない。女性は男性の粗暴で破壊的な力を嫌悪し、そして、生の野生的な力に拘束を加える男性のあの整序する精神力を、なお一層忌み嫌う。バッカスの巫女たちは男性的な整序原理の至高の代表者であるペンテウス〔テーバイの王。ディオニュソス崇拝を禁圧しようとした〕の身体を引き裂いてしまう。メラネシア群島民の女たちはその狂的秘儀によって憑依状態に陥ってしまうと、あえてその場に近づく男があれば誰彼かまわず切りつけて、かたわにしてしまう。またアリストファネスの『女の平和』のなかでは、女たちはその全き生命に損傷が加えられることを案じて苛立ち、男たちの戦争をやめさせようとして夜の勤めを拒んでしまう。アマゾン女族の国では、女たちは男性側の専制権の要求に逆らってこれと戦うために、ついに男の武具を身につけて一団の戦士になってしまう。これらの神話や伝説はすべて女性のエロス的本性に発する憎悪の現われである。しかし、それらは魔神に対するような男性恐怖を意味するものではない。女性にとって男性は何ら謎ではない。それだけに男性にとっては女性はなおさら不可解な存在である。従って、男性は女性について常に心を傾けて思量する。しかし、女性は男性のことをせいぜい念頭に想起するにすぎない！　この事態はすでにエロスの原初段階においても存在していたし、そしてこの世に男と女という二つの性があるかぎり永遠に存在し続けるであろう。

　イヴは男性にとっての危険であり誘惑者である。イヴは男性よりももっと深く生の秘密を見ぬいており、愛の事柄に関して男性よりもはるかに立ちまさっている。イヴは本質的にエロス的な存在なのである。男性は単に性愛によってのみ生きるのではなく、性愛のみをもってしては男性の本質は解明されえない。男性は往々にして性愛に対して不安を覚え、自分自身の性衝動に対するこの不安の原因を、衝動の対象たる女性に転嫁してしまう。これに対して、女性の愛し方はいかに落ち着きと確信に満ちていることか。女性はおびきよせる。男性はただこれにつき従っていき、そして――罠にかかる。この根源的体験は多くの民族の神話のなかで繰り返し現われてくるモチーフである。その場合ニノス〔アッシリアの首都ニネヴェの創建者と伝えられる。セミラミスはその妃で、のち女王となった美貌の女〕、ヘラクレス、サムソンといった、ほかならぬ種族中の最強の男たちが女たち

――セミラミス、オムパレ〔リュディアの女王。ヘラクレスは彼女の許で三年間奴隷として仕えたとされている〕、デリラ――の裏切りや奸計の犠牲になっている。人類の歴史はその魂が自らの暗黒の地底に向かって下降していく時代と、次いで再び真昼の明るい表層世界に浮かび上がってくる時代との交互の繰り返しである。それ故、男性における女性恐怖もまた決して完全に根絶されることはない。一九世紀のような極めて理性的な世紀においてすらストリンドベルイ、ヴァイニンガー〔一八八〇―一九〇三。ウィーン生まれの哲学者。その性愛の形而上学において男性の倫理的、精神的優越性を説いた〕、ヴェデキント〔一八六四―一九一八。ハノーファー生まれのドイツ劇作家。女性の悪魔的、自我中心的な性の力とその悲劇性を描いた〕のような男たちは女性生得の魔的な力に恐れをなし、男性本来の精神主義のなかに隠れ家を求めたのであった。

男性が身体力の点では優越者でありながら女性を恐れる、もしくは時に恐れることがあるというこの奇異な事態は、人間本性の極めて深いところにその根拠を有するのにちがいない。女性に対してはすでにその原初的体験のなかで、かの根源的戦慄を和らげ、男性よりも速やかにこれに打ち克つための一種の治療法が授けられていたのにちがいない。それは女性の魂の特異な側面にもとづく治療法であって、男性に対しては永遠に授けられることのないものであった。女性の魂のこの特異な側面とは、すなわち自然に対するその本質的親近性ということである。男性に比べて女性ははるかに自然に近しい生きものである。女性は世界全体と有機的に化合しており、宇宙的諸連関のなかに包みこまれて休らっている。女性は決して男性の場合のように内面的相剋によって鋭く、痛ましい仕方でその魂を引き裂かれることはないし、また決して男性の場合のように自我と周囲世界の間の硬直的な緊張関係に苦しむこともない。感性的世界と超感性的世界は、女性にあってはしっかりと密着し合っている。男性がもともと個別化への性向をはらんでいるのに対し、女性は世界全体のなかへ深々と抱擁されているため、世界に関して決して男性のように強烈に驚き怪しんだり、深刻に苦悩したりすることはない。現存在は男性に対するほど多くの疑問を女性に課するものではない。女性は万象と――男性ならばその前で驚愕を禁じえないような側面とすら――一致調和して生きているのである。かくして、女性はその野生的生命力の確固さの故に男性を不安に陥れる一個の謎と化した。霊たちや魔神たちを受け入れると同時に男性自身をも受け入れるその不可思議の生命力は、男性にとって、宗教世界における一個の謎であると同時に、エロス世界における一個の未聞の謎でもあった。

人類の生存条件が自然的―植物的であればあるほど女性の力は一層支配的である。性行為が生存の核心をなしているような段階では、女性は、生命創造における役割の比重が明らかに男性のそれを凌駕しているという、すでにその理由だけで優位に立つことになる。しかし人類はいつまでも太古の原始的な生存形式のもとにとどまっていたのではなく、男性の影響力のもとに自然的存在から歴史的存在へと変貌を遂げ、その視線は国家、経済、科学、そして技術の上に注がれるようになった。人類がかの根源的戦慄を克服していくにつれて、女性の優越性は次第に失われ、その植物的な生存形態もまた次第に軽視されるようになる。そしてついには男性に対する女性の支配的地位が否定され、逆に女性が男性の足下に屈服する時代がやってくる。女性の保守的な資質は変化せず、ただ男性の進歩的な本性だけが変貌を遂げたのである。母権制の発生および没落はただ一つの原因、すなわち、女性の全き自然適合性によるものである。

禁欲精神が生まれる根源の一つは、エロスの領域における男性の劣勢という事実にある。女性はもともとこのような禁欲精神を受けつけようとはしない。なぜなら、禁欲を願うには女性はあまりにもエロス的な生きものだからである。女性にとってエロスとの断絶を願うことは自己自身との断絶を願うに等しいであろう。事実また女性の能力や価値が支配的であったいかなる社会、いかなる時代においても、禁欲精神が勢力を得たためしはなかった。エロス精神は排斥さるべきものであり、また排斥されうるものである、それは、人間の本質に属しない飾りものにすぎないから取り除いても一向に差し支えのないものである――このような考えを抱きうるのはただ男性の側のみである。

宗教的憑依現象と対をなすところの性愛における憑依現象が存在するという考え方は、我々文明人の頭脳にはほとんど理解しがたいものになっている。現代人はエロスから何か高尚な観念的要素を引き出そうと努めているのであるかぎり、愛の本質を美の礼讃に還元しているのである――ちょうど宗教の本質を道徳体系に還元しているように。エロス精神に対する美学的価値判断は宗教に対する道徳的価値判断に対応している。いずれの場合においても、可視的な世界秩序を突き破る魔的な根源的体験は、熱狂的興奮というものを好まない冷徹な合理精神の前に屈服してしまっているのである。アフロディテは本来キュベレ〔フリジアの豊穣多産の女神〕やアスタルテ〔フェニキアの豊穣多産の女神〕の淫奔な姉妹であるが、その後次第に洗練されて愛と美の女神となり、ルネッサンスのマドンナ崇拝のなかで蘇った。それ以来、エロスの本質は「美において産出すること」(τίκτειν ἐν τῷ καλῷ) であるというプラトンの意味深長な言葉(『饗宴』第二五章)は――この言葉の真の意味はのちほど説明する――誤解されて、性愛と美学との間にはあたかも親族関係でも存するかのように考えられている。スタンダールはかの途方もなく過大な評価を受けている著書『恋愛論』の冒頭で、愛とは「すべて偽りなく展開されるかぎり常に美の性格を帯びているところのあの情念」である、と定義している。烱眼のショーペンハウアーですらこの点ではつい混乱を犯して、「一般に美的感覚の方が性本能に優先している」と述べている。しかし、愛を導き動かしているのは単なる美以上のもの――魂の破天荒の激動、絶対的価値を渇求する狂おしい衝迫――である。対象の美しさが我々の愛を規定するのではなく、我々の愛が対象の美しさを規定するのである。エロスが美に追随するのではなく、美がエロスに追随するのである。エロスは、それが触れる一切のものを美の輝きによって浸す。それ故、我々が愛すればこそ愛されるものは美しく見えるのであって、我々は何ものかをその美しさの故に愛するのではない。愛されるものが「美しい」のであり、厭《いと》われるものが「醜い」のである。我々の愛顧（gratia）に浴するものが優美さ（Grazie）を有するのである。何ものにもまして言葉自身が、エロス的動機が常に美的動機に優先していること、そして強度の点でも意義の点でも後者をはるかに凌駕していることを最も適切に示唆しているのである。

男女の愛が美的遊戯となって気化してしまうところでは、真正のエロス精神がもつあの深刻な苦痛が体験されることはもはやありえない。真正のエロス精神がもつ悲劇性――苦悩、死、そして永遠の生命という、神秘につつまれたあの魔的な神的本性――は、もはやどこにも存続の余地を見出すことはできない。万事において計算づくめの現代人には、真の性愛を体験することはもはやほとんど不可能である。嵐の彼らの精神には、神秘的な自己放棄と陶酔的な法悦境はすでに受け入れがたいものになっている。

ように魂を攪乱し、理不尽とも思われる犠牲を捧げないかぎり満足しない愛の情念は、そのあまりの激しさと恐ろしさの故に、彼らにとってはむしろ願わしからざるものである。現代人が宗教とエロス精神を一つに縫合すべき糸を見失ってしまったのは、ただただ彼らが、男女の愛がもたらすあの魔的な憑依症状に関しても、神々との交わりがもたらすそれに関しても、もはや何ひとつ理解していないからにほかならない。それ故、宗教的体験にもとづいてエロスを聖化し、あるいはエロス精神によって宗教に生気を吹き込もうとするすべての試みは、まずもって、かの魔的世界の深淵に向かって意を決して降り下っていくことから着手されねばならない。宗教の根とエロス精神の根は、この深淵においてこそはじめて互いに接合して一をなしているのである。

第二章　創造の歓喜

幾多の文明の黎明期において女性は地上の女王として、また天上の女神として君臨していた。古代諸民族の少なからざるものが遊女――セミラミス、カンダーケ、ディド、クレオパトラ――を王位につけて崇め、女性の神々に崇敬を捧げていたが、これは、彼らが出産する母胎、すなわち世界がそこから産み出される暗黒の深淵を神格化していたからであった。彼らは女性を一切の性的事象の象徴的化身として神聖視し、神格化していた。彼らは、尽きることなく、飽くことなく永遠に新生する生の過剰の充溢と、止まるところを知らないその奔流を、歓喜に戦《おのの》きつつ体験していた。母性の秘密、涸渇を知らない生成の泉、生産と創造の神秘を前にして彼らの五感は灼熱した。筆者が創造の歓喜と呼ぶのは、まさにこのような根源的体験のことにほかならない。そしてこの歓喜こそ、女性的形式の宗教と女性的内容の永遠思想が生まれてくるその母胎なのである。筆者は熟慮のうえでこの呼称を採ることにした。なぜなら、この歓喜は世界創造の歓喜と同時に個的生命の創造の歓喜を、神々における産出と人間における産出の同種同類の悦楽を、従って天上と地上における一切の生誕の神秘を包含しているからである。創造の歓喜において神格化されているのは粗暴な性的快楽ではなく、狂おしく奔出する一切の生命の源泉であり、謎につつまれた万象の起源である。創造の歓喜は一種の宗教的な感情の現われである。生成の美しさと恐ろしさは人間を圧服し、大地に投げ倒し、そして跪拝せしめる。この根源的体験を思考によって掘り下げようとすると、人間はたちまち自己自身の起源の秘密に突きあたる。創造の歓喜は宗教的思考を世界の終末の方向にではなく、世界の創造の方向に導いていく。それは「どこへ？」ではなく、「どこから？」を尋ねる。それは救済者としての神ではなく創造者としての神を求めさせる。このような心性の人間――古代人がディオニュソス的時代と呼んでいたような時代の人間――は、何ら救済を必要としない。彼は原初の根源的戦慄を克服してしまっている。彼はその若々しい魂の力によって自然と相呼応して開花凋落し、そして自然の生成に対して自らの陶酔的な生命肯定の祝福を分かち与える。従ってこの宗教の基本色は汎神論的な性質のものである。神的なるものはいわば大地そのものの胎内、女体そのものの深部から溢れ出てくるのである。ただ根源への問いのみが発せられ、またこれのみが問いに値する。絶対者は、最奥の根源を尋ね見つめることによってのみ感じとられる。性は個的生命の生誕と、個的生命の生誕は世界の生誕と、そして世界の生誕は世界の創造と結びつけられ、かくして、神と性とはそれぞれ同一の数列における最端項を形成するようになる。創造歓喜の体験のなかでは、これら両項は互いに融合して不可分の一体となる。すなわち性は神格化され、神は性的存在者となる。これこそ母神宗教ないしは自然宗教の大いなる信条《クレードー》である。筆者はこの宗教を救済の宗教と截然と区別して、以後このように呼ぶであろう。

生殖能力が発達するにつれて、人間は世界を産出し更新する力、全存在の中枢的活力そのものが自己の体内を貫流しているのを感じるようになる。そしてこの能力が完全に成熟しきると、人間は生命を産み出す存在者として自らを神のように感じ、かつ神自身をこのような産出者として感じる。産出への衝動と産出することとの悦楽は人間の肉体と生命における大いなる奇蹟であり、従ってこの衝動自体、この悦楽自体がそのまま神的な存在者となる。「産出の行為は神的なものであり、それは死すべきものである生きもののうちに、不死なるものとして内在しているのです」（プラトン『饗宴』第二五章）。人間が子供を産むためには超人間的な力の協力が必要である、それ故、性行為においてはこの共同の仕事のために人間たちと神々がともに体力と精力のかぎりを投入し合うのである、神がこの瞬間ほど人間に近づくことはない——これが自然宗教における本然的な信仰であった。そして神が人間に近づくこの瞬間、浄福に酔った自然宗教の人間は、あたかも自分が世界を受胎させる諸力の支配者の一人であり、神の盟友としてその業《わざ》に協力しているかのように感じる。彼はまだ自然との深い融合状態のなかにあり、人間の力と宇宙の諸力との密接な交互作用を感じとっている。そして畑地の作物の豊穣とすべての植物類の繁茂のためには、人間たちも少なくともある一定の時期には可能なかぎり無制約の媾合を営むのが効果的であり、またそうすることが必要なのだと考えざるをえない。人間は性を通じて、いわば万象の統治に参与するのである。それ故、男根は神聖視される。自然宗教においては男根は絶対的—永遠的なものである。人々はその前にひれ伏し、熱烈に祈願する。もしそれが存在しなければ、自然は摂理を失って支離滅裂になってしまうかもしれないからである。母神宗教の人間は性交において力のかぎり奮励することが愛の神々を喜ばせ、力づけ、彼らの好意を喚び起こすことができると信じている。性行為はこの時以来神または母なる大地に清新な活力を補給するための、人間の生命力の奉納という意味をもつようになる。多くの熱狂的な礼拝の場所で祭司や神秘家たちが進んで受けた去勢、またはその他の自己加害の行為は、こうした観点から評価されねばならない。ヒエラポリス〔シリアの古代都市の名。ギリシア語で「聖なる都」の意〕におけるアスタルテの大祭典では、宗教的狂乱状態に陥った一群の男たちがこの愛の女神に奉納すべく己れの一物を切り取った。キュベレの祭司たちも同様のことを行なった。こうしたことは何ら禁欲的な考え方にもとづく行為ではなく、禁欲思想にもとづく行為を豊穣神の面前で行なうのはむしろ罪悪であった。それらはまた、ルートヴィヒ・クラーゲス〔一八七二—一九五六。ドイツの哲学者。概念的思考様式の枠を去って肉体と魂の関係についての生中心的形而上学を展開した〕が『宇宙生成的エロスについて』のなかで述べているような、陶酔感を昂揚させるための手段でもなく、さらに両性具有の充足性を渇求して愛の女神に似た存在になろうとする男性固有の試みでもなく、神を強化するための犠牲の奉納なのである。自然宗教の人間は、自分の放出した精力が神々に注がれるものと信じている。彼が犠牲に供しうる最高のものは性そのものである。こうして、自らの男根を切り取った者は自然宗教の聖者となるのである。

創造の歓喜は、糸を紡ぎあるいは布を織っている姿の、あの運命と出産の神々を考え出した。これらの女神たちの手になる織物は——それは運命の糸の錯綜の比喩である——エロス世界そのものの象徴である。糸を縦横に交錯させて打ち固める行為は、人間の運命が二つの性の両極的な緊張によって織りなされていることを表わすものである。創造の歓喜は娼婦型の女を神格化した。これら神格化された女は母神であると同時に遊女でもあり、豊穣な大地と植物の女神であると同時に性的陶酔と飽くなき欲情、飽くなき出産の女神でもあった。たとえばエジプトのヌトとイシス、バビロニアのイシュタル、アッシリアのミュリッタ、ベンガルのドゥルガ、インドのカーリー、シナの宇宙大母神、古代メキシコのトラコルトコトル、フリジアのキュベレ、スメールのニナ、ペルシアのアナヒタ、フェニキアのアスタルテ(聖書ではアシェラまたはアストレットと呼ばれている)、ギリシアのデメテル、ガイア、アフロディテ、カルタゴの天女(virgo coelestis)、ローマのケレスと神々の大母神(magna mater deorum)レア、コラ・インディアンのナシサ、インド仏教におけるターラー、シナ仏教における観音。そして、母性の出産原理を具現するこれらの女神たちと対をなして、生殖者としての男性もまた神格化されている。たとえばヌトに対するケブ、イシスに対するオシリス、キュベレに対するアッティス、トラコルトコトルに対するシペ、イシュタルに対するタムズ、アフロディテに対するアドニス、ドゥルガに対するシヴァ。こうして一対の男神と女神が結び合わされ、それらは人間の性を守護する神的な力とみなされる。時にはこれらの一対に子供が加わって神の三位一体を充たすことがある――たとえばエジプトにおける幼児ホルス〔オシリスとイシスの息子〕のように。ゲルマン民族の神々の世界《パンテオン》にも女性の神々が登場してくる。たとえばフライア、オスタラ、ヘル(童話に出てくる糸を紡ぐ女ホレのこと)。バルドルとナナは一対の相愛の神々である。ただヘブライ人の神ヤーウェだけは花嫁を娶らず、その男性的孤独に耐えつつ毅然として君臨している。たとえば妻ドゥルガと融合して一体神になったシヴァのように、多くの民族において神々は両性具有の存在と考えられており、従ってただ一人の神の身体から世界が生殖され出産されることも可能である。ここからしてスメール人やインド人の「おお、汝わが父、わが母よ!」という呼びかけや、あるいは

（エジプトにおいて）多頭の神々の像や、あるいは（アッシリアにおいて）男性と女性の特徴を同時に表わしている神々（ひげと乳房をつけた男神たち）の像などが生まれてくるのである。このような両性具有の観念は世界根拠の一元性、言い換えれば神々の自己充足と全能を指し示すものにほかならない。

根源についてのこうした想像力豊かな観想のなかから種族発生の神話、祖先崇拝、そしてまだどんなに朦朧とした形態のものであるにせよ、ともかく生の源泉を神聖視する一切の崇拝が生まれたのである。これらの神話や崇拝は人間の魂の女性的な部分から生じたのであるが、それというのも、女性的な部分の方が男性的な部分に比してより早く意識に目覚め、より早く宗教的形態をとる方向に進んでいったからである。祖先の系譜を探りながら遡行していったとき、人間たちはまず種族共通の太祖たちに出会い、次いで種族の創造神に、そしてこれと同時に創造の神秘に出くわした。極めて原始的な種族ですらすでにマナの観念を根源的存在者と結びつけている（N・ゼーダーブロム『神信仰の生成』八八頁、一一四頁。彼は言語上の関連も確認できると信じている）。そして祖先崇拝と種族発生の伝説のなかから徐々に神々の像が独立分離していく。人類の系統図は精神化されて神統記に高められる。ゼウスもヤーウェも、全宇宙の支配者としての地位に上る以前は一個の種族神だったのである。トーテミズムにおいては、トーテム動物は当該のトーテム集団がそこから発生した祖先であると信じられている。トーテム動物が「人間たちの父祖」と呼ばれているのもこのためである。トーテム動物は種族および種族の起源の象徴であり、祖先動物の生誕と、この動物から生み出された祖先たちに対して礼拝の儀式が奉納された。トーテム信仰のほかにも、人間が自分たちの起源をある種の動物に帰属させる信仰は広く普及していた。こうした信仰はその原形を緩められながらも、半獣半神の中間動物に対する信仰や（パン、サテュロス、ケンタウロス）、神聖な動物の愛護のなかで（インドにおける牝牛）、あるいは一定の動物を一定の神々の不死身の随身に仕立てることにおいて（女神アテネの梟《ふくろう》）生き続けていく。こうした動物崇拝はほとんどすべての場合、根源の聖化、従って創造の歓喜という心的態度の標徴として発生するのである。

　エジプトやバビロニアの大河のほとりでまだ自然と肌身を接して生きていた人間たちは、野生の沼地植物の繁殖の光景――葦が河底の肥沃な泥土から勢いよく伸びてくるその光景――を見ていた。また河水が両岸に溢れ出て近辺の大地を水没させ、再び河床に帰っていく光景を見ていた。母なる大地は多産をもたらすこの河水を、あたかも男性の精液を吸収する母胎のように呑み込んでいた。すでにバッホーフェンが洞察していたように、湿地が営むこの産殖の光景は、人間たちが永遠に新生する生を神格化していく際の原像となった。たとえば、万象を覚醒させ受胎させるネプチューンやオケアノスのような河海の男神たちは水の底から姿を現わし、彼らと同様に神格化された母なる大地と交わる。未開人は万象のなかにエロスの息吹きと衝迫を感じとっている。やがて、天は大地を孕ませるという考えや、あるいは星辰は神的な諸力の交わりによって生じる（エジプト神話における太陽のように）といった考えを抱くようになり、このようにして彼らは一種の汎宇宙的なエロス精神を感得するにいたる。そして、このエロス精神が、戦慄を喚び起こす聖なる光輪によって縁《ふち》どられるとき、ここに創造歓喜の宗教が創出されるのである。この宗教の基底をなしているのは、世界は宇宙の根源的諸力の初夜の交わりのなかから生まれた、とする考えである。それ故、エロスこそ万物の本質なのである。この宗教は根本的にエロス的な性格のものであり、いうなれば性そのものの宗教である。愛の神々は生殖と出産の原理を人間の形姿において神格化したものであり、産出行為それ自体の象徴形態である。彼らは人間の性愛関係の擁護神である。従って、性行為を通してこれらの愛の神々を――彼らは性行為の象徴であり、神聖な存在なのであるから――崇拝するのは当然である。性交による男女の抱擁は祈禱と犠牲の形式となり、神々の太初の創造行為を反復し継承する神聖な行為とみなされるようになる。

自然宗教はまだ生の太初の源泉から直接に溢出しているものであるため、性崇拝やその儀式において神聖視されているのは個別者――たとえそれが不死なる者であっても――に対する愛ではなく、愛することそれ自体、つまり性愛の行為そのものである。このように性愛の行為自体を核として形成される自然宗教は、官能と産出の力能を礼讃するのみならず男女間の無差別的媾合をも礼讃する宗教であり、この性向は、女性における超姓名的な生存形態と表裏をなしているのである。自然宗教が開花しうるのは母権制の時代――すなわち人間がまだ完全に類に帰属していて孤独を知らず、深淵によって相互に分断された個別者としての自覚的思考を知らない時代――においてのみである。それは男性の勝利と同時に存続しがたいものになる。男性はより個別的な存在であり、女性はより類的な存在である。男性は固有の姓名をもっており、これを自己の身体の一部のように堅持し守り通す。しかし女性は――最も高度の文化段階においてすら――自己の実存の核心を傷つけることなく姓名の変更をなしうるのであり、現に今日でもなお結婚の際になされている。類の宗教は母権制の時代のものである。それは非個別的な性格のものであり、神秘に満ちてはいるが問題性をはらむものではない。それは救済に対する願望や不安を知らず、男性世界の精神的な分節や分化の現象も知らない。類の宗教は普遍的同胞愛の精神に支えられており、特に下層大衆の気質に合致している。従ってそれは、あらゆる階層の人々が参集して自分たちの民族的一体性と連帯性を喜び合うかの盛大な祝典《パネギュリス》を永続させるために、国家的な統治機構に対しては常に反感を抱き、その崩壊を願って隙をうかがっている。ドラクロワが革命の光景を、挑発的な裸体をのぞかせ旗を翻《ひるがえ》しながら民衆をバリケードの彼方へ、自由と平和の勝利に向かって導いていく一人の女性像によって描いたとき〔『民衆を導く自由の女神』一八三〇年作〕、彼は平等と女性的エロス精神との間の深い関連性を洞察していたのである。人間性と平和を求める自然的性向は母権制一般の、従ってこの母権制のなかから生まれ出た創造歓喜の宗教の固有の性向であり、このことは、人間が己れの力の完全さを信じて自然に強制する秩序よりも自然自身の根源的構造が一層道徳的であり、かつ一層激しく不和を嫌悪しているという事実の、逆説に満ちた証左である。人類が傲慢にも男性的我意をもって自然に反抗し始めるその瞬間、巨大な衝撃と破局がその足許を襲ってくる。男性こそまさに人類の禍《わざわい》なのである。

　創造歓喜の宗教は万象の創造的根元力の忘我的な氾濫のなかで顕現する。この宗教においては犯罪人とは禁欲者、貞潔な者、律義者、性的不能者のことである。この宗教の最も敬神的な人物、偉大なる聖女とは、痛飲乱舞しつつ奔放無碍の性欲に身を委ねるディオニュソス的な女性のことであり、ルターをしていわしめれば「極悪の売女《ばいた》」のことである。しかしルターが聖書の翻訳に際してこの箇所をこのような侮蔑語で表現したのは、明らかに本来の意味に反している。（ルターはユダヤ予言者たちのピューリタン的な内容の教戒を翻訳しているが、彼らと同様、混交の密儀がもつ自然崇拝の意味については皆目理解していなかった〕。自然宗教においては官能の強烈な者、出産力の旺盛な者、強烈な性本能の持主が宗教的な人間とみなされる。ここでは男女に対する至高の宗教的命法は次のようなものである。性愛を通して可能なかぎり多数の者に、かつ可能なかぎり頻繁に身を委ねよ。汝らの欲情——生命と万象の永生を保証するこの唯一なるもの——の焔によって神を称えよ。

官能性の完全な発達ということが女性に対する宗教教育の眼目になる。なぜならこの完全さによってこそ女性は神話において、国家において、そして日常生活において支配的な地位を占めているのだからである。女性は万象を担《にな》う大地のように自若として自己自身のなかに休らっているが、男性は単なる種蒔く者にすぎず、畑地の溝に種をふり撒くと再び姿を消してしまう。〔ローマ法のなかの私生児たちを指すスプリイー〈spurii〉=種をふり撒かれた者たち、という用語は、こうした考え方をはっきりと保持している〕。ただ一人の男性の所有物になることを拒んでパリスのあとに従っていくヘレナ〔メネラオスの妻で、すでに一子をもうけていた〕は、アフロディテ〔売淫の女神でもあった〕の使徒たる遊女型の女性の偉大な原型であり象徴である。他方オルフエウスはディオニュソス的性礼讃に対する犯罪者の原像である。彼はエウリディケというただ一人の女を失った悲しみのあまり、その他のそれぞれに等しく性的な要求権をもっている女たちのことを忘れてしまったために、その業報として兇暴なトラキアの女たちによって身を引き裂かれてしまうのである。いかなるかたちの排他的独占も愛の女神に対する犯罪行為とみなされる。女性はただ一人の男の腕のなかで萎《な》え凋《しぼ》んでしまうためにこの世に生を享けたのではない。物質的生命の法則は女性の魂によって聖化されており、訓育によって課せられる一切の柵限を憎悪する。ディオニュソス的な考え方からすると、女性は遊女として生きるべき自然的使命と宗教的義務を負っている。女性は、性に仕えることによって神に仕えるのである。創造歓喜の宗教は超感性的な希望や浄福と官能的生の充足とを、密接不可分の関係においてとらえているのである。

創造歓喜の概念はインドにおけるシャクティー (Shakti) の概念と相通ずるものである。シャクティーという言葉は女性の性的魅惑力を言い表わし、インド人の考えでは、シャクティーなくしては人間社会の創造的生命力は涸渇してしまう。男性はすべての活力を失って荒廃し、空ろな機械装置になってしまう。シャクティーの力によって女性は最も男性的な社会の運命をすら強制によらずに、ただし間断なき努力によって、支配することができる。なぜなら女性の魅惑力は単に女性の最も固有な本性の現われであるばかりではなく、同時に汎宇宙的な創造の歓喜、世界のシャクティーそのものの現われだからである。この考え方のなかにも自然宗教の息吹きが浸みこんでおり、現代にいたってもなお命脈を保っているのである。

自然宗教における痛飲乱舞の儀式は春の体験、すなわち冬期の硬直のあとの自然および自然の生殖力の覚醒と結びついている。そしてこの体験のなかから、死滅しつつ再び蘇る愛の神、たとえば噛み裂かれたディオニュソス・ザグレウス、切り刻まれたオシリスやタムズの神話、さらに、イシスやイシュタルのように夫を死の国から救い出して光の世界に連れ戻してくる愛の女神の神話が形成される。後者の例は、男性はひとり己《おの》が力のみを恃むならば死滅を招いてしまうこと、そしてただ女性の深部からのみ若々しい生命力を得て蘇りうることを、巧妙に暗示するものである。(この意味において、ファウストのグレートヒェン体験は人類の太古の経験の反復である)。

創造歓喜の宗教は、女神アナイティス(またはアナイス、アナヒタ)を称えて奉祝されていたペルシア人の熱狂的な祭りにおいて特に輝かしい光彩を放っていた。この愛の女神の役割を勤めるのは清祓された一人の遊女であった。女の眉と睫《まつげ》は黒々と墨を塗られ、四肢には宝石の飾りがつけられている。彼女は神殿内陣の小高い場所で、頭上高く張られた天幕の蔭の豪奢な褥の上に坐っており、その姿はすべての民衆に見えるようになっている。女の前にしつらえられた聖卓の上には、かの女神自身を崇めようとするかのように聖油と香炉が供えられている。やがて東方独特の華麗な行列が姿を現わし、情夫にあたる男神が彼女のそばに導かれてくる。この男神はゾガネスと呼ばれ、奴隷階級のなかから選ばれたこの祝祭の王である。彼は女のかたわらの王座に坐り、リュディアの遊女たちの着る透き通った衣裳をまとってそのまま一心に羊毛を梳き続けている——ミュリッタの習慣を守って女性の神的威力の前に跪坐したサルダナパルやその他の歴代の王たちと同様に。全民衆の歓呼と注視の前で行なわれる遊女と情夫の公開の性交は(それは今日でもインドネシアで行なわれている)祭儀の頂点をなすものであり、放縦無制約の集団混交が開始される合図でもあった。五日間にわたって夫婦間や友人間の拘束が取り払われる。ミュリッタの権利、すなわちすべての女が任意の男を、すべての男が任意の女を求めることを許される権利、を侵害する一切の国家的、社会的な制限が取り除かれる。恍惚たる夜中の密儀においてはすべての女が身を飾り立てて女神アナイティスの化身となり、すべての男はこのアナイティスに女のように服従する下僕となる。祭りの最後の日になると、ゾガネスは焼き殺されてしまうのであるが、これは母権制下における男性蔑視を表わす残酷な象徴的行為である。生殖の行為が済んでしまえば彼は無用の存在である。彼と交わった遊女は、性交のあとで雄蜘蛛を喰いつくしてしまう雌蜘蛛のように、情容赦なく彼を殺させてしまう。この性礼讃の宗教においては専ら性愛の行為のみが神聖視されているのであり、相手の男はそのための道具たるにすぎないのである。

ストラボン〔前六四頃―後二一頃。ギリシアの歴史学者・地理学者で、『ゲオグラフィア』の著者〕、ヘロドトス、聖書の記述者エレミア、エゼキエル、ナホム、ホセアなどは、エロス崇拝に関する多彩な記述を後世に伝えている。そしてこれらの記述においても、エロス崇拝の核心をなしているのは個々の、もしくは集団で行なわれる性行為である。男女間の倦むを知らざる合一こそ信徒たちの最終の目標である。なぜなら、それこそが偉大な母神たちの所望なのだから。古代ペルー人の女神アカタイミタの祭りでは、まる裸になった男女間の駈け競べがその終幕を飾っていた。駈け競べで女に追いついた男は、かの愛の女神を称えて、すべてその場で当の女と交わらねばならなかった。この種の神崇拝は魂がまだ分裂を知らないまま結合衝動のなかで燃えつくし、もしくは燃えつくすことができて、個別的分化の苦悩を免れているような種類の人間においてのみ可能である。そこでは、合一し合うのは男性一般と女性一般である。二つの性は二つの急流のように合流して一体となり、この一体化のなかで神々の接近と寵愛を感じとるのである。

灼熱的な法悦感を煽り立てるものはすべて好ましいものとされていた。葡萄は性愛と同様、陶酔をもたらすが故に神聖なものとされる。たとえばタムズのように、愛の神々は同時に酒の神々でもある（エゼキエル書八の一七）。陶酔は神々を崇めるための一つの手段になる。神は痛飲によって熱せられた魂にのみ好意を示すからである。エジプト人が酒に酔っぱらった女に対して異常な敬意を払ったのもこのためである。彼らは、エロスと酒の双方によって欲情を掻き立てられている酔っぱらい女のなかに完全な法悦境に達した人間を、従って崇拝すべき一個の神聖な存在を観ていた。そのような女に対しては神神ですら欲情を覚えたとしても何の不思議があろう！　ゼウスはオリンポスの高みから降りてきて死すべき女たちと交わる。巫女《みこ》たちは男根の神々の寵愛を待ち受けている。たとえば、ヘロドトスは、ベル（ゼウス－ベロス）〔ベルまたはバルはバビロニア人の最高神。なお「ゼウス－ベロス」とあるのはギリシア人がこの両神を同一視していたため〕の欲情を鎮めるために仕えている遊女たちがこの神の来着を待ち受けて暮らしている、かのバベルの塔の神殿について語っている。その他中世では悪魔と魔女との情交関係、あるいは日本では狐の霊と人間との密通関係が信じられていたように、神々と死すべき者との性的交わりをまじめに信じていた人間たちは決して少なくなかったのである。

　純潔はディオニュソス的女性の最高の恥辱である。それ故女性は愛の男神たちに犠牲として捧げられる。処女たちは神殿のなかで祭司もしくは他国の男に身を捧げることによって生娘という汚名を濯《すす》いでもらう。また、彼女たちの純潔が男神像の一物によって突き破られることもある。そして、このようにして愛の男神の神像が己れに捧げられた花嫁から初物を受けるときには、大勢の敬虔な信徒たちが怖れ畏んでその場に参集する。カンボジアにおける処女性剝奪の宗教儀式では、一本の蠟燭があらかじめ刻みつけられた印の箇所まで燃える以前に交接が済まされねばならない。処女たちが自分自身の意志で選んだ男に純潔を捧げたことは決してなかった。なぜなら、個人的な意味での性愛は自然宗教の信徒たちには未知のものであり、もし彼らがそのような型の性愛に出会ったとしても、それは耐えがたいものである。神殿におけるエロス崇拝の儀式の非個人的な性格を損わないために、未開のカウヒルア族は次のような習慣を守っている。すなわち、女たちはあらかじめ各自の宝玉を一つの函に投げ込んでおき、祭司がこれを見張っている。そしてこの儀式に加わった男たちはこの函からまったくでたらめにそれらの宝玉の一つを取り出し、たとえそれが自分自身の姉妹のものであったとしても、神殿に入ってその持主の女と交接しなければならない。――自然宗教におけるディオニュソス的な純潔奉納は、キリスト教における純潔奉納とは逆の意味を有するものである。前者におけるそれは「純潔」になるための手段であり、後者におけるそれは神に仕えて生涯純潔を守ることを誓約する行為だからである。

女性的感情が男性的な価値観の前に敗退していくにつれて、性本能はますます好悪感情のはっきりした個人的な性格のものになり、ますますその類的本性を失っていき、従って愛の神の宗教的意義もまた一層薄らいでいかざるをえない。本来すべての女はすべての男のものである(また、その逆でもある)とされていた。いまやしかし、この原理の適用は祭儀の期間中のみに制限される。もっとのちの時代になると、任意の相手に身を委せるのではなく、祭司もしくは巫女などの特定の個人に身を捧げるようになる。これまで可能なかぎり頻繁に献納されていた交接の供犠は、年毎の供犠(春祭りの際の)にとって代られる。さらにこの年毎の供犠は生涯に一度だけの債務履行(性生活に入る直前の)によって済まされるようになり、そしてこの習慣もまたついに廃止され、単に女性の毛髪を奉納するだけという簡略な形式になってしまう。自然宗教においては女性の毛髪は沼地の葦と同様、植物的な増殖繁茂の能力を表わす象徴とみなされていたからである。さらに、売春の義務は既婚女性に対しては免除され、結婚生活に入ろうとする娘たちにのみ課せられるようになる。というのは、婚約した娘たちはそのことによって愛の神々の機嫌を損じることがないように、一定期間神殿のなかで、要求するすべての男たちに身を委せるべきものとされるからである。つまり、処女を娶って自分一人の所有物にしようとする男は、彼女が遊女としての女性の天職に背くことがないよう、結婚に先立ってこれをすべての男たちに提供しなければならないのである。ヘロドトスによれば（四の一七二）、アフリカのナサモネス人たちのもとで花嫁は夫のものとして認められる前に、結婚式に集まったすべての客人たちと次々に交わるべきものとされていた。ディオドロス〔前一世紀のギリシアの歴史家。『世界史』四〇巻の著者〕は（五の一八）、バレアーレン群島の住民の、そしてストラボンはアナイティスを崇拝している諸民族の、これと同様の儀式について述べている。結婚は性愛に対する宗教上の掟を斥けるものであるために、多産の女神への贖罪が必要とされる。結婚の権利は婚前の万人に対する春の提供によって買い取られる。新婦は遊女としての女性の職務を十分に果たすことによって彼女の結婚の意図、つまり一人の男の排他的独占物になろうとする意図の償いをするのである。従って、売春の義務を拒む女性は世人の侮蔑を蒙らねばならない。チベット人は生娘を娶ることを嫌う、とマルコ・ポーロは報告しているが、それは右のような理由によるのである。

　未婚の娘たちからも同様に売春の負担を取り除くために、ついに神殿侍女（ヒエロドゥーレ）または神殿娼婦と呼ばれる特別な階級が形成されることとなった。彼女たちは全女性の負債を一身に背負いこみ、愛の神々の好意が変りなく全女性の上に注がれるよう職務に専念した。それ故、彼女たちは最高の尊敬を受ける身分であった。世間一般が彼女たちを庇護し、彼女たちの不可侵の神性を保証していた。インドでは、神殿侍女は彼女たちが仕えている神殿神の妻であるとされていた。いずこの地でも、この神聖な職業に仕えるのは常に最も高貴で最も美しい処女たちであった。彼女たちのなかには王の娘たちの姿すら見られた。彼女たちは舞踊と音楽を修め、読み書きに通じ、神々の教えを護り伝えていた。もし何年かの間職務を忠実に果たしたのちで、結婚したいと望んだ場合には、最も富裕かつ最も権勢ある男たちが求愛にやってきた。より熱心に愛の神々に仕えた者は、求婚者に対してもそれだけ一層高い要求を持ち出すことができた。しかし、神々に仕える遊女は神殿を去ってはならないとされていた地方も少なくない。このような場合には、彼女たちはあたかも尼僧院におけるような暮らし方をしていた――ただし純潔の義務ではなく、春を捧げる義務を背負って。いかなる聖職者制度と比べても、およそこの神殿女奴隷の聖職ほどキリスト教精神からも仏教精神からも遠くかけ離れているものはないであろう。――右のような巫女たちとならんで、愛の神々に性愛の供物を捧げるための祭司たちもいた。肝要なのはただ祈禱と供物奉納の行為そのものであったため、儀式を勤める聖職者の性はこれを嘉納する神自身の性とは必ずしも関係がなかった。男たちは巫女たちとの交わりを介して愛の男神を崇め、女たちは祭司との交わりを介して愛の女神を崇めたのである。神殿売春の風習は自然宗教そのものと同様、人類普遍の現象である。すでにヘロドトスは（Ⅱの六四）、ギリシアやエジプトのほかあらゆる国々で神殿での媾合が行なわれていると述べている。ローマ帝国においてはコンスタンティヌス大帝の代になって――エウセビウス〔二六三―三三九。ギリシアの神学者でオリゲネス系統の教父。その著『教会史』をもって宗教史の父とされている〕がこの皇帝の伝記のなかで伝えているように――はじめてこの風習に禁圧が加えられたのであった。

売春を一夫一婦制の結果とみなす考え方は現代人が犯す無数の短慮のうちの一例にすぎない。事実はまさにその逆であって、売春こそ結婚制度の前提条件だったのである。神殿侍女という特別な階級が存在したればこそ、世俗の制度としての結婚制度は愛の神々の意志に逆らって形成され、確立されえたのである。神に捧げられた遊女たちこそはじめて貞潔な既婚婦人の出現を可能にしたのであって、貞潔な結婚生活がその不本意な結果として(世俗における)売春を招来したのではない。人類の一般的な発展経過のなかで男女の自由な混交が原初的なものであったか、それとも一夫一婦制が原初的なものであったか、という陳腐な論争はここでは無視することにしよう。いずれにせよ、自然宗教が優勢であるかぎり一夫一婦の生活を遵奉する聖職者階級といったものは決して存在しない。それはただ聖職者階級以外の世俗の倫理としてのみ、しかも常に愛の神々の名において粉砕されようとする危険にさらされながら、辛うじて存在しうるにすぎない。

今日では売春という言葉は一切の宗教的意味連関から切り離されてしまい、極めて醜悪な響きを帯びてしまっている。それ故、女性はその本性において売春婦である、などという言い方をすれば、世人の甚だしい誤解を招くことになるであろう。そこでもっと穏当な言葉で、自己を捧げること、献身こそ女性の本性である、と言い直すことにしよう。ただしここにいう献身とは、エロスの本質をなすと同時に宗教の本質をなすところのもの、すなわち自己贈与、他者への恍惚たる自己融解、熱狂的、陶酔的な自己忘却といったようなかたちでの心的態度を指している。実際、母神宗教におけるほど宗教的生命とエロス的生命の内的統一性が強烈かつ純粋なかたちで感じとられ、完全な実現をみているところはない。

そしてこれらは専ら女性の魂の最奥の本性に起因する現象なのである。
結婚によって秩序ある夫婦愛の生活を営み始めたとき、人類は多大の危険を犯したのである。なぜなら、これによって人類は宗教的な愛の神から離反してしまったからである。結婚制度の導入が人間にどれほどの重い罪悪感を背負わせたかは、数々の史実が証明するとおりである。女性が男性の隷属物として虐げられそうになった時代には、女たちは繰り返しかつての自由売春の誓約を新たにし、これを実行に移したのであった。女たちは良心に疚しさを覚え、大いなる母神の復讐を恐れていた。母神に慈悲の気持を起こさせるため、彼女たちは、隷属の危機が過ぎ去ってしまうまでは率直に悔悟して遊女としての本分に立ち返ったのである。

　エジプトの神アモンの神殿侍女たちは愛の勤めを神殿のなかにおいてではなく、神殿のそばの天幕のなかで行なっていたといわれる。ヘロドトスはセム人の神殿遊女について、彼女たちは聖域を離れて、神殿の外で（ἔξω τοῦ ἱεροῦ）愛の勤めを行なっていたと伝えている。多くの民族においては、神殿娼婦は神殿のために一枚の銀貨を喜捨する信仰篤い男にだけ身体を提供するのが習わしであった、もしくはこれが習わしとなった。もっと後世になると、彼女たちは喜捨を個人的報酬として自分自身で蓄えておくようになった。特にキプロス島とフェニキアでは、神殿に仕える娘たちがこのような方法で持参金をつくる習慣が生まれた。右に挙げたような事実は神殿侍女制度の堕落を表わすものである。この制度の宗教的な意味が曖昧なものになることによって、その本来の精神を理解する鍵も失われてしまった。結局残されたものは、もはや神々を崇め称えるための宗教儀式ではなく、尊重すべき古《いにしえ》の祭儀形式によってカムフラージュされただけの世俗的快楽に対する礼讃の儀式にすぎなかった。いまや峻厳な精神の人人は神殿売春の風習を罪悪とみなすようになり、これを全面的に否認してしまうか、あるいは後世の諸宗教による断罪から救うために、この風習に本来とはまったく別の意義をつけ加えてしまった。神殿における性行為は——いまやこのように説明される——清祓の意味、すなわち信者が神に近づく前に彼の淫らな想念を浄めるという洗心の意味をもつようになる。あるいは、相手を選ばず春を捧げるのは肉体蔑視のための一形式である、なぜなら、人類はこれまで性的な力を貶視し浪費してきたが、もしこの力が真に高次の価値を有するのであれば、このような仕方で濫費される筈がないからである、などとも主張されるようになった。これら二つの考え方はともに性愛を唾棄すべきもの、聖性の本質とは相容れないものとする価値判断にもとづいている。男性的諸価値が支配権を確立した文明社会の人間は、女性優位の文明に対してまさにこのような判断を下してしまう。しかし神殿侍女制度の精神ないしは宗教的エロス精神一般は、性愛の交わりを神聖視する太初の偉大な根本思想にもとづいてのみ理解されうるものである。すなわち、性愛の交わりは生命産出の最深の源泉としてそれ自体神聖なのであり、同時にまた、天地開闢の宇宙的初夜——世界創造の神秘——がそこで反復される象徴的行為であるが故に神聖なのである。

自然宗教においては愛の神々は性行為の実行によってばかりでなく、絵画や彫刻による性行為の具象的表現によっても崇められる。古代オリエントの大部分の民族、特にインド人とエジプト人は、現代の研究者たちが今日でもなおオーストラリアやポリネシアの未開部族のもとで見受けるのと同種の、男女の性行為を表わした彫像や絵図を神聖視していた。絵師や彫刻師の想像力は、この宗教的題材を繰り返し新たな手法で表現しようとして倦むところを知らない。インドのオリッサから運ばれてきた一台の神殿用の車(現在ベルリン民族学博物館所蔵)には、宗教上の性愛の儀式を勤めている二十六組の男女の実にさまざまなポーズが描かれている。そして特に注意すべきことは、このような絵図が私的な場所では決して見受けられず(原注)、常に神聖な、神秘につつまれた場所においてのみ、つまり神殿の内部においてのみ見受けられるという事実である。信徒たちはしばしばこれらの絵図に深遠な解釈をほどこす。チベットのラマ教の僧たちは、性行為を表わすこの種の絵図や彫刻のなかに知恵と物質との霊妙な性的合一を観ていると伝えられている。また多座の男神だけが単独で描かれたり彫刻されたりすることもあるが、その場合には一瞥してそこにエロス的な力の表現を感じとることができるように、誇張された、巨大な男根が付けられている。ギリシア人はこのような仕方でプリアポス〔生殖神〕の像を表現していたし、ポリネシア人は今日でもなお彼らの神をこの方法で表現している。まったく同一のエロス的―宗教的思想が、地上のさまざまの場所、さまざまの時代において開花をみているのである。

(原注)もしくは、ほとんど見受けられない。(J・J・マイヤーは『古代インドにおける植物神とその祭儀に関する三つの論考《トリロギー》』一九三七年、七四頁において、古代インドの性愛の絵図は「中堅もしくは上層の町家における」装飾品であった、と述べている。)

その後ついに男根は神体から切り離され、それ自身単独でエロス精神の聖なる象徴として表現されるようになる。こうしてギリシア人のファロス〔男根像〕、インド人のリンガ（またはリンガム）〔男根像〕、およびこれにともなう男根崇拝が出現する。男根崇拝もまた地球上あらゆる地域で確認される現象である。（ダンカルヴィルは『男根崇拝』のなかで、その鋭い洞察力と豊かな学殖を傾けて男根崇拝の痕跡を地上あまねく追跡している）。エジプトのケムとオシリス、インドのシヴァ、アッシリアのヴル、ギリシアのパンとプリアポス、ゲルマン諸国およびスカンジナヴィア諸国におけるトリコとフライル、スペインのホルタネス、ロシアのヤーリロなどはすべて男根の神々である。一体の木彫の男根像がボーデン湖の湖上家屋の跡から発掘されている。またオットー・ハウザー〔一八七四―一九三二。スイス生まれの前史時代学者。ドルドーニュ県（フランス南西部）における発掘作業で有名〕はドルドーニュにおける発掘作業の際、クロマニヨン時代の「見事に特徴をつかんだ男根図」を発見している（『原人と未開人』一五三頁）。東部スペインのコグルの洞窟で発見された一幅のフレスコ画は、九人の女たちが一柱の男根像のまわりで踊っている状景を描いている。一九〇一年、古都スサ〔古代国家エラムの首都、のちペルシア帝国歴代王の居住地となった〕の跡から出土した一塊の男根形の閃緑岩の上には、ハムラビ法典が刻まれている。（男根の形は法典の起源の神聖さを示唆している）。古代ギリシアでは、すべての都市の守護神（ἀγαθὸς δαίμων）が男根像によって表わされていた。アテネでは祭儀の行列――いわゆる「ペリパリア」〔ディオニュソスに捧げられた宗教儀式〕――の際に、最も身分の高い婦人たちが男根像をかついで町中を練り歩いた。ローマでもこれと類似の光景が、古代ローマの神リーベルを称える豊穣多産の祭り――いわゆる「リベラリア」――において見られた。インドではリンガとヨーニ（それぞれ男性と女性の生殖器）は太古以来神聖な象徴とされている。ボンベイ湾内のエレファント島にあるシヴァの神殿は両者の合一を図案化した群像で大規模に飾り立てられているが、それらはみな宇宙と生命の根源を象徴的に表現しているのである。日本人の古代神道においても男根崇拝は重要な意義をもっている。その他、女が旅の途上での災難から身を護るために魔除りの男根像を肌身につけるという習慣は、地上のいたるところに見られた。ナポリでは今日でもまだこの習慣が見られるということである。

男根崇拝と同様に、祝聖の儀礼（思春期の儀式）としての、もしくはある宗教共同体の成員であることを表わす手段としての割礼もまた、男根が神聖視されていた事実に由来するものである。割礼の習慣はユダヤ教徒や回教徒ばかりでなく、今日でも総計二億にのぼる人々がこれを護り続けている（アジアのセム人の間で、アフリカ、オーストラリア、メラネシア群島、あるいはアメリカの諸地域で）。男根が神聖視されているところでは、人々は宣誓の際に好んで自分の男根の上に手をあてがう。実際、古代ユダヤ教、回教および古代オリエントの多くの文化圏においては、このような形式で宣誓が行なわれていたのである。（創世記二四の二、四七の二九を参照のこと。ルターは、汝の手を腰の下にあてがえ、と翻訳しているが、多分この所作の真の意味を理解していなかったであろう）。

現代西洋人には、これらの習慣がもつ神聖な意味を理解することは困難である。ヨーロッパは長期にわたってエロス精神を蔑視し追放し続けてきた。男根は人類の劫罰を表わす忌まわしい象徴になり下がってしまった。ダンテの『神曲』においては、ルシフェル〔堕天使、悪魔の王〕の男根は地獄の中心＝地球の最深部の魔界の中心に君臨しており、これは男根の蔑視、ないしは逆さまの男根崇拝である。キリスト教が作り上げた諸々の道徳観念は、強度の差はあれすべての西洋人の精神を捉えてしまっている、あるいは少なくともこれに何らかの作用をおよぼしてしまっている――たとえばユダヤ人のように信仰の異なる人間たちの場合にも、あるいは無神論者のように信仰を持ち合わせない人々の場合においてすらも。一体彼らのうちで古《いにしえ》のディオニュソス的人間の、あの清らかで天真爛漫な眼差を持ち続けている者がただの一人でもいるであろうか。

自然宗教は時代的にも場所的にも普遍的な現象である。自然宗教は自らの典型的な発現形態――春祭り、痛飲乱舞の密儀、神殿での媾合、神殿侍女制度、男根崇拝、性行為あるいは男根神の具象的描写――をとって、さまざまの時代にさまざまの人種や民族のもとで顕現していた。たとえばエジプト人、カルタゴ人、エトルスク人、インド人、ペルシア人、ギリシア人、ローマ人、ゲルマン人、スラヴ人、セム人、モンゴル人、マレー人のもとで。それ故、創造歓喜の宗教は疑いもなく人間の魂の普遍的性向に合致するものであり、たとえ一時的に撃退されることがあっても決して根絶されることはない筈である。自然宗教は原始的な、野蛮な宗教である、そしてこの宗教の洗練をまってはじめて純粋かつ真正の聖性を希求する救済宗教が出現したのである、といった底のものではさらさらない。このような仕方で両者の間の時代的先後関係や、宗教的・道徳的優劣関係について論じることは許されない。これら二つの宗教類型は、それらが人間の魂の奥所で芽生え始めた最初の時点に関してはともに同一の古さを有しているのであり、完成された発現形態に関しても――すべての時代に同様に強大であったとはいえないにしろ――ともに同一の正当性を有しているのだからである。今日のヨーロッパ人にとって宗教の概念と救済思想を別々に切り離して考えることは、いうまでもなくほとんど不可能である。彼らにとって救済宗教はすなわち宗教そのものである。まさにその故にこそ自然宗教を人類に固有かつ普遍の、永遠の宗教として発見する仕事は、近代宗教学におけるコペルニクス的な偉業とみなされてよいであろう。

社会制度としての母権制は滅びてしまっているが、母権制の形而上学的基底としての母神宗教は滅びてはいない。それは間歇する痙攣に襲われながら、あるいは生彩なき残滓となって、あるいはグロテスクな戯画化を蒙りながら、いまもなお命脈を保っているのであり、そして歴史の果てまで保ち続けるであろう。その生命力はたとえ今日ではもはや優勢とはいえないにしても、完全に無に帰してしまっているのではない。実際、母神宗教がいつの日にか――たとえば数千年後に文化の重心が地球上を一回転して自らのアジア的根源に還帰してくるとき――かつて母権制の時代に有していた力の大部分を取り戻さないかどうか、誰が知りうるであろうか。

自然宗教における春祭りは愛の神の死に対する悲しみと、この神の再来に対する歓喜とを強引なまでに一体化して結びつけている。喜びを表わす痛飲乱舞の狂的儀式が始まる直前の数日間、人々は激しく悲しみ悼んで喪に服する。ディオニュソス的人間は自然とともに増殖する一個の自然そのものであるが故に、冬から春への季節の移り行きを、あるいは愛の神の死の苦悩とその復活の喜びを表わす神話を、魂の奥底に達するまで深刻に体験する。死者への嘆きが痛烈であればあるほど、それは一層強烈な官能的陶酔感に転化する。魂が暗黒の深淵に向かってより深く下っていけばいくほど、より一層明るい山顚《てん》に向かって浮上することができる。苦悩と歓喜、死と生、死と愛の不可思議の融合！　祭司たちが「アッティスは再来し給えり」とか「タムズは再来し給えり、神の再来を喜べ」と告げたとき、信徒たちは、現代人の無感覚な魂には理解しがたい、一種の性的興奮状態に陥ったのである。たとえば、ビュブロス〔フェニキアの都市の名〕のアスタルテの神殿で催されたような奉納劇は、古代の作家たちをすら一驚せしめるものであった。そこでは生が凱歌を奏していた。ただしそれは生そのもの、つまり自然の原所産としての生ではなく、復活した自然、死の克服者としての自然であった。痛飲乱舞の愛の祝祭は、死の凝視の上に成り立っていた。死を眼前に見つめることによって、はじめて勝利に輝く生の全き力と全き充実が際立ってくるからである。愛の祝祭とは、死の克服を祝《ことほ》ぐ祭りにほかならなかった。すでに死から救済されたのだ、という安堵の気持が彼らの官能的な歓びを一層高めた。しかも彼らがその以前に自然および愛の神の死をより衝撃的なかたちで体験していればいるほど、その歓びはなお一層強烈であった。自然宗教のなかへ本来この宗教には無縁のものであった一つのモチーフ――救済のモチーフ――が侵入しえたのは、このような感情を利用したからであった。救済のモチーフは男性の魂のなかにあってこれを宗教へ誘《いざな》い導くところの男性固有の本能であり、従って純粋に女性的な感情世界には受け入れられがたいものである。それは、母権制の時代の終幕とともに女性の感情世界が徐々に男性的価値観に歩み寄っていったとき、はじめてなじみやすいものになったのである。

　キリスト教は、万人の性欲昂進を祈願する春祭りのなかでただ漠然とその徴候が現われ出ていた程度の救済への願望をすらいち早く嗅ぎ分けてしまうという、実に鋭敏な嗅覚を具えていた。そして、男性的精神性を刻印された福音主義の復活思想と自然宗教の更新思想はやがて密接な結びつきをみせ始めることになるのであるが、その結合形式たるや実に多種多様であった。ドイツ諸邦においては、キリスト教の復活祭は春と愛の女神オスタラの名を冠せられている。ロシア人の場合、春に対しては本来の異教的な憧憬が極めて強いため復活思想を福音書の中心思想とみなし、復活祭をキリスト教の最高の祝祭にしている。そして復活祭前夜には救済への熱望は狂喜の讃美歌となって奔出する。「キリストは蘇り給えり、まこと、キリストは蘇り給えり」。この瞬間こそキリスト教徒最大の祝祭の頂点であり、ロシアキリスト教徒の最も強烈な宗教的体験である。それは、かつて異教の祭司が幾日もの悲歎と痛悔のあとで「アッティスは蘇り給えり、タムズは蘇り給えり」と叫び出でたとき、キュベレあるいはイシュタルの信徒たちが感激に身を震わせた際の、あの体験と相通ずるものである。

救済のモチーフは、とりわけ、ディオニュソス崇拝とアポロ崇拝の要素が互いに融解していたところのかのギリシアの地で発達を遂げた。両者が相携えて発展していくその途上で、深夜の暗黒のなかにおけるディオニュソスの密儀は——たとえばアテネにおけるように——多くの地域で真昼の太陽のもとでの光明の祭りに浄化されていった。そして、ディオニュソスは単に陶酔的な法悦をもたらすだけではなく、同時に人間を現世の生存の苦悩からも解放してくれるのだ、とする信仰が徐々に広まっていった。こうして性的法悦と葡萄の神ディオニュソスは精神化されて、ついに一個の救世主、「救済と平安をもたらす者ディオニュソス」に変容する。こうした変容は、ひとりディオニュソスのみならず、すべての偉大なエロス賛美者が内面的には救済者と同一の型の人間であったればこそ可能だったのである。両者は外見上の敵対性にもかかわらず、人間の魂の究めがたい深部において一つに結ばれ合っている。灼熱する愛の所有者たることこそ、救済宗教の聖者たちをすら含むすべての聖者たち本来の原型であり典型なのである。愛する者も聖なる者も、ともに過剰によって溢れ出る胸奥の故に自己を惜しみなく浪費する型の人間である。性愛と人間愛、エロス精神と倫理、感性界と超感性界は互いに融け合って一をなしているのである。エロス精神自体が救済を求めているのである。救済とは、惜しみなく贈与するエロス精神の一特殊形態であるにすぎない。性の神的本性、その隠れた最深の力の神聖さは、このようにしてまったく新たな意味を帯びて浮かび上がってくる。ギリシア人のもとにおいてはじめて、エロスの最深の意味は救済である、との認識が芽生え始める。そしてこれこそまさに、宗教とエロス精神についての省察が到達しうる最も成熟した、最も崇高な認識なのである。

　救済のモチーフが強烈であればあるほど、熱狂的勤行の忘我的な幻視のなかで神を見、神に近づき、そしてついには神と融合してしまいたいとする欲求は一層強烈になる。いずこの地においても——ギリシアにおいてであれアジアにおいてであれ——融合衝動は常に救済のモチーフによってその発現を促されるようになる。治癒をもたらす神に触れること、神の無限の力の配分にあずかること、レヴィ＝ブリュール〔一八五七—一九三九。フランスの社会学者で未開社会の前論理的な思考を研究した〕の用語を借りていえば、神秘的参与（participation mystique）が希求される。いまや祭司や神殿侍女との交わり、あるいは神像（ξόανον）との交接はもはや性行為それ自体、生命産出の行為それ自体として神聖視されるのではなく、神との合一という新たな意味をもつようになる。ディオニュソス的人間は人間を個別者としてではなく、常に総称的にとらえているため、祭司または巫女の身体を通して神自身を抱擁することができる。このとき彼の眼前に立ち現われているのは一個の死すべき者の姿ではなく、神自身の姿なのである。

創造の歓喜と救済のモチーフの間の世界制覇の戦い、すなわち女性型の宗教と男性型の宗教の間の世界制覇の戦いほど我々を魅了する劇的な光景はないであろう。この戦いはすでに、前キリスト教時代のユダヤ教の心情的、精神的運命を形づくっていた。ヘブライ人は、大麦の初収穫を祝う春祭りペサハ(Passah)を執り行なっていた。(儀式用の食物として保存される、いわゆる種入れぬパンはこの祭りに由来する)。そしてこの春祭りのディオニュソス的意味がもはや理解されなくなったときはじめて、かの出エジプトの神話がこれに代ってつけ加えられたのである。ユダヤ民族はその合理主義的天性の故に他の諸民族に比してより早く自然状態を脱却し、より速やかに歴史的な存在に生長した。そしてこれと軌を一にして、自然の祝祭もまた過去の歴史的記念物になってしまった! しかし、「産めよ、殖えよ」という聖書の掟は明らかにディオニュソス的な性格のものであり、倦むことなく出産する母性の神格化という自然宗教固有の生命賛美を想起させる。外典エノク書(一〇の一七)の筆者は、神を無《な》みする者たちの審きのあとで、義人たちが千人もの子供を産むであろうことを楽しみにしている。人々はメシアの時代には女たちが毎日子供を産むであろうと夢想している。救済のモチーフと創造の歓喜は、こうして野生的生命力に満ちた「メシア信仰」のなかで交錯し合っている。種《たね》は神聖である(エズラ記九の二)。子沢山は神の祝福とみなされ、不妊は神罰とみなされる(マカベ第四書一八の九、エノク書九六の五)。石女《うまずめ》は軽蔑の的となり、容赦なく離縁される。ソドムとゴモラの滅亡によってロトの娘たちの相手を勤める男がいなくなってしまったとき、彼女たちは「種《たね》を授けてもらうために」老いた父親を酒に酔わせた。

近親相姦を犯す女は、それでもなお石女よりはましであり、神の意志に適っているのである。子孫増殖という宗教的義務が、この物語におけるほど露骨に強調されている例はない。

結婚は神聖な勤めとされてはいるが、まだ自然宗教における雑婚制からさほど隔たっていない。結婚の解消は容易である。（男性側の）簡単な離縁状一本で十分であり（申命記二四の一）、これはローマ法における男性側の一方的な婚姻解消通告（repudium）の規則と同種のものである。多妻制は認められている（申命記二一の一五—一七）。子供を大勢もつことは義務であり、妻を大勢もつことは何ら恥ずべきことではない。ソロモンは七百人の妻と三百人の妾を侍らせていた（列王記一〇の三）。若年で結婚した者は性を享楽できるよう兵役の免除を受ける（申命記二〇の七、二四の五）。ユーディット書におけるホロフェルネスは、ユーディットのような女を交わりもせずに立ち去らせるのはアッシリア人の恥辱である、と考えている（ユーディット書一二の一二）。この聖書の物語の筆者は、男女の飽くなき媾合に対する愛の神の厳しい要求をまだ忘れてはいないのである。全般的に見て、前キリスト教時代のユダヤ教はまだ自然宗教の若干の観念や風習を保持していたといってよいであろう。ただし神の問題に関しては著しく、かつ一方的に男性的原理が優勢である。神とはすなわちかの唯一者たる男神のみを指している。女神であれ女王であれ、王冠を戴いた不死の遊女であれ、要するにかつてのように全能を付与された女性の姿はもはや天上にも地上にも見あたらない。しかし日常の宗教儀式のなかでは女性的原理は決して消滅しない。ヘブライ人はディオニュソス的誘惑を完全に免れることはできなかった。結局彼らは自分たちの峻厳生硬な男性型の宗教に耐えきれず、抗《あらが》いがたい衝動に屈服して女神（malkat haššamaim）の温かな、魅惑的な肌身を探し求めた。その故に、裁きの神ヤーウェを母神崇拝の密儀に対して擁護すべく一切の狂的淫乱の儀式と対決することが、ユダヤ予言者たちの最大の任務となったのである。宗教における女性的本性と男性的本性の間の戦い、創造の歓喜と救済のモチーフの間の戦いというこの人類永遠の相剋の絵巻こそが、ユダヤ予言者たちの悲劇的な人生がその上で次々と演じられていくところのかの舞台の、最奥の背景をなしているのである。彼らは「売春」(ルターは大胆にこのように翻訳している)を痛罵して倦むところを知らない。彼らが「売春」という言葉で非難しているのは痛飲乱舞の狂的儀式のことであり、世俗的な売春や道徳的な腐敗堕落といったようなことではない。彼らの狂信的な激昂は、このような儀式が神に対する聖なる儀式として行なわれているという、専らこの一事によるものであって、世俗的な罪悪を眼前にしても彼らは決してこれほどに激昂することはない。一つの宗教がその強情さの極限にまで達するのは、常に、他の諸宗教に対する闘争のなかにおいてのみなのである。

聖書のなかにはディオニュソス的な異教の神々に対するヤーウェの戦いについて述べた章句は無数に見られるが、筆者はそれらの若干のみを取り出してみよう。列王記上一一章三―八節(ソロモン王がアスタルテ崇拝に心を寄せたことに対して)、一四章二三―二四節、イザヤ書二三章一六節、エレミヤ書七章一八節(「天后」に対して)、エゼキエル書八章一四節(タムズに対して)、一六章一五―一七節、二〇―三四節、および二三章、ホセア書四章一〇―一四節、ナホム書三章四節、マカベ第二書六章四節。エゼキエル書二三章を一読すれば、淫乱の儀式を守り続けたのは誰よりもまず女たちの方であったことがわかる。予言者エゼキエルは女たちに対して、「律法を成就する男たち」によって罰を受けるであろうと威嚇している（二三の四五）。彼は男性的思考様式、つまり法と秩序の精神に向かって神殿売春の風習との対決を訴え求めているのである。

ヘブライ人においては、創造の歓喜と救済のモチーフの間の戦いは男性的原理の完全な勝利をもって終わった。しかしギリシア人の場合はこれと事情が異なっていた。男性的峻厳と公正さの権化ともいうべきギリシア人には、本来痛飲乱舞の儀式は無縁のものであった。彼らはエレウシス〔アテネ北西海岸の地。デメテル女神崇拝の中心地であった〕のデメテルに対する節度ある、厳粛な儀式によって自然の多産豊穣を祈願していたのであり、これがのちになってアテネの国家的儀式に格上げされたのである。デメテルは農耕作物の女神であって、野生植物の女神ではなかった。デメテルには陶酔をもたらす葡萄ではなく、穀物の穂と種が奉納されていた。彼女が庇護したのは相手を選ばぬ遊女的な性愛ではなく、結婚によって法的に認められたそれであった。ギリシア全土に波及するようになったかのテスモポリアの祭り〔特にアテネの女性たちがデメテルを称えて行なった古代の祭り。テスモポリアの名称はデメテルの形容語 θεσμοφόρος (law-giving) からきている〕を執り行なっていたのは遊女たちではなく、既婚の婦人たちであった。この祭りは海岸に向かって進む婦人たちの行列によって開幕したが、彼女たちはその直前の九日間は夫婦の交わりを差し控えていた。これは真正の自然宗教における豊穣祭においては到底考えられない、一種の禁欲思想の現われである。しかしエレウシスの密儀は同時に母性を称える祭り、つまり女性の受胎と出産の力を称える儀式でもあった。女たちは母性本来の平和な気分のなかに浸っていた。厳かに告知される神の平和〔神命による一切の闘争の停止〕は、この母性的平和の永遠の安泰を保証していた。神々の苦悩——デメテルの娘コーレの強奪およびそのハデスからの帰還という苦難の経緯——を所作で描く聖劇は、自然の永遠の更新を称えるすべての祭典の基底をなすところの、あの自然宗教的復活思想を表わしていた。エレウシスの密儀は女の母胎像を納めた函にうやうやしく身体を触れる儀式をもってその頂点に達した。「母神に対する信仰のなかから、子たることとの神秘を身をもって確かめようとする願望、すなわち秘蹟によって来世には実際にこの母神の子に生まれ変わろうとする願望が生まれてくる。たとえば南部イタリアの秘教の『我は地下の女王の胎内に没入せり』という祈禱の文句は、こうした考え方を最もよく言い表わしている」（A・コルテ『エレウシスの密儀』）。それ故エレウシスの密儀には、根源の神聖視という母神宗教の指標もまたはっきりとみとめられる。しかしこの祭典には狂的な淫乱の儀式は付随していなかった。神界と人間界はまだ鋭く切断されている。「人間種族と神々の種族は別ものである」（ἓν ἀνδρῶν ἓν θεῶν γένος）というギリシア人の民間信仰の根本思想を、エレウシスの密儀もまた超え出てはいなかったのである。

ところがこの節度ある世界のなかへ、サモトラケ島を発したディオニュソスがいまや猛り狂う嵐のように侵入してくる。ホメロスはデメテルに対しては賛歌を献じているが、ディオニュソスに関しては――エロスの場合と同様――これを神々のなかには算え入れていない。ただ「狂い踊るディオニュソス」と彼の「乳母たち」について極く簡単に触れている（『イリアス』四の一三三）だけであり、ディオニュソスが人間の運命に介入してくる箇所はどこにも見あたらない。ホメロスのこの沈黙が何よりもはっきりと証明しているように、当時このトラキアの神は極く限られた範囲の地域でのみギリシア人の生活と信仰のなかへ侵入していたにすぎなかった。こうしてディオニュソスは激烈な宗教的格闘と動乱を経てはじめて第六番目の（パネス、ニュクス、ウラノス、クロノス、ゼウスのあとから）世界支配神の座に上ったのであるが、古代末期になるとこの神に対する崇拝は普遍的な宗教に成長して周囲に波及していった。多くの民族がディオニュソス崇拝の狂的儀式をギリシア民族本来の勤行形式であるとみなしていた。たとえばスキタイ人がその一例であった（ヘロドトス四の七九）。ニーチェは『偶像の黄昏』のなかで次のように述べて右の考え方に与している。「ディオニュソスの密儀のうちで、ディオニュソス的状態の心理のうちで、ギリシア的本能の根本事実、生への意志が語り出ている」。しかしこれは誤解である。暗黒の者、混沌の者たるディオニュソスは、厳格かつ明晰な形式と均整によって無形式と放恣の統御を目ざすあのギリシア的―男性的人間の肉体に刺さった異体、棘《とげ》なのである。アポロ的ギリシア精神は、ディオニュソスの密儀を介して自然宗教に年貢を献納していたのである。ギリシア人の宗教心を映す鏡、その象徴は、女たちの神ディオニュソスではなく、イヴが男のあばら骨から造り出されたと同様に母親なしでゼウスの頭から跳び出した、かのアテネ女神である。ディオニュソスはたとえその性は男性であろうとも、やはり女性の胎内の暗黒から生まれ出たのであり、母胎なしでは男神の誕生は考えられない。その故にまた、ディオニュソスはビメーテル、すなわち二人の母親をもつ者と呼ばれているのである。母親のないアテネと二人の母親をもつディオニュソス――ここにはギリシアとオリエント、男性の宗教と女性の宗教の間の根本的対立が言い表わされているのである。

この新しい神はまず最初にデメテルと結びつく。しかし、秩序ある愛情生活の女神であるデメテルは彼の奔逸な性格に合わない。彼は気性の似通った相手を探し求め、遊女的な性生活の擁護神であるアフロディテのなかにこれを見出す。ディオニュソスのあとにつき従うのは女たち、つまりバッカスの巫女たちであり、ディオニュソス崇拝はその導入から最終的勝利にいたるまで、専ら女性の力に依存しているのである。彼は女たちを文字通り感激と陶酔の絶頂に導く。アマゾン女族はわずかの抵抗を示しただけで、彼の最も熱烈な信徒になってしまう。最初は女たちだけが密儀に加わることを許されていた。その後男たちの参加も認められるようになったが、その場合彼らは、この密儀本来の女性的性格を損わないよう女の衣裳を着けなければならなかった。秘教徒たちは歓喜のあまり憑かれた者となって暗夜の山中を突き進んでいった。勤行が夜中に行なわれるのは母神宗教の一つの標徴である。太古以来女性は夜および夜の星辰との間に極めて神秘的な関係をとり結んでいた。月の回転の周期性は女性の血流のリズムと比較され、両者の関連性がおぼろげに推測されていた。——エレウシスの密儀は畑地の多産を祝う祭典であり、ディオニュソスの密儀は放縦淫奔の情欲に対する勤行である。それは相手を選ばぬ、無制約の集団媾合を要求するものであった。男たちがこの密儀に加わる以前には、女たちはこの好色の男神の眼前で——と彼女たちは信じていた——互いに狂おしく求め合った。男たちが加わるようになってのちは、彼女たちはこれらの男たちと無差別的に混交した。その後直接の性行為に代って女の膝の間へ蛇——男根の象徴——を挿し入れるという、交接を意味する象徴的行為が行なわれるようになった。しかし痛飲乱舞の密儀は依然として存続した。人間の魂の暗黒の力は、形式の厳正を尊ぶギリシア人の光明神アポロの許容するところではありえなかったがために、ディオニュソスの密儀のなかで激しく沸き返り、己れの全き解放を求めたのである。それは、あえて日中の光のもとへ出ていくことができなかったが故に暗夜のなかへ奔出したのである。かくして、夜のギリシアと昼のギリシア、女性的ギリシアと男性的ギリシアが並び存していた。夜のギリシア世界を大河となって貫流していたのは創造の歓喜に満ち溢れたアジアの魂であり、このアジアの魂こそがギリシア精神の健全さを保つ糧となっていたのである。ギリシア人の比較を絶した卓越性の秘密は、まさにこの点に求められねばならない。

痛飲乱舞の神にともなって、男根崇拝と神殿売春の風習がギリシアに侵入してきた。特にシシリアとコリントスにおいては、アフロディテに仕える聖なる遊女たちがいたるところに待機していた（その数千人ともいわれる）。巡礼者たちは群をなして彼女たちの仕える神殿に詣でた。しかし、男性的原理がこれに対して猛烈に抵抗する。何といってもギリシアはかつて国政上の事由によって一夫一婦制を採用し――これはアッティカの初代王ケクロプスの業績とされている――爾来この制度を固守してきた国である。一夫一婦制の擁護女神であるヘラは、神殿売春の神であるディオニュソスを憎悪する。彼女はペルセウスを唆《そそのか》してディオニュソスと戦わせる。ペルセウスはディオニュソスの信徒であるアマゾン女族を撃ち破り、無理やり一夫一婦制を採用させる。そのほかテセウス、ヘラクレス、アキレスなどは、男性的観念世界のために戦う勇名赫々たる戦士たちである。アイスキュロスの『オレステイア』では、この男性的観念世界と母神宗教の間で凄まじい格闘が演じられる。オレステスはアポロの神託に従って、殺害された父の仇を討ち、クリュタイムネストラを殺す。これによって彼は、自然宗教の観点からすればいかなる悪業にもまさって許しがたい犯罪、母親殺しの大罪を犯す。その神罰として彼は復讐の女神エリニュスたちに追いかけられ、最後にアテネに救われてアレオパゴス〔アテネのアクロポリス西方の丘。殺人、放火等の重大犯人を裁く法廷になっていた〕に連れていかれる。アポロとアテネという男性的な光の世界の力が、ついにエリニュスたち＝自然宗教の暗黒の魔神たちに打ち勝つのである。

激烈な勢力争いのあと、ここかしこで二つの宗教の間に一時的な和解が成立する。ディオニュソスはアポロの聖地デルポイに移り住み、ギリシアの最も有力な祭司たちの愛顧を受ける。双方の神の間柄が極めてうち解けたものになった結果、デルポイの神殿の切妻壁は前面がアポロ、後面がディオニュソスの――しかも暗夜の狂乱の密儀の最中のディオニュソスの――像で飾られるようになった。ほかならぬアポロ崇拝の最古の場所デルポイで、予言がもはや徴《しるし》に従ってではなく、法悦状態のなかで発せられるようになったのは、アポロ自身が自らの宗教のうちへ一種のディオニュソス的要素――法悦裡の占卜術――を採り入れたからにほかならなかった。しかしアポロだけではなく、ディオニュソスもまた変貌を遂げた。ディオニュソス崇拝のなかでも救済のモチーフはますます強くなる。もちろんその兆しは、すでに最古のディオニュソスの密儀においても控え目ながらみとめられたものではあるが。礼拝の主眼点はついに、人間をその地上に局限された生存から引き離し、神と自由に交通しうる非肉体的な存在に高揚することに移されていく。「人間のうちには神が生きており、この神は肉体の鉄鎖を断ち切るときにはじめて自由になる、という信念がディオニュソスの密儀とその法悦の最深の基盤をなしていた」（ローデ『魂《プシーヘ》』）。ここまで来れば、オルフェウス教徒〔前六世紀に出現した神秘教徒〕がディオニュソス思想を禁欲主義の方向に撓《たわ》めるのはいとも容易な業であった。オルフェウス教は肉体を厄介な枷《かせ》、魂の墓場と感じ、これをひたすら蔑視する。肉体的生誕はもはや創造行為として神化されず、魂の死として呪詛される。それはもはや出生に対する歓びの念ではなく、死滅に対する苦悩の念を喚び起こすにすぎない。それはもはや母性の神秘としてではなく、受難の始まりとして体験される。創造の歓喜は消滅し、専ら救済のモチーフのみが前面に現われ出てくる。ピタゴラスはこの趨勢に抗して、地下的―母性的なるものの崇拝を復活させ、地上的生存をそのかつての根源的基盤に導き返そうと試みた。女性的価値と尊厳を護ろうとしたこの先駆者は、もしヘレニズム精神が女性的な力を軽蔑し、生命産出の共同作業から排除し続けるならば、ついには生命の源泉そのものを涸渇させる危険を招くであろうことを、はっきりと洞察していたのである。ともかく、アポロ的ギリシア精神はトラキアの神を敗退させることはできなかった。勝利者の栄冠はローマ人の頭上に輝くこととなった。ローマ人の専君的男性精神にとってディオニュソス思想は不倶戴天の敵であり、これに対する彼らの憎悪は、現代にいたってもなお息絶えてはいないのである。

ラテン民族が侵入してくる以前のイタリアの原住民は自然宗教を信奉していた。エトルリア人はペルシアのアナイティスを崇拝していた。このほかにも類似のアジア的な母神崇拝が存在していたことは、バッホーフェンが『タナクウィルの伝説』のなかで追跡しているその種の多数の痕跡によっても容易に推測される。オリエント風の売春制度に対抗して貞潔な結婚生活の思想を掲げ出《い》で、母権制の名残りを一掃して父権の尊厳を確立したことは、ローマ人の果たした決定的な事業であった。ギリシア的男性精神の典型像であるマケドニアのアレクサンドロスがインドのカンダーケ〔本来エチオピアの歴代女王の尊称。転じて女王一般の尊称〕を打ち破りえなかったのに比して、西方世界の栄えある初代皇帝オクタヴィアヌスがオリエント最後の女王である遊女クレオパトラを征服したという事実は、実に無限の象徴的意味を有するものである。ローマ人の男性的精神の圧力のもとで、人類はその発展方向を女性から男性へ、自然から歴史へ、エロスから法律へ、宗教から国家機構へと転換すべき決定的な第一歩を踏み出した。ローマの勝利によって世界史における母権制の時代は終りを告げるのである。

男性の生得的資質からいって当然のことではあるが、ローマ人のような徹頭徹尾男性的な性格の民族にあっては有機生命的なもの、宗教的なるものに対する感覚は比較的微弱である。こうした民族は国法精神や歴史意識によって、創造的なエロス精神をも生き生きとした宗教精神をも同時に圧殺してしまう。ディオニュソス的な神々はそのような状況のなかで次第に息苦しさを覚えるようになり、ついに規範一点張りのローマ法のなかで窒息してしまった。ローマこそはじめて——その機械的即物精神の故に——西方世界での創造歓喜の体験をほとんど不可能事に等しくしてしまったのである。カルタゴの滅亡は、それによってディオニュソス的オリエント世界から人類文化の鼓吹者としての地位が剝奪されてしまったのであるかぎり、まさに世界史の一大転回点をなすものである。それ以来西洋では、宗教とエロス精神はかつての母権制の時代における、あの天真爛漫な融合関係をもはや二度と取り戻すことはできない。母神宗教は次第に息絶え、わずかにその痕跡を保ち続けるにすぎない。たとえば元来母権による結婚を意味していたマトリモニウム（matrimonium）という言葉や、多産の女には敬意を払い、石女は離縁してしまうという慣習、あるいは、元来相愛の男女神の地上的な模像と考えられていた祭司（flamen）と祭司の妻（flamina）に対する崇拝など。しかし「祭司」はまもなく清浄な光明神の祭司に変貌し、「祭司の妻」は多産の女神に仕える遊女であることをやめてマトローネ、すなわち聖職者を夫とする品性高貴な既婚婦人を意味するようになる。ヴェスタやディアナもまた純潔な女神になる。ヴェスタはもはや多産の女神ではなく、浄火を守るかまどの女神である。ヴェスタの巫女たちの純潔を汚す行為は残酷な刑罰をもって処罰されるようになる。誘惑した男は鞭打ちの刑によって、そして禁を犯した巫女は生き埋めの刑によって殺されてしまう。

ローマはオリエントを征服してしまった。そして、これによって男性は女性を征服してしまったのである。ローマが下命するところいかなる母権制、いかなる母神宗教、いかなる自然の神化、いかなる創造歓喜の体験も存在しない。ローマ風に教育された男性は、性をもはや女性における天真爛漫な眼差をもってではなく、専ら批判ないしは冷笑の眼差をもって見る。もしこの完全に男性化した世界のなかへディオニュソス崇拝が迷いこんできたような場合には――実際幾度もそうした事態が生じたのである――それらは宗教的祭典としての本来の意義を放棄して、低俗な歓楽の爆発に転落せざるをえなかった。男性的な価値観の呪縛のもとで、礼拝のための痛飲乱舞は単なる淫蕩の儀式と化してしまった。この淫蕩という概念それ自身がローマ人特有の思考様式を前提としている。つまり、彼らは女性のエロス的な力をあくまでも蔑視しながら、にもかかわらずそのかたわらで恥も外聞もなくこの力の前に屈服し、貪婪に、男の威厳もかなぐり捨てて色の道にふけっていたのである。事態のこのような変化にともなって、酒神密儀という言葉の意味内容もまた変化を蒙る。それは、密儀という本来の意味を失い、今日もなおこの意味で解されているところの単なる逸脱、放縦、淫奔を指すようになる。酒神崇拝の祭典はその宗教的根本思想を放棄してしまう。残余のものは情欲に対する奴隷的奉仕のみである。帝政期のローマにおいては、「どこでもぶらつきまわるヴィーナス」(Venus vulgivaga)〔ルクレティウスの詩句〕はもはや生命の本源としての母性を称える女神ではなく、頽廃をもたらす淫蕩の魔神である。オリエントはローマに、女性は男性に、ディオニュソスはローマ帝国に、このような仕方で復仇を遂げたのである。自然宗教におけるそれとは無縁の、世俗化した痛飲乱舞の行き過ぎの故に、ローマ帝国はついにその精力を使い果たして瓦解していった。その身は皇帝でありながらラテン的な思考様式を嘲蔑していた一人の人物——オリエントで養育されたかのヘリオガバル〔二〇四—二二二。もとシリアの太陽神の大祭司。のちローマ皇帝となった（二一八）が、常軌を逸した言行のため暗殺された〕——にいたっては、古《いにしえ》のミュリッタ崇拝をこともあろうにローマの地で、しかもむき出しの放埒極まりないやり方で復活させ、その首都を淫乱の巷に化そうとする侮辱的な試みをすら辞さなかったのである。

　キリスト教は純粋の救済宗教である。この宗教の沈鬱な激情は創造歓喜の体験に対して好意を示さない。キリスト教の教義は峻厳冷酷であり、人間の身には法外な要求とすら感じられる。イエスの教えがユダヤの地を発して——東方に向かわず——西方に進路をとり、あたかもそれが自らの運命の地であるかのようにローマ帝国の心臓部へ侵入していった原因は、専らこの教えの男性的な基本性格のなかに求められねばならない。父神宗教としてのキリスト教はローマ人の父権思想を継承するものであった。たとえローマ人の法思想がキリスト教徒のアガペー思想と相矛盾するものであったにせよ、両者は男性的な基本姿勢の点では一致をみている。ローマ人もキリスト教徒も、旺盛な享楽生活を肯定する女性的—東方的な自然宗教に対しては等しく敵意を抱いているのである。にもかかわらず、キリスト教自身もまた創造歓喜の魔力を完全に免れることはできなかった。自然宗教の領界に由来する諸々の異教的な観念や祭式が、キリスト教によって征服された世界のなかへ再びおずおずと舞い戻ってきた。異教の儀式である男子の祝聖(思春期の清祓)は聖体拝領や堅振礼のなかで、そして春祭りは復活祭のなかで生き続けた。また母神そのものはマリアにおいて蘇った。四世紀になってもまだイエスの母は一個の死すべき、罪を背負った、自然の被造物であるにすぎなかった。クリソストムス〔三四〇頃―四〇七。コンスタンティノープルの総大司教。ギリシア正教最大の説教者の一人〕は、マリアはすべての女たちと同じように軽薄な女であると語り、またエピファニウス〔三一五頃―四〇三。サラミスのギリシア教会大司教。なお、オリゲネス(後出)一派を激しく攻撃した〕とネストリウス〔三八一後―四五一前。コンスタンティノープルの総大司教。マリア崇拝をめぐるキリルス(後出)との論争に破れ、異端者として断罪された〕はどのようなかたちのマリア崇拝に対しても断固として反対した。実際彼らの見解は正しかったのである。キリスト教の教義はマリア崇拝の起源などはどこにも提示していない。それどころか聖書の幾つかの箇所は、マリア崇拝が存立しうる一切の歴史的根拠を否定し去っているのである。イエスは彼の母から理解されず(マルコ三の二一)、明らかに親子の縁を絶ってしまっていた(マタイ一二の四八、四九、ルカ一四の二六、ヨハネ二の四)のであって、彼女に浄福の祝福を与えることをはっきりと拒絶している(ルカ一一の二七―二八)。

しかし女性の神格に対する憧憬、すなわち母性崇拝に対する憧憬は人間の魂の極めて奥深いところに根ざしているため、これを完全に根こそぎにしてしまうことは不可能である。神の母《マリア》に対する崇拝は、人間の内心の命令に従い、教義の命令に背いて芽生えつつあった。アウグスティヌスは『自然と恩寵について』と題する著述のなかで、すべての人間のうちでただマリア一人が原罪を免れている、と宣言することによってその基盤を整えた。はじめてキリスト教徒たちにマリア崇拝を促したのはナツィアンツのグレゴリウス〔三二九頃―九〇頃。ナツィアンツはカッパドキアの地名。教会博士。三位一体論にはじめて現在の形を与えた〕である。アウグスティヌスの没年(四三〇年)に開かれたアレクサンドリアの教会会議、およびエペソにおける宗教会議〔四三一年〕は、マリアを神格とみなして崇拝することを承認する。ほかならぬこの地〔エペソ〕がマリア崇拝の発祥地になったことは、キリスト教のマリア崇拝が古代の母神崇拝と決して無関係のものではないことを暗示する、意味深長な象徴的事件である。というのも、エペソはかつて母神崇拝の牙城であった。住民たちが使徒パウロとキリスト教の教えに憤激して「大いなるかなエペソ人《びと》のアルテミス」と叫んだのは、まさにこのエペソの地においてであった（銀細工師デメテリオの暴動。使徒行伝一九章）。その後五世紀になってからエペソの住民がキリルス〔三八〇頃—四四四。アレクサンドリアの総大司教〕を焚きつけてネストリウスと論争させ、司教たちから文字通り強奪によって獲得したマリア崇拝是認の裁定〔エペソの宗教会議で、先着した西方の司教たち（キリルス一派）が扉に鍵をかけてネストリウス一派を締め出し、大急ぎで司会者たるキリルスの説を正当と可決してしまった事実を指す〕を熱狂的な賛同をもって採り入れたときも、彼らはやはり先の場合と同一の宗教理念のために戦ったのである。エペソ人《びと》のアルテミスは「大いなる、崇高な、栄光に満ちた神の母」となった。彼らはアルテミスの呼び名を変えたが、その本質を変えることはしなかった。自然宗教の最美の花は、こうして救済宗教の最も痛切な欠陥部を補塡したのである。イシスもまたマリアとなって再び帰ってくる——ただし、今度はイエスという名の幼児ホルスを胸に抱いて。そしてディオニュソス思想は小アジアとエジプトを経て、より洗練浄化されたかたちでキリスト教の首都に帰来する。このようにして自然宗教の残光がキリスト教の信仰世界のなかに射し込んでくる。一三世紀にいたるまで、人々がまず第一に崇敬を捧げたのは聖母や、苦行者たちの守護聖女や、あるいはその他のいわゆる聖女型の女性ではなく、神の母、すなわち神の出産者、神の源泉たるテオトコス〔ギリシア語で「神の生母」の意〕に対してである。要するに、母であることではなく母となることこそ最も神聖なこととみなされていたのである。マリアにおいて神格化されているのは神の生誕という事象、言い換えれば、出産行為および女という性の原理そのものである。母性の神性、つまり根源の神秘が再び崇拝されるようになる。マリアは多産と愛と美の女神となる。しかも、それは人類がかつて崇拝したすべての女神たちのうちの最も高貴な女神である。マリアはあたかもデメテルの姉妹でもあるかのように、養う大地の守護霊として崇敬される。特に、母なる大地の神聖を崇める旧来の民間信仰を採り入れたロシア正教では、マリアはこの守護霊としての地位を不動のものにする。「神の母は、母のように潤える大地である」――ドストエフスキーはこの信仰告白によって、東方キリスト教の感受性のあり方を余すところなく言い表わしている。

信徒たちの心のなかで、マリアが彼女自身の息子を押し除けてしまいそうになった時代があった。その生誕、神殿での祝別、および昇天に関する諸々の聖伝の花環がマリアの生涯を飾り立てた。マリアに祈りを捧げる際にロザリオが用いられ、暦の上にも聖母マリアの祭日が設けられた。マリアのために犠《いけ》牲《にえ》すら捧げられた。それどころか、ついにキリスト教の天界には、一対の相愛の男女神までが誕生した。神はマリアを愛し給う、という信仰が人々の心を捉えてしまった。ベルナール・ド・クレールヴォー〔一〇九〇―一一五三。聖ベルナルドスとも。フランス中世神秘思想の代表者。神への愛と献身、および瞑想による法悦を至高のものとし、アベラールの合理思想に敵対した。クレールヴォーの大修道院を創立〕はマリアを賛め称えて詠《うた》っている。「諸人の王にして世界の支配者たるかの方御自らがあなたの美を熱望し、あなたの諸の応《いら》えを待ち焦がれておられるのです。かの方は、その応《いら》えを得てはじめて世界を救おうとの決意をなされたのです。そして、秘かにかの方の御心に適っているあなたは、その好《よ》き一言によって一層深く御心を動かすでしょう。なぜなら、かの方御自らが天よりあなたに向かって、『女たちのいと美しき者よ、我に汝の声音を聞かせよ』と呼びかけられたのですから。もしあなたがその声音をお聞かせするなら、かの方は我ら諸人の救いをお告げになるでしょう」。ハインリヒ・ゾイゼ〔一二九五—一三六六。スーソーとも。ドイツ中世神秘思想の代表者の一人。エックハルトに学びその思想を発展させた〕はマリアについて、「あなたは神のもの、神はあなたのものです。そして、あなたたち御両人の愛の戯れは永遠にして不可思議の神秘であり、いかなる不和によっても引き裂かれることはありません」と語っている。さらにある別の人物は、神はマリアの薔薇の芳香に惹き寄せられて、天上からうやうやしく彼女の許に近づき、「その、処女の子宮のなかへ」身を沈め給うたのである、とすら語っている。

一二〇〇年頃になるとマリア崇拝は変容し始めた。この頃プロヴァンス地方からエロス賛美の精神運動が起こり、詩芸においては吟遊詩人《トルバドゥール》たちの恋歌《ミンネ》を、宗教においてはフランシスコ会の思想を出現させることとなった。そしてこの運動はマリア崇拝をもその波動のなかに巻き込んでいった。これまでマリアは神の母として崇拝されていたのであるが、いまや人々は彼女のなかに胸奥の恋人としてのマドンナを観るようになった。こうして、深遠な母性観念はもはや創造歓喜の体験にもとづくことのない、夢幻的な女性崇拝の前に屈服してしまうのである。この型の女性崇拝については、崇拝の愛について詳論する際に再び触れることになるであろう。

先の場合ほど明瞭なかたちにおいてではないが、キリスト教教会はさらにもう一つの点で母性観念の聖性を護り続けてきた。それは、カトリシズムにおいては教会が信徒たちの母と考えられ、崇拝されているという事実である。ただし、このかたちでの母性崇拝には、マリア崇拝におけるあの強烈な官能的性格は見られない。

プロテスタンティズムは、支配権を確立したあらゆる場所で一切のマドンナ崇拝を厳しく処断した。ルターは、「マリアは教皇政治のなかで神格に仕立て上げられ、これによって忌まわしい偶像崇拝が創始されたのである」と痛罵した。カルヴィンもまた、「絶対に排斥すべき」一つの偶像について語った。両者とも女性型の宗教に対しては一片の共感だに持ち合わせていなかった。彼らの峻酷な気質は、母神崇拝を否認したユダヤの予言者たちのそれに通じていた。パウロ――疑いもなくイエスの使徒たちのなかで最もユダヤ的な気質の持主であったかの人物――がプロテスタントの最も気に入りの使徒になったのは、まさに内的必然によるものであった。教会の「伝統」に対する彼らの戦い、そして「キリスト教の根本に帰れ！」という彼らの叫びは、北方的男性精神がいかにヘブライの男性精神との密接な結合を希求していたかを証示している。実際、彼らが還帰しようと願ったのはユダヤ的な根本のことであった。なぜなら、脱出したいと願う「伝統」の集合体のなかには、古代世界からキリスト教の教義のなかへ混入してきたかぎりの一切の非ユダヤ的な儀式や秘教、観念が秘め隠されていたからである。プロテスタントの精神に適わなかったもの、そして彼らがあらためて退散させてしまおうと願ったのは、原始キリスト教の信仰および情緒世界のなかへ採り入れられた東方的―女性的な諸因子のことであった。教会史が伝統の形成と称しているところのものは、宗教心理学の観点から見れば、自然宗教の流入による救済宗教の緩和化と補塡の現象であり、また文化史的にいえば、エジプト、ギリシア、インド、イランから発した諸潮流によって、ヘブライ精神に染めぬかれた原始キリスト教が徐々に変形を蒙っていった現象である。宗教改革はキリスト教を再びユダヤ化する事業を推進したのである。教会の伝統に対する戦いはそれ以外の何ものをも意味するものではない。ところで、その結果はどうであったか。女性の神格を排斥することによって、宗教はその優しさと暖かさを失ってしまった。それは一切の主観を排した、冷えきった宗教となり、ついには信徒たち自身をすら退屈させるものになってしまった。カルヴィン派の神の家〔教会堂〕とユダヤ人のシナゴーグ〔教会堂〕は、その味気ないまでの簡素さによって何と驚くべき親近性を見せていることか！　教義と同様に、礼拝の場所もまた一切の虚飾を排しているのである。信仰の熱烈さと生々しさの点では、プロテスタントはカトリック教徒の足許にもおよばない。インド人は、シャクティー、すなわち女性の性的魅惑力を無視するやいなや男性は――神との関係においても――涸渇してしまう、と正しくも喝破している。ヨーロッパではロシア人、ポーランド人、スペイン人などの最も熱烈な信仰心をもった諸民族が、同時に最も熱烈にマリア崇拝を続けているという事実、そして、ほかならぬこれらの諸民族がエロス的情緒に対して格別に感受性が強いという事実は、決して単なる偶然に帰せられてはならない。人間の魂のエロス的側面が女性の神格を、女性の創産力の聖化を要求するのである。エロスと宗教が互いに断絶してしまうやいなや、前者はその品性を失って堕落し、後者はその情熱を失って冷却してしまうのである。

　マリア崇拝とならんで中世の神秘主義もまた、キリスト教文化の真只中にあってもしばしば創造の歓喜が体験されていたことの実例を提供している。尼僧たちは自分が神によって身ごもっており、幼児イエスの出産が差し迫っていると夢想している。また尼僧になろうとする娘たちは、イエスよ、わたしはあなたに純潔を捧げます、と誓約している。彼女たちはただただイエスによってのみ純潔を捨てたいと望んでいる。クリスティーネ・エーブナー〔一二九一―一三五一。ドイツ女性神秘主義者。ドミニコ会修道女〕は神の恩寵に撃たれて、「身ごもった女が胎児によって苦しむように」苦しんだ、と伝えられている。またマルガレーテ・エーブナー〔一二七七―一三五五。ドイツ女性神秘主義者。ドミニコ会修道女〕は、「イエスに乳をふくませるために」、キリスト像を胸肌に押しあてた。彼女は幻視のなかで、母親として幼児キリストを抱擁していたのであった。このようにして神秘主義のなかへ、これまで見られなかった一種の異質の要素が入りこんでくる。なぜなら、神秘主義の本質は神と人間との融合の希求という一事につきるのであり、妊娠、出産、生長、そして母親としての愛撫といったような浄福は、創造歓喜の領域に属するものだからである。

　ディオニュソス思想は男性的思考様式に対してもはや己れを主張できなくなると、性の無法状態をもたらすことによって復讐してくる。実際かつてローマ時代にポンペイのイシスの神殿のなかで起こっていたようなことが、中世キリスト教の多くの修道院のなかでも起こったのである。エロスを敵視する世界に対してなされたディオニュソスの最も残酷な復讐は、一六世紀および一七世紀における魔女妄想である。創造歓喜の春本類を世に広めたのもこの魔女妄想のなせる業であった。それは、なるほど自然宗教の神話と同様超自然的な世界を目ざしてはいた。が、ただし神的世界の暗黒面、その悪魔的《サタニック》な領界を目ざしていた。ディオニュソスは――悪魔となって蘇ったのである。悪魔はキリスト教世界における性の神であり、魔女たちはこの神に仕える遊女である。魔女たちは――この発育不全の多産の魔神たちは――悪魔との間に情事関係の固い盟約をとり結んでいたが、これは、神と「新しきイスラエル」〔ヤーウェと契約を結んで新しい生命を得たイスラエル、の意〕との間の、それの対極をなす不浄の盟約であった。魔女たちの跨った箒《ほうき》は男根を表わしている。悪魔の方は、これまた男根の象徴である角を生やし、トラキアの神をとりまいていたサテュロスたちと同様に牡山羊の身体をしていた。牡山羊はエジプト人やクレタ島人における牡牛と同様に、ギリシア人においては性能力の化身である。こうして、すでにその外形からしても悪魔は明らかにディオニュソスの後裔である。かつてのディオニュソスと彼の巫女たちと同様に、いまや悪魔は彼の魔女たちとともに暗夜の山中を踊り狂う。両者はともに女と性の魔神である。両者の類似性があまりにも著しいため、後世の人々は次のような憶測をすらしたほどである。つまり、聖職者たちが、古代の著述家たちの記録を読んで得たディオニュソスの密儀についての彼らの知識を意図的に魔女信仰のなかへ混入したのではあるまいか、と。しかし実のところ両者の間には雲泥の開きが介在するのである。なぜなら、悪魔は決して古代世界のあの精力旺盛な生殖の神ではなく、一個のいまわしい怪物と考えられているのであり、キリスト教全盛の時代を通じて異教の愛の神がそのなかを這いずりまわらねばならなかったところの、あの恐るべき汚辱の泥沼に突き落とされているのだからである。いまや性本能は嘔吐の悪臭につつまれ、罪悪の烙印を押されていながら、同時になおかつ不屈の力をもって暴威をふるっているのである。いまや創造の歓喜は妖術を意味するようになる。魂の聖化を求める体験はまったく正反対の評価を受けるようになり、創造歓喜の儀式はサタンに対する勤行として呪詛される。魔女たちの夜中の躁宴はディオニュソスの密儀の負の対極であり、過熱した神経の幻想世界のなかで執り行なわれるにすぎない。それは何ら自由な、陶酔的な生命肯定ではなく、単なる性欲の痙攣であり、疚しい良心を抱いたエロスであり、いわば禁断の思想の実を貪り喰らう行為に等しい。年代記編纂者たちが、物蔭もない広い野原で六千人もの悪魔と魔女たちが淫らな行ないをしていた、と伝えるのを読むとき、我々は、自然宗教の痛飲乱舞の豊穣祭に淵源するその凄まじい集団媾合の状景を、あたかも現実の出来事であるかのように眼前に彷彿させられる。魔女妄想の時代においては、このような密儀はもちろん実在の事柄として復活したわけではなく、単なる神話、単なる内的世界の出来事として復活したにすぎない。とはいえ観念世界の事実もまた、経験世界における事実と同様人間の魂の深奥の秘密を露呈しているのである。

民間信仰は魔女たちの集会場所と古《いにしえ》の異教の霊たちの祭儀の場所を一つに重ね合わせることによって、これら二つの異種の存在を同一視してしまった。しかし前者は別して性的な面のみを強調する存在であるため、後者とは明確に区別されねばならない。魔女妄想はその根底において、女性的本能の特異性と一体の関係をなすものであった。超自然的な存在と性的な交わりをもっているのではないか、という疑惑を受けるのは女性だけであったし、事実また、女性だけがこうした性的交わりを得ようと努めているようにみえた。拷問をもって禁じられていた魔女妄想に対して、自分自身にも説明のつかない、密かな同意を示さざるをえない何ものかが女性の本能のなかにあった。女性は制しがたい何ものかに衝き動かされつつ、魔女の競合者となり、魔女と同類の存在になりたいと願っていたのである。女性と悪魔との情事関係を女性自身が信じていたという事実は、ただこのように考えることによってのみ説明のつくものである。夫から訴えられると、女たちは——単に拷問を受けている間だけではなく——自分たちの歓楽に満ちた醜行の一切を事こまかに自白した。彼女たちはかねてからの熱烈な願望が充足されたのだと己れ自身に思いこませるために、自ら進んで罪過の責を負った。ある女は拷問のあとで、悪魔と交える情事の歓楽は、一どきに千人の男を相手にするよりもさらに素晴らしい、とすら言い張った。やがて女たちは魔女信仰では満足できなくなり、ディオニュソスの密儀そのものを求めるようになった。しかしそのような密儀を実際には行なっていなかったので——もし実際に行なっていたとしても、原型とはおよそ似ても似つかないほど歪曲されたかたちのものであったろうが——彼女たちはあたかもこれを行なっているかのように幻想のなかで仕立て上げ、審問官にこの偽りの事実を申し立てた。彼女たちにとっては、性を超自然的な性質のものにまで高めることが生命そのものの維持条件であったが故に、火刑の責苦を受けてすらこれを成就することを辞さなかったのである。ここには女性の魂の最深の地層が露顕している。すなわち、女性とは官能的行為と超感性的な力とをあくまでも相依相属のものとしてとらえている生きものなのであり、その故に、宗教とエロス精神が神的光明のもとで結合することを許されない場合には、両者の断絶を承認してしまうよりはむしろサタンの支配下においてでもこれを結合しないではいられないのである。エロスは超越的な世界根拠とは切り離しえないものである——これが女性の確固たる信念である。それ故に女性は、女性特有の宗教形式である創造歓喜の秘教を守護するために必死に戦う。一六、七世紀の間この秘教は魔女たちによって護りぬかれる。ただし天上の聖なる光のもとにおいてではなく、地獄の暗黒の夜のなかで。この時代のキリスト教社会は、エロス的な女に対しては天国の門を閉ざしていた。女性は自然宗教の聖女としてその全き生命を生きることができなかったがために、魔女に変貌せざるをえなかったのである。

自然宗教はキリスト教的観念世界の只中にあっても、その本来の宗教的起源がほとんど忘却の淵に沈んでしまった多くの民間信仰や民間習俗のなかで生き続け、今日におよんでいる。ディオニュソスの源郷トラキアでは、いまもなおこの神の祭典には男根が飾られ、男たちは牡山羊の毛皮を着て変装する。他の地方では、収穫期になると麦を束ねる女たちが穀物霊を表わす「おじいさん」人形を作り、その股間に赤いエゾギクで、直立した巨大な男根をとりつけ、さらにこの男根の下に馬鈴薯の睾丸をつけ加える風習や、あるいは旺盛な出産力を表わす並はずれて豊満な「おばあさん」人形を作るなどの風習が残っている。またその場合、穀物母神の化身である最後の麦束は「遊女」と呼ばれることもあるが、これは遊女が奔放な性の営みと豊かな植物繁茂の原像であるからにほかならない。さらに別の地方では、新婦は結婚式の前に凄まじい一物を具えた麦藁人形を作っておき、披露宴が始まるとこの人形はあたかも聖者のように迎え入れられ、接吻され、席につけてもてなされる。こうした風習を護り続けているのは専ら女たち（麦を束ねる女たち、新婦たち）の方であることを見逃してはならない。自然および自己自身の母胎の多産性を超感性的な力と結びつけようとする自然宗教的欲求は、女性の天与の資質そのものから奔り出ているのである。畑の上で初夜を過ごす風習は、今日ではほとんどの場合一組の男女が抱き合って畑の上を踊りまわるだけの儀式になっているが、これも元来は五穀豊穣の恵みを祈願する目的で発生したのである。こうした風習の基底をなしているのは、女性の産出行為と母なる大地のそれは同一不可分の事象であるとみなす考え方である。人間の交接はそれ以来、ディオニュソス神の生殖意欲と力能を刺激しようとする請願のための供犠という意味をもつようになる。自然宗教に由来するこうした思考は、売春婦に出会うことは吉運を意味し、祭司や僧、あるいは尼僧に出会うことは凶運を意味する、という民間信仰を生み出すことになった（古代インド、古典古代、ドイツ、イギリス、フランス、スエーデンなどにおいて）。こうした民間信仰は母神宗教の尺度に従って価値評価を行なっているのであり、救済宗教の倫理とは真向から対立している。娼婦のように堂々と性を肯定するものは吉運の徴《しるし》であり、性を禁欲的態度で否定する種類の人間は逆に凶運の徴《しるし》とみなされる。いずれの場合も、出会った人物の性に関わる態度が直接未来の出来事に、従って間接的には人間の運命を操る神そのものに、関連づけて考えられているのである。――バロック時代には君主たちは初夜権（jus primae noctis）を私物化して誰はばかるところがなかった。新婦は新郎のものになる前に君主に身を委せなければならなかった。もしそれが女性の本能の密かな合意、すなわち、自然宗教の時代に結婚を希望するすべての処女が果たさねばならなかったあの義務に対するかすかな記憶、を喚び起こしえないような的はずれの性質のものであったならば、君主たちのそのような要求権はいかなる時代、いかなる場所においても決して容認されることはなかったであろう。バロック時代の市民の娘たちは、結婚生活に入ることは当然純潔の犠牲をもって贖《あがな》われるべきもの、と漠然とながら感じとっていたにちがいない。ただしこの犠牲を嘉納するのはもはや祭司ではなくて、君主であった。

キリスト教の男根聖者なるものが存在していたことは一般にはほとんど知られていないが、この種の聖者は今日でもなお余命を保っており、しかもその数たるや決して僅々たるものではない。ナポリ王国のトリアニでは謝肉祭の仮装行列の際に、顎までとどくほどの凄まじい一物を付けたプリアポスの古い木像が引き回される習わしであった。民衆はこの木像のことを「聖なる肢《あし》」（il santo membro）と呼んでいた。一八世紀の初頭、大僧正ヨゼフ・ダヴァンツァティがこの古来の慣習を廃止したとき民衆はこぞってこれに異を唱えたが、わけても、自然宗教の最後の遺物を奪われまいとする女たちの不平は猛烈なものであった（デュロール『生殖神』二一九頁）。それどころか、オステルナリアでは聖コスマスとダミアヌス〔伝説上の人物。両者は兄弟でともに医者であった。のち医師、薬剤師の守護聖者になった〕の蠟製の男根像が聖職者たちの手によって一般に売られていた。フランスやベルギーでは今日でも、奇蹟をもたらす強壮な男根を具えたキリスト教の聖者が多数生き続けている。たとえば聖フゥタン、聖グレリュション、聖ゲノレ等々。これらの聖者たちは——と民衆は信じている——妻に妊娠の能力を授け、怠慢な夫や情夫を発奮させ、あるいは色事師が不覚にも頂戴してしまった性病を治してくれる。子供を授かりたいと願う婦人たちはこれらの聖者の木像の男根を少しばかり削りとり、これを飲物に混ぜてすする。ラカドゥールには男根の働きをする扉の閂があって、女たちは愛の成就を祈願してこの閂に接吻していた。ここでもまた、自然宗教の風習に最も強い執着を示しているのは女たちの方である。

　キリスト教ヨーロッパにおいてかつての痛飲乱舞の秘祭を想起させるのは、馬鹿大僧正祭り〔阿呆の大僧正（または法王）を選んで教会の厳粛な儀式をパロディー化した中世キリスト教の祭り〕やこれと同種のお祭り騒ぎである。これらのディオニュソス的な乱痴気騒ぎは聖職者たちの采配のもとで催されるものであり、さらには、教会のなかで催されるものすらある。それらのうちの最大のものは謝肉祭であるが、この祝祭が特にカトリック派の諸都市——ニース、ヴェニス、ケルン、ミュンヘンなど——で最も盛大かつ奔放に行なわれていることは何ら異とするにあたらない。カトリック教会は創造の歓喜に淵源する諸々の異教的欲求を、峻酷な客観精神と男性的真面目さによって貫かれたプロテスタンティズムの場合ほど手荒く、断固として排斥したことは決してなかったのである。――謝肉祭には必然的に性欲の解放という現象がともなう(原注)。アウバヌスは、謝肉祭の折に男たちが――ルペルカル祭〔ローマ時代の、畑地と羊の群の守護神ルペルクスの祭り〕の折のローマの若者たちと同じように――裸であちこち駆けまわりながら女たちにいたずらをしていた様子を伝えている。すべてのディオニュソス的性格の祝祭におけると同様に、万人平等の要求は謝肉祭においても本然的なものであり、祝祭に加わる人々の間の人為的な柵限はこの要求の前ですべて崩れ落ちる。創造歓喜の儀式は常に万人同胞化の祝祭である。仮面をかぶったり、男女がそれぞれ異性の衣裳を着けたりするのも、すべて謝肉祭のそのような根源的動機を証示するものである。仮面は、今日インディアンたちが死の舞踏の際に着用しているように、すでに古代のディオニュソスの密儀においても着用されていた。人々がかぶっていた仮面は、彼らが熱狂的に崇拝を捧げるその多産の神の面貌を表わしており、仮面舞踏の儀式はこの神の好意を得るための手段であった。異性の衣裳を身につけるという習慣もまた――ことに昔はこの習慣を抜きにしては謝肉祭の浮かれ騒ぎなど考えられなかった――その源ははるか古代の宗教観念に遡る。多くのアフロディテの祭りにおいては、男女逆装の風習は通常の事柄であった。たとえばキプロス島における髭《ひげ》を生やしたアフロディテの祭りは、男の衣裳を着けた女たちと女の衣裳を着けた男たちによって奉祝されていた。プルタークはヒュブリスティカの奔放な祭り〔ラケダイモンの軍勢を撃退したアルゴスの女たちの勇猛心を記念して行なわれていた。ὕβρις＝奔逸、狂暴がその語源〕について述べているが、ここでもまた女たちは男の着物とトーガを、男たちは女の着物とヴェールをまとっていた。さらに、キュベレの祭司たちは女の衣裳を着て儀式を執り行なっていた。こうした習慣はすべて、両性具有の――と考えられている――神と同様の存在になりたいという信徒たちの熱烈な願望から出たものである。男性的本性と女性的本性が一身に融合する宗教的な意味での男女逆装は、人間の心に、性の複合性という専ら超感性的な力においてのみ実現をみているところの、あの比類なき充足性の感情を喚び起こすのである。謝肉祭と同様に、山岳地方の一部に見られる乱痴気騒ぎの降誕祭もまた自然宗教の祭りの一つである。そこではエロス的戦慄と宗教的戦慄が一つに重なり合っている。乱痴気騒ぎの儀式が夜中に行なわれるのはディオニュソス的要素であり、このことがまた女性の密かな本性に親しく訴えかけているのである。

（原注）謝肉祭、特にドイツとスイスにおけるそれの際に繰りひろげられる大々的な淫行に関しては、ホフマン＝クライヤー『スイス民俗学古文書』一の一三一頁の概説を参照のこと。

モルモン教徒と北部ロシアの鞭身教徒（フリィスト）の宗派には、自然宗教を想起させる特に顕著な名残りが見られる。モルモン教徒は神たちが一夫多妻の生活をしている、すなわち主神はイヴおよびマリアと、キリストはベタニアのマルタおよびマリア姉妹と夫婦生活を営んでいると信じている（これはヨハネ伝一一章五節の誤解ないしは曲解によるものである）。彼らの信ずるところでは、神たちによって生み出された無数の霊が人間の姿をとって地上に現住しようと努めている。ここからして、可能なかぎり精励恪勤して性生活を営むべし、という、一夫一婦制の原理を真向から排除する一夫多妻の宗教的義務が導き出されてくるのである。この歪曲された論証の背後に潜んでいるのは、まさに自然宗教における工ロス的―宗教的な根源的体験そのものであり、彼らがこのような論証を弄するのは、この異教的な体験をキリスト教的に合法化せんがためにほかならない。

鞭身教徒(=鞭打つ者。ロシア語のフリィスト=鞭に由来する)の宗派はダニラ・フィリポフによって創始されたものであるが、当初は極めて禁欲的性格の強いものであった。彼らの十二戒のうちの第六戒は「汝ら結婚するなかれ。ただしこれをなせる者は、自らの妹と暮らすがごとくに妻と暮らすべし」と命じていた。彼らは罪深い肉体を衰弱させるために我と我が身を鞭打《べんだ》した(ここにその名称が由来する)。彼らはみな――最も信仰篤い者は二週間におよぶまで――断食し、特に性的交わりと出産行為を、大国入りを決定的に不可能にする最大の罪悪とみなしていた。I・アイワショフは二人の鞭身教徒について次のように伝えている(『伝道展望』一九〇一年、一九七頁)。彼らは自分の父親の埋葬に参列することを拒んだ、父親は彼らを種づけたが故に彼らにとっては最大の敵なのである、と。その後この宗派は、その理由は判然としないが、次第に当初とは正反対の方向に発展していった。礼拝の際に、素裸になった信徒たちが一組ずつ対になって踊るという習慣が生まれた。さらに男は女の信徒を、女は男の信徒を崇愛の対象に選ぶという習慣まで生まれた。この男女関係は、最初のうちこそ霊《プラトニック》的なものであったが、たちまちエロスの威力の前に屈服してしまった。それ以降の鞭身教徒の教義はまったく非禁欲的なものである。性交は許されている。それは愛であって罪ではない。ただし、夫婦間のそれは最も忌まわしい過失とみなされる。「もしこのような肉欲的な愛にふけっている者が誰も決して結婚しないのであれば、それは罪でありません。しかし、そのような肉欲的な愛の生活を続けながら結婚する者があるとしたら、これは何ものにもまさる重大な罪です。」（一七四八年のモスクワでの鞭身教徒に関する大規模な裁判事件の一証言から。なおこの事件は鞭身教徒について現存する文献の大部分を残すこととなった）。

鞭身教徒のこのような奇怪な教義は、ロシア諸宗派の研究に携わっていた幾ばくかの学者たちに解き難い謎を課したようであった。その謎は、この教義を、自然宗教的な性賛美思想の不可抗力的な爆発としてとらえるときにのみはじめて解明されうるものである。結婚生活に入ることが罪悪とみなされるのは、それが、愛の神々を喜ばせ活気づけるところの人間男女のあの無制約的混交を制限することになるからである。彼らのいわゆる「キリストの愛の儀式」もまた、そのような根本観念を通してのみ説明のつくものである。鞭身教徒の礼拝がラデーニエ（radenje）、すなわち狂的乱舞の密儀によってその頂点に達すると、彼らは――とこのように伝えられている――灯りを消して無差別的な集団混交に没入する。その場合キリストの霊自身が交わりの組み合わせを仲介すると考えられているため、この密儀は「キリストの愛の儀式」と呼ばれるのである。外部の者たち、ことに正教の教会はこの密儀をスヴァーリヌイ・グレーフ（swalnij grech）、「姦淫罪」と呼んでいた（本来は同衾の罪の意で swaljiwatsja＝一つに絡み合うこと、一緒に寝ること、が語源である）。神自身が歓楽に駆り立て給うのだという信仰、そして神がこの歓楽を嘉納し給うのだという暗々裡の期待は、紛う方なく自然宗教の衣鉢を受け継いだものである。ここでは宗教的興奮とエロス的興奮が一つに重なり合っている。超感性的存在は官能の狂おしい興奮のなかで感じとられる。神はエロスのなかで自らを啓示しているのである。

鞭身教徒が「神の母たち」と執り行なう勤行はまさにこのような考え方にもとづくものである。

歳の処女が神の母に選ばれ、神格として崇められる。「汝からキリストが生まれるであろう」と信徒たちは歌う。勤行の間この処女は裸身のまま聖者たちの像に囲まれた高座に坐っている。信徒たちは彼女の前に跪坐し、十字を切り、彼女の足、手、そして乳房に接吻する。この処女が――「姦淫罪」のあとで――受胎するやいなや、残酷な血の儀式が行なわれる。彼女の左乳房が切りとられ、その傷口は真赤に焼けた鉄で焼かれる。切りとられた肉は薄い切片に裂かれ、これを食して聖餐式が行なわれる。このとき「我らに汝の聖体を授け給え」と讃美歌が歌われる。そして儀式は再び「姦淫罪」をもって終わる。その後「神の母」が女児を産んだ場合には、この女児を新たな神の母に育てあげるよう彼女に委ねられる。彼女が男児を産んだ場合には、この男児は「幼児キリスト」と名づけられ、一週間目に聖餐式用の槍で左胸を突き刺されてその暖かな血が拝領される。

右のような事柄の信憑性については種々の異論が提出されてきた。事実と風評、実際の儀式と神話的伝説の間の境界線は果たしてどの辺に存するのであろうか？　しかし躊躇なく断言できることは、「神の母」に対する礼拝、すなわち女性の裸体と出産する身体に対する崇敬が徹頭徹尾エロス精神によって満たされており、このエロス精神が、たとえ一般的な現象とまではいえないにせよ、後期の鞭身派にはっきりと自然宗教の標徴を刻印しているという事実である。実際その故にこそ、鞭身教徒の勤行は女たちを惹きつける格別の魅力をもっていたのである。宗派内の男性の信徒と女性の信徒の数を比較してみると、後者の優勢は顕著なものがあり、発生途上の鞭身教徒居住地区では、その割合は実に一対一〇にも達していた（P・ヤコービー『宗教的―心理的疫病』一九〇三による）。鞭身派の教義の特異な面は、それが聖職者階級という特別の階級を認めなかったことであった。これによってこの教義は正教の尼僧たちの心を捉え、彼女たちの少なからざる数を禁欲生活から誘《おび》き出してエロス的生活のなかへ引き入れたのである。先述の、モスクワで起こった鞭身教徒に関する大がかりな裁判事件では、驚くほど多数の尼僧たちがこれに連座していたのであり、その告白によれば、彼女たちもまた修道院の秘めやかな独房のなかで、修道士たちと——もちろん「姦淫罪」などを犯していたのではなく——「キリストの愛の儀式」を執り行なっていたのであった。

鞭身教徒たちのこの宗教儀式を単なる道徳的腐敗堕落の現象とみなしてしまうならば、彼らに対して公正を失することになるであろう。看過してならないのは、鞭身教徒にあっては宗教的興奮とエロス的興奮が相携えて昂進するということ、勤行の舞踏がまず性的欲情を燃え上がらせ、さらに一層激しくこれを煽り立てる結果、宗教的法悦がついには「姦淫罪」の狂的儀式となって爆発するという事実である。勤行の激しい渦流に呑みこまれた信徒たちは、性的激情と宗教的激情を同種のもの、否、それどころか不可分一体のものとして感じていたにちがいない。そこでは神秘に満ちた魂の奥所から、自然宗教におけるあの根源的な諸体験が、キリスト教的―禁欲的諸観念の遮蔽物を突き破って奔出しているのである。しかしそれらが奔入していこうとする現代世界は、もはやそのような根源的体験については何ひとつ理解しえない、まったくの別世界に変貌してしまっているのである。(原注)

(原注) 一九一七年以降この宗派がどうなったかは筆者には報告できない。

キリスト教文化圏以外での創造歓喜の儀式はアジアの若干の地域、アメリカ、アフリカ、オーストラリア、およびポリネシアの若干の未開民族のもとで保持されてきた。日本の遊女たちは、天皇誕生日の祝賀行列の際にその先陣を承って練り歩くという栄誉を賜っていた。吉原では彼女たちによって毎年お祭りの行列が催されている。かつての神殿侍女制度の名残りはこのようなかたちで護り続けられているのである。男根崇拝もまた日本ではまだ完全に根絶されていないと伝えられている。さらに、祖国のことを「母国」と呼ぶ表現もまた自然宗教的観念を反映するものである。インドではブラフマン—ヴェーダの宗教とヒンドゥー教は徹頭徹尾性礼讃の精神によって貫かれている。最古のウパニシャッド以来媾合の歓喜と、神的源郷もしくはニルヴァーナへ入没することの歓喜は同一視されている。霊魂と多産の祭りであるディーパーヴァリーの祭りは、「男女が一切の羈絆をかなぐり捨てて賭博と飲酒と性交に狂おしく没頭して奉祝する」のでなければこの祭りの祭式に反することになり、一般にも個々人の上にも祝福と幸運をもたらさないものとされている（バヴィシュヨッタラプラーナ、一四〇の一八）。プラーナ類〔古伝を取り扱った叙事詩の一体をいう。その主なるものは一八ある〕はクリシュナ〔想像を絶した怪力ある牧童〕を、飽くことなく姦淫の歓楽を追い求める者として称えている。プラーナのうちの幾つかは奔放な媾合こそバリ〔アスラ＝魔神の一人〕の祭りの規範であり典範である、とはっきりいっている。偉大な神々シヴァとパールヴァティー〔シヴァの妻の一人で、自然の創産力を象徴する女神〕は、インド人の考えによると、悠久の時を通じてただ一つの媾合に酔い痴れている——ちょうどオーストラリアの未開の部族における根源神のように。インドではこのような宗教観念はまだ完全に放棄されていない。愛の神カーマを称えるホリの祭りは、いまもなお従来の狂的儀式の性格を保ち続けている。「志操堅固な家庭の妻たちは」、とある報告が伝えている、「この祭りの期間中は外出することを許されない。なぜなら、すべての女が野放しの獲物とみなされるのだから」。シヴァ教徒のある宗派は男女を問わず、また独身たると既婚たるとを問わずすべて寺院に参集し、司祭僧が供物を捧げたあと凄まじい密儀に没入する。イギリス当局はこうした古来の習慣の多くを法令によって禁止したが、それにもかかわらずそれらはまだかなりの地域で存続している。タントラ派の信徒たちは、酒と女に身を沈めて酔い痴れることを神との融合とみなして賛仰している。ベンガル州の山岳地方の農耕部族であるオラオン族のもとでは、五月になると太陽神と大地の女神の結婚の祝典が催される。この祭りはこれら二体の神々が多産であるように、そして人々に豊穣な収穫を授けてくれるようにと祈願して奉祝されるのである。そしてこの祈願が成就されるためには特に集団媾合の密儀が効験を現わすものとされ、祭りはこの密儀をもって頂点に達する。この宗派そのものが信者たちに対して、少なくともこの祭りの期間中はできるかぎり頻繁に、かつできるかぎり多くの相手と交接することを要求しているのである。メワール地方の四〇日間にもわたる春祭りの際には、わずか一〇〇年前においてすら、かのサトゥルヌス祭〔古代ローマの収穫祭で、奴隷も解放されて大祝宴が催された〕にも似た乱痴気騒ぎの場に女が加わっていないことはほとんどなかった。インドネシアでは、男女が大衆の前で交接することによって大地の受胎行為を所作で表現するという宗教上の習慣が残っている。またインド南部の寺院にはいまだに寺院遊女が仕えている。リンガムとヨーニは昔ながらに神聖な象徴であり、男も女もそれらの聖像をうやうやしく跪拝しているが、その際彼らはヨーロッパ人の見物人たちが邪推するような淫らな想念などはまったく抱いていない。インドには現在でもなお幾ばくかの自然宗教の信徒たちが生き残っている。彼らは、性的奮励によって植物の生長と五穀の豊穣をもたらす力を喜ばせ活気づけうるものと信じており、性と生殖の力を存分に発揮するとき、あたかも自分が神の血縁者、否、神の同格者でさえあるかのように感じることができるのである。

　未開民族のあいだでは、エロス的な宗教的礼拝はまだ広汎に見受けられる。ノイハウスはアウグスタ河（ニューギニア）の上流三〇〇キロの地点で、河岸の粘土質の懸崖に陰門を著しく誇張された一体の女人像が彫られているのを見つけた。コッホ＝グリューンベルク〔一八七七―一九二四。ドイツの民族学者〕はブラジルのカウナ・インディアンについて次のように記している。「彼らの踊りのなかで間違いなく最も興味を惹くのは、性交と授精の行為を身ぶりで表わす男根踊りであろう。グロテスクな身の動きにもかかわらず、この踊りは踊り手たちからも見物人たちからもまったく真面目に受けとられている。この踊りは村全体に――人間はもちろん、動物や植物にいたるまで――多産の能力を授けるためのものである。これらのまる裸のインディアンたちは、およそ人間にとって可能なかぎり最高に礼儀正しい人間たちである。彼らの道徳感は高度に発達している」。フエゴ島のインディアンはこれと同じ踊りを、男根を表わす草の髷《まげ》を股間に結えつけて行なっている。アラパホ・インディアンの多産の儀式である日輪踊りの際には、集落全体の集団混交が行なわれる。アフリカのバンツー族における結婚式は、「男女間の無差別の混交をともなう地獄さながらの集い（meetings of hell）」である（『人類《アントローポス》』六の三七一）。フィージー群島の原住民の割礼には筆舌につくしがたい狂的儀式がともなう。中部オーストラリアの未開部族は彼らの根源神のために熱誠をこめて交接し、これによって激しく精力を消耗すればするほどより一層神の身近に近づきうるものと信じている。つまり彼らは宗教的な情熱に動かされて性行為を重ねるのである。こうした実例はなお無数に書き連ねることもできるであろう。

地球と地球上の人類史のすべてを経めぐって見わたす者の目には、宗教的エロス精神の諸々の形態や残骸が——おそらく何の脈絡もない、ばらばらのかたちで——映ってくるであろう。しかしそれらは単なる偶然や気紛れの所産ではなく、後進性や退歩の標徴でもなく、いわんや人間本性の欠陥や異常性の現われではさらさらなく、二つの大いなる宗教的可能性の一つ、すなわち創造の歓喜という灼熱的生命肯定の宗教の現われなのである。現代人の「生の哲学」なるものは、この宗教の樹幹に接木された生気なき分枝にすぎない。この宗教は人間が純粋率直な信頼感をもって自然に寄りすがり、自然の諸力に身を委ねるに応じて、その偉大さをより強烈に発揮する。大地を己れの膝下に隷従させようとするやいなや、人間は自らの生命の自然的条件をも、創造の歓喜を享受すべき要求権をも同時に手放してしまうのである——虚妄の力と引き換えに。今日自然宗教はほとんどの場合、我々が未開人と呼んで軽蔑している部族や民族によってのみ保持されている。しかしここにこそまだ、神によって与えられたこの地上的生に対する愛のなかで、そしてこの生を神の力によって更新しつつ次代に授け渡す行為のなかで、自らを神の身近に感じ、神の同族であるかのように感じうる人間たちが生き残っているのである。自然宗教はヨーロッパ人と遭遇するところ、いたるところで後退を続けている。かつては純粋無垢のものであった諸々の礼拝や儀式を、いまや自然宗教の信徒たち自身が西洋人のシニックな微笑をもって観察し始めている。いまや彼らは肉体と性愛の赤裸な姿を——堕罪後の最初の人間たちのように——罪悪感でけがれた、病める眼《まなこ》をもって見ている。インドでは、古来のディオニュソス的礼拝が専ら下層階級に属する事柄として上流社会から拒絶され、排斥されていく様子がはっきりみとめられる。創造の歓喜はヨーロッパ人がそれによって世界を毒しているところの、かの疚しい良心なるものによって窒息状態に陥ってしまっている。現代ヨーロッパ人のなかに創造歓喜の体験を有する人間を発見しうるのは、おそらく精神病理学医の待合室においてのみであろう。ここには自分を神の母、神の出産者であると思いこんでいる躁病の女たちが時折姿を現わす。彼女たちの魂の病いは数千年間にわたる文化の堆積物をすべて振い落とし、女という生きものの感情をその赤裸な原状態において露わにしている。今日のヨーロッパ人の魂のなかでは、性と神との関係はもはや救いがたいまでに引き裂かれてしまっており、そして彼らが赴《おも》くところ、いたるところで両者の間を引き裂いているのである。ヨーロッパ人は、創造歓喜の宗教もまた彼らの救済思想と並んで、聖なる存在者のいま一つの大いなる、同等の正当性をもった啓示であるとは認めようとしない。彼らは女性的―創造的な力を無法な仕方で圧殺してしまった。そしていまや彼らはその報いとして、自らの力で構築した生存形式の反自然性――この生存形式の片面性と危険性――の故に苦悩しているのである。現代文化の危機は男性ゆえの危機である。この危機はローマ人の勝利がもたらした呪いであり、帰結である。東方世界はローマによって人類の指導権を奪取されはしたが、その量りがたい精神的富のなかには、西方世界の病いを癒しうる治療薬もまたあるいは準備されているかもしれないのである。

女性的心情世界の深い理解者であったゲーテは、現代人の遭遇すべき禍運を夙《つと》に予見していた。ゲーテは老いゆくファウスト——近代技術主義の先駆者——に自らの魂の空隙を自覚させ、暗中を模索しつつ地下の母神たちのもとへと降りて行かせる。これらの母神たちは、かの自然宗教の永遠の擁護神たち以外の何ものでもない。ファウストは彼女たちのもとで、失われた創造歓喜の宗教を探し求めるのである。さまざまの神秘の囁き声につつまれながら、ファウストは、生命の原初の泉のなかから新たに蘇るべく世界の女性的根底に向かって降り下っていく。彼は文明の絶頂から母性的根源のなかへ還帰していくのである。二〇世紀の人間は果たしてこの老ファウストのあとに続くであろうか。

第三章　貪食本能と呪術

女性の本能は男性のそれに比してより早く、より速やかに根源的戦慄から回復する。女性の本性はこの根源的戦慄を克服すると、これと同時的に創造歓喜の宗教を生み出す。男性の本性はこれとは別の道をたどる。男性の本性は、エロス的かつ宗教的な原初的体験がもたらすあの魔的な戦慄を脱するやいなや、エロスの面では貪食本能に身を委ね、そして宗教の面では呪術を生み出す。ここで筆者が貪食本能もしくは情欲と呼ぶのは、エロスの力によって他者を支配し所有しようとする本能のことである。貪食本能は真正の性愛ではないし、呪術もまた真正の宗教ではない。両者にはともに献身という指標が欠如しているからであり、この指標なくしては真のエロス精神も真の宗教も考えられないのである。自然宗教においても献身の感情が支配的である。それは横溢する生命が感謝の念に衝き動かされつつ奔出する運動であり、生殖と創造を司る根源的諸力に対する陶酔的な自己犠牲の業であって、力への意志や所有本能などという一切の欲望とは正反対のものである。死すべき定めの人間が不死の神々の支配者となり利用者になろうとすること――これが呪術の真の意図である。単なる種蒔く者である男性が結実をもたらす女性の享楽者になろうとすること――これが性的貪食本能の真の意図である。男性的本性は――それが救済のモチーフによって捉えられないかぎり——女性あるいは神に対して己れを空しくし、己れを捧げつくすことはありえない。男性は己れの自我を捧げようとは望まず、他者の自我を摂取することを欲する。男性はエロスの世界における征服者であり、崇敬しようとはせず、崇敬されたいと欲する。他者と融合して新たな、高次の存在になろうとするのではなく、他者を自己のうちへ呑みこもうと欲するのである。

貪食本能は次の点において神秘主義的融合衝動と異なっている。すなわち、貪食本能は自らの自己を放棄するのではなく、これを堅持して他者の自我のまわりに拡張し増大しようと努めるのである。それは常に自らの自己のみを、しかも増大され高揚されたかたちにおいてのみ欲しはするが、他者との合一による一層高次の統一を求めようとはしない。それは常に自らの世界と自らの体験の中心部にとどまっており、他者の世界に向かってさまよい出るようなことは望まない。男性が崇敬するとき、そして崇敬しつつ恋人もしくは神に身を捧げ、あるいは身を捧げつつこれと合一したいと願うときには、彼は自らの魂の女性的本能に従っているのであって、本来の男性的本能を一時的に否認しているにすぎないのである。なぜなら本来の男性的本能は、女たちであれ、神々であれ、魔神たちであれ、常にそれらを支配すること、征服することを目ざしているのであるから。情欲的男性と呪術師的人間は、彼らが女性および神に対して同一の態度で、すなわち力への意志をもって立ち向かうという点で軌を一にしている。そしてまさにそのことによって彼らはエロス的感情をも宗教的感情をも抹殺してしまうのである。情欲が暴威をふるうところではいかなる性愛も芽生えることはできず、そして呪術師的征服意志が働くところではいかなる宗教的恭順も芽生えることはできない。情欲と呪術は男性的本性そのものに属する生得的本能である。それ故男性の本性は、そこに救済のモチーフが芽生えてこの本性を改造しないかぎり、根本的に愛なき存在、神なき存在である。

貪食本能と呪術本能の特徴は、両者がともに目的を第一義としているという点にある。情欲的人間は女を、そして呪術師は神を、それぞれ自己一身の目的のための手段として用いる。前者にとって女は享楽の手段であり、後者にとっては神は権力の手段であるにすぎない。両者に共通するこの支配欲は、人間を物件化する。それは人間性と魂を死物たらしめる。それは人格的存在を利用物件に――女を享楽のための物品に、そして神を操作可能な機械装置に――引き下げる。情欲的人間と呪術師は、彼らの視界に入ってくるすべての者を快楽ないしは権力の客体として捉える。それ故に彼らは、ある特定の恋人を獲得せんがための執拗な、仮借なき闘いというものを知らず、また信仰神に対する熱誠溢れる人格的な関わりというものを知らない。情欲的人間は快楽の客体をいとも簡単に他の客体と取り換えることができる――自らの無頓着さにシニックな誇りをすら覚える一個のドン・ファンとして。求めるものは快楽のみであるから、彼にとって肝要なのは、できるかぎり数多くの官能的快楽の泉水を噴出させることである。数をもって第一義とするこの態度は、彼がいかに深く物質世界のなかに沈淪しているかの証左である。なぜなら、単なる量概念としての数は精神なき下層世界の法則だからである。

呪術師もまた情欲的人間と同様に単数概念ではなく複数概念を、つまり万神殿《パンテオン》を建立する。情欲的人間における多妻制と呪術師的人間における多神教とは互いに照応し合っている。実際、呪術と多神教の間には密接な関連がある。すべての多神教が呪術的な起源をもつというわけではない。しかし呪術的原理は必然的に多神教に行き着かざるをえない。呪術師は権力を切望するすべての人間の合言葉「分割して統治せよ」(divide et impera) に従うのであるから、唯一全能の神よりも互いに相手の力を牽制し合う多数の神々の方を好しとする。権力に対する渇望の故に、彼は単一性と普遍性という神概念を破砕してしまう。唯一の、超世界的な、圧倒的に強力な敵よりも多数の、凡庸な、可能なかぎり人間に似せて案出された、卑小な敵たちの方がはるかに好ましいのである。多数の敵が相手であれば、これらと個別的に盟約を結び、奸計によって順次征服することができる。これに反して、唯一全能の敵を捕捉して打ち負かすのは至難の業だからである。

恋する者と信仰する者は、より高次の価値を仰ぎ見てこれを崇敬する。もし彼らが神秘的な情緒の持主であれば、女あるいは神のなかに自分と同種同質の存在を感じとり、これと一体になりたいと願う。これに対して、情欲的人間と呪術師的人間は相手を貶視する。崇敬の念を抱いて恋する男が常に恋人の前で己れを空しくしようと努めるのに反して、情欲的な男は相手の女を自己自身の享楽のために滅ぼそうと欲する。貪食本能がいたり着く最後の結末は加虐《サディスティック》的な淫楽殺人であり、呪術がたどり着く終極点はシニックな神否定であって、要するにいずれの場合も殺害と抹消の行為をもって終わるのである。中部オーストラリアの未開部族の男たちは重大な戦《いくさ》に出陣する際、彼らの「下腹が燃え立つように」と祈願して、平時には触れることを禁じられている自分自身の姉妹や他人の妻たちとすらも放縦無制約の性交を行なう。つまり彼らは性的歓楽を通して殺人行為の準備を整えるのである。狂暴な性欲が彼らの戦闘意欲を燃え立たせるのである。しかし男女の愛であれ神への愛であれ、いやしくも真正の愛は生を願い、生存の更新と変容を希求することをもってその本旨とする。本能が死への傾斜を呈する場合、この本能は単に愛を見失っているばかりではなく、愛の本質そのものに背馳しているのである。

愛はその対象を絶対者の光輝につつまれたものとして仰ぎ見たいと願う。愛はその対象を高めようと欲する。貪食本能はこれを引きずり下ろそうと欲する。プラトンはすでにこの事実をはっきりと認識していた。『パイドロス』のなかでは愛について、『饗宴』のなかで述べられた事柄と完全に矛盾する言葉が述べられている。しかし『パイドロス』におけるプラトンは、『饗宴』におけるとは別種の愛を念頭において語っているのである。『饗宴』におけるエロスは美のイデアへ、世界の背後で休らっている調和へ、神々へと導き高めるところの愛である。これに対して、『パイドロス』における愛は貪食本能以外の何ものでもない。貪食の人間は情欲の対象を自己に服従させようと欲する。相手が無力であればあるほど、彼は一層容易にこれを征服することができる。その故にプラトンはこの種の「恋する者」について次のようにいうことができるのである。「恋に陥った者は、相手の者が彼と同等であるとか、いわんや彼よりも優れているといったことには耐えられない……そう、彼は恋の相手が彼に屈服し無力になるように全力を傾けるだろう……恋する者は、相手の短所や欠陥に満足を覚えるだろう。彼は相手をいつまでも完全に愚かで無分別のままにしておき、何ごとにおいてであれただ彼の顔色のみを窺うようにしておくために、いかなる手段を弄することも辞さないだろう。なぜなら、彼はただこのような場合にだけ恋する者の喜びを安んじて味わうことができるからだ……ところでこれは誰しもよく承知していることだが、恋する者が何ものにもまして願うことは、恋人がこの世で真に価値あるもの、意義あるもの、否、神聖なものをも、すべて奪いとられて何ひとつもっていないということなのだ。父親もなく、母親もなく、血縁の者たちもまったくないならば、彼は喜んでその者を受け入れる。恋する者は恋人のすべての所有物に嫉妬を覚え、彼が蒙るすべての喪失を眼を輝かせて喜ぶ……恋人との関係については、これはまったく必然の道理なのだ」。これらの言葉のどれ一つをとってみても、あたかもそれが真正の恋に対する挑発的な軽侮であるかのような印象を抱かせる。しかしこれらの言葉がいみじくもその核心を言い当てているのは、まさに貪食本能そのもののことなのである。なぜなら、貪食本能こそ男女の愛に対する侮辱であり、恋人をも同時に幸せにしようという一片の思いやりもなく、ただひたすらに自己自身の享楽にのみ執心している薄情冷酷な本能だからである。ここでは、女は、獲物をめがけて跳びかかりこれを一息に呑み下してしまう雄《おす》の猛獣の哀れな犠牲物にすぎない。このような精神こそまさに、一切の真正なエロス精神の敵対物でなくて何であろう。

愛する者は自己自身の限界に気づき、そしてこの限界に気づくとき苦痛を覚える。貪食本能の人間は自己自身に埋没しているため、この限界に気づかないし、また気づこうともしない。彼は自分の欲望の対象のなかにどのような感情が生じていようとも無頓着である。それ故彼は女性との間に単なる官能的な関係をうち立てるだけであり、それ以上の、超感性的な世界に向かって上昇していくことはできない。貪食本能は愛ではなく性的な所有本能であり、力の本能であるが故に、情欲の人間はおよそ恋人という概念を存知せず、専ら捕獲すべき獲物のことしか念頭におかない。そして実際彼は、プラトンがあのように鋭く洞察したように、この獲物が力もなく、自立心も持ち合わせていないことを願うのである。それ故未開民族にあっては、求婚の意志表示をする男は相手の女を棍棒で打ちのめし、その抵抗力を奪ってしまうのである。またランボー・ド・オランジュ侯〔一一五一頃―七三。プロヴァンスのトルヴァドゥール〕が、女を手に入れるのに最も効き目のあるやり方として、「雌どもの鼻づらに拳固を喰らわせてやることだ！」と勧めているのも、右の場合と同様当然の帰結といわねばならない。「愛とは殺人行為である」というヴァイニンガーの告発もまたまさしくこの貪食本能に関して、そしてただこの本能に関してのみなされているのである。ストラボンが伝えているアラビア人の伝承の一つはこうした経験知を、「男の欲望は女を死ぬほど疲れさせる」という言葉で表現している。ソルデルロ〔一二〇〇頃―六九後。イタリアのマントゥア生まれのトルヴァドゥール〕は彼自身が実践した、「御婦人方を殺す（aucia domnas）歓び」について歌っている。英語の「レディ・キラー」という言葉や、またこれほどに直入な表現ではないが、ドイツ語の「女たらし」という言葉もまた愛の残忍な側面、すなわちスタンダールが「趣味恋愛」（amour-goût）という言葉で表現した「享楽的愛」の側面を示唆している。この種の愛にとり憑かれた者は、渇望の相手を独占して味わいつくしたいと願う。彼はこの「淫楽物」の甘汁を吸いつくし、賞味が終わると投げ棄ててしまう。彼は愛し返されることを期待しないし、必要ともしない。プラトンは『パイドロス』のなかで、愛し返されない相手を望むのは一層正しいことである、という見解すら述べている。――享楽的愛は呪術師的な愛の方式である。実際、呪術の本質は他者の――通常の場合その超自然的な――諸能力を利用することにあり、しかも極端な場合には、他者の身体を食することによってその能力を自分の体内に摂取してしまうことに存するのである。蛮人が戦《いくさ》で撃ち殺した敵の死体を食するのは、相手がもっていた諸能力に彼自身も分かちあずかりたいと願うからである。食人の風習はその本性において呪術的な性格のものである。それ故、享楽的人間が自己の快楽と生命力の昂揚のために他者を犯す享楽的愛もまた、蛮人における同一の本能にもとづく食人的な愛と称されてよいであろう。

貪食本能に憑かれた人間は、我が子のうちにおいてすら常に自己自身のみを欲している。彼は自分の子供のなかに愛《いと》しい女と共々にそれに向かって昇華したいと願うような、より高次の第三者の顕現をみとめてこれを愛しているのではなく、常にただ自身の自我のみを見出してこれを愛しているのである。彼は自己自身が子供のなかで反復され、更新されているのを見届けたいと願う。彼にとって生殖は自己保存のための一側面にすぎない。自己自身の存在を遺贈すること――これが彼における生殖の真の意図なのである。

貪食本能に胚胎する享楽的愛は、純然たる力の人間の愛の形式である。彼はニーチェのかの「男は戦士であり、女は戦士の悦楽である」という命題を金科玉条として奉じているのである。万事において力と力の享楽を求める者は、女に関してもやはりこの享楽を求める。力の人間は女性蔑視という点では禁欲主義者と軌を一にしている。ただし、両者の女性蔑視は同じ性質のものではない。力の人間は力量という観点から女性を軽蔑するのであり、禁欲的人間は救済という観点からこれを軽蔑するのである。前者は劣弱の、生まれながらに他者に仕えるべき下婢《はしため》を軽蔑するのであり、後者は大いなる誘惑者＝サタンの盟約者たる罪悪深重の女、を軽蔑するのである。ともに女性を貶視するにもかかわらず、両者は女性に対してそれぞれ異なった態度を持している。力の人間は女性を征服者の眼差で見る。彼は女性を侮蔑しつつ、にもかかわらずこれを渇求する。禁欲主義者は女性を無視する。彼は自分が侮蔑するものを回避するのである。

享楽的愛においても、男女双方がこれに満足しているという場合もありうる。しかしたとえそのような場合があっても、そこでは単に各自が各自の快楽を追求しているだけで決して献身的な気持で愛し合っているのではない、という事態にはいささかも変わりがない。各自が各自の利得を求め、そしてこれを見出しているのである。これは完全なエゴイズムの男女関係（égoïsm à deux）であって、二つの存在が一つの完全な全体になることを願って互いに相手を希求し合う場合の、あの深遠な形而上学的憧憬とは何の関わりもない。享楽的愛は人間の専君的支配欲にもとづいている。それは享楽の糧を渇望するあまり、鎮まっている性欲を人為的に揺り動かすことも稀ではない。自分の官能をこのように濫用できるのはただ人間の場合のみである。従って人間のみが慢性化した異常興奮、つまり自分の本能を気まま勝手にもて遊ぶことの応報、に苦しまねばならない。享楽的愛はその恣意性の故に、不可抗力の性的衝動として現われる動物的性本能とはまったく異質のものである。動物の性行為は一定の発情期にかぎられており、意志のままにはなりえないものである。切迫した本能的欲求と享楽的愛との関係は、いわば空腹と美食との間のそれに等しい。動物の性本能には美食三昧の性向はみられない。

享楽的愛はもっと洗練されたかたちで現われることもあるが、だからといってその本質までが変化するわけではない。この場合、情欲的人間は肉体的享楽のために他者を求めるのではなく、別種の、しかし依然として利己的な意図を抱いて求めるのである。彼は自分の自己対話の聞き手、自分の孤独な生活の伴侶を必要とする。つまり思考力を麻痺させ、気散じをし、自らを宥《なだ》め、説得するために他者との交わりを必要とするのである。こうした意図のもとに種々様々の恋愛遊戯が案出される。そしてこれらのすべてに共通する筋書きは、常に一方が他方を自分の世界のなかへ拉致し——自分自身の世界は一片たりとも失いたくないのだから——これによって身を太らせ利得するというものである。ここには自分の世界を超え出てより高次の生に参入しようとする、あの真正の愛における基本姿勢は毫もみとめられない。真正の愛を抱く人間は、情欲の人間の場合のように無力な者、寄る辺なき者を前にして食欲をそそられるのではなく、その反対に、優越せる者、完全な者、ないしは少なくとも完全と思われる者、に対して心を惹かれるのである。

貪食本能が支配的である場合には、女は男の囲われた私物とみなされる。女は掠奪された獲物として無理やり妻にされたり、あるいは物品として買い取られたりする。古代ギリシアにおけるように、賓客に対する贈り物として譲渡されることもあれば、あるいはインドにおける寡婦のように、自分が夫の財産であり、夫は彼岸においてすらこの財産を諦める筈はないとの信念から、所有主に殉じて死んでいくこともある。時には夫は妻の身体生命に関して無制約の権能を行使している場合もある。たとえばローマ法においては、家長（pater familias）はその妻に対する生殺与奪の権利（jus vitae ac necis）を認められていた。フィージー群島の原住民たちのもとでは、夫が自分の妻を殺して食べてしまうことも許されている。多数の未開民族は妻の姦通だけを不埒なこととみなし、夫の情事に関しては完全な自由を認めている。もっとも、この種の差別は現代社会の表裏ある性道徳のなかで再び繰り返されている現象ではあるが。回教の勢力圏内では、妻はついに快楽用の物品以外の何ものでもない（コーラン『牝牛』、一の二二三）。パラダイスはいわば娼家のようなものと想像されており、従って天使《フーリー》もまた神が来世の報酬として男たちに賜わる奴隷的遊女として、あたかもハーレムの女たちが主人の合図を待ち焦がれているように彼らの来着を待ち受けているものと考えられている。女性がこのような不名誉な地位に貶められているところでは、すべて男性の貪食本能が当該社会の性関係の一切を規定し、自らの範型をこれに押しつけている。不思議なことに、かつて母神崇拝が女性的感情の潑剌たる発露として開花隆昌したまさにその地域が、今日では男性本能の固有の表現形式たる享楽的愛の暴威によって最も無残に蹂躙されてしまっている。男性は、このような仕方で、母権制時代に蒙った屈辱の復讐を遂げたのである。しかしオリエント以外の地においても、享楽的愛はしばしばまやかしの浪漫主義の衣裳で身を飾り、その正体を秘め隠してはいるものの、いまや最も一般化した世俗的愛の様式になってしまっているのである。

こうした事態は学問の内部にまで影響をおよぼし、エロス精神に対する偏頗な価値判断を生みだす要因を与えてしまった。男女の愛について語る場合、往々にしてただ貪食本能のことのみが念頭におかれるようになった。かくして、E・v・ハルトマン〔一八四二―一九〇六。ドイツの哲学者。ヘーゲルの「理性」とショーペンハウアーの「意志」とを二属性とする「無意識者」の哲学を唱えた〕級の思想家ですらこれに与《くみ》したような考え方、すなわち、愛とは利己心を拡大すること、他者の自我を己れの自我に摂取することである、という考え方すら出てきたのである。利他心を利己心によって説明しようとするすべての理論は、右のような根本見解にもとづいて形成されたのである。しかし、男女の愛は単なる自己保存本能の増大現象ではない。カントもまたこれと同列の、偏狭な、自己《エゴ》中心的な解釈の立場をとり、結婚を男女間の「性的特性の相互利用を目的とする契約」と定義しているが、これぞまさに、かつて結婚に関してなされた最も酷薄な定義であろう。夫婦が双方ともにただ自己一身のことと自己の幸福のことだけを考え、相手を手段化し、専らその肉体的利用価値のみを重視するならば、そのような結婚生活は貪食本能の全き隷属物であり、独身者同士の享楽的な情事関係と何ら選ぶところがない。アメリカ人のＩ・Ｇ・キールナンが接合という生物学上の現象を、一方の生物による他方の併呑、飢餓、同族互食として解釈するその方法論もまた、彼が専ら貪食本能のことしか念頭においていないことの証拠である。彼は自分の同時代の人間たちのもとで確認した自明的な性関係の形態を、そのまま低次の生命現象に適用しているにすぎない。かくして彼は飢餓と性本能の根本的同一性を推論してしまうのであるが、この仮説は人間の性愛に関しては何らの妥当性も主張しえないものである。人間の性愛はこれとはまったく別の根拠に根ざしているのであり、利己主義からは演繹することのできないものである。性愛の本質をなすのは献身と自己滅却であり、他者の摂取や自己の主張といった底のものではない。

最後に、性的貪食本能が優勢を占め、真正のエロス精神がほとんど棲息しえなかったという事態がキリスト教教会内部に甚だしい混乱を惹き起こし、まさに世界史的な意味での重大な誤謬を生ぜしめてしまったのである。キリスト教神学が享楽的愛を誹謗しようとしたのは当然であった。実際そのためにこそキリスト教神学は、結婚によって性行為をなす者は快楽を目的としてはならず、生殖のみを内奥の意図とすべきであるという、すでにユダヤ教によって承認され、アウグスティヌスによって強調され、そしてルターにいたって確立されたかの教義を説き続けてきたのである。キリスト教教会はこうして性的交わりの自然的機能のみを承認し、この機能を一切のより高次の目的や意味連関から切り離してしまうという立場を堅持している。しかし、まさにこの立場の故にキリスト教教会は単に貪食本能ばかりではなく、真正のエロス精神にも痛撃を加えているのである。教会は性愛からその神性を剝奪してしまい、よって、貪食本能が追求する享楽的愛とエロスが恵与する浄福とをいとも無造作に混同してしまっている。教会は快楽と快楽への欲望を生き埋めにしようとして、エロス的な救済の源泉をも汚濁させてしまったのである。もしこの教義の布告者たちが単に享楽的愛が醜く栄えるさまだけを念頭におかずに、性愛というものの真実本来の姿を理解していたならば、このような事態は生じえなかったであろう。他の諸宗教もまた、その禁欲的な側面においてキリスト教と同様の過失を犯してしまった。それ故、何よりも重要なのは、宗教と呪術の場合と同様に、エロス精神と享楽的愛の間に鋭い一線を画し、両者の本質を厳密に区別することである。

　呪術師的人間にとっては神々の気持を宥めたり、あるいはその好意をかち得ることが問題なのではない。彼は神々を強制することを欲する。これは、我々がフレイザー〔一八五四―一九四一。イギリスの民族学者で、諸々の民間伝承のなかに宗教の起源を尋ねた。その畢生の大作『金枝篇』は補遺も含め全一三巻にのぼる〕に負うているところの重要かつ基本的な認識である（『金枝篇』一の二二四頁以下）。宗教の本質は献身であり、呪術の本質は強制である。貪食本能を性愛とははっきり区画している当のもの、すなわち魂の献身的態度などといったものを一切容認しない専君的意志こそが、同時に、宗教の対蹠《せき》物たる呪術の本質をなしているのである。呪術師的人間と宗教的人間との関係は、情欲の人間と愛の人間の間のそれに等しい。もちろん、思考の上では截然と区別できる事柄が現実の世界では互いに触れ合い混ざり合っているということも稀ではない。しかし現代人のエロス世界においてはいかに愛の精神が乏しく、貪食本能――強圧の歓び――のみが暴威をふるっていることか！　そして宗教においては敬神の念が失われることいかに甚だしく、ひとり呪術のみが時を得顔に跋扈していることか！

人間は、はじめて超自然的な諸力に出会ったとき恐れ戦《おのの》いて後じさりした。この、恐るべき原初的体験を克服しようとする努力の過程で、徐々に、人間の魂の二つの類型――呪術師と祭司、力の典型と救済の典型――が形成されていった。そして両者は互いに敵意を抱いて相対峙しつつ、今日もなお人類の精神史を規定し続けているのである。呪術師《マーギアー》は、（原注）最初は超自然的な力を排除しようとし、次にはこれを利用しようとする。最後に彼はこの力を諸々の唱え文句や祭式に転化解消することによってその実在性を否定するか、もしくはその価値を否認しようと努める。これに対して、祭司は超自然的な力を跪拝し、と同時に、自分がこの力の血縁者であるかのように感じる。彼はこの力のなかに一種の霊魂を感じとり、願望が聞きとどけられることを信じつつ、祈禱と供犠を通してこれに語りかける。呪術師が神々に対して敵意を抱いているのに対し、祭司は信頼の念をもって神々に近づくのであり、そしてこの信頼の念こそ、やがてそこから神への愛が芽生える筈のその土壌なのである。根源的戦慄に襲われるとき、人間は自らの生存の限界を自覚する。呪術師と祭司はそこから正反対の結論を引き出す。前者はその傲慢な自己主張の意志によって超自然的威力に反抗し、己れの人間的な力をその上におよぼしうるものと考える。後者はこのような試みを単に無益であるばかりではなく、最大の道徳的過失だとみなす。彼は超自然的威力に帰順する。そして、ほかならぬこの恭順な服従のなかからこそ最も強靱な力を汲み出すのである。呪術師は自己一身の力を求め、祭司は神の恩寵と憐憫を求める。前者と後者の関係が永遠に和解不可能のものであること、あたかも情欲的人間と愛の人間の間のそれに等しい。貪食本能がエロスを殺してしまうのと同様に、呪術もまた宗教を殺してしまう。祭司は、太初以来、呪術師のなかに自らの最強の敵手をみとめてこれと戦っているのである。

(原注) マーギアーという言葉は本来メディア民族の一部族〔マゴイ族〕を指す名称であって(ヘロドトス、一の一〇一)、この部族はイスラエル民族におけるレビ族と同様に、祭儀に関する諸事万般を委任されていたようである。ヘレニズム時代の占星術の書物のなかでは、マギールは魔術師と同一視されるようになっている。

呪術は宗教よりも後代の産物である。呪術は、人間がすでに宗教的戦慄の原初的体験を経過していることをその出現の前提条件とする。この根源的戦慄から回復してのちはじめて人間の心中に、人間の呪術的な支配意志には万象を操る能力が具わっているのだ、という不遜な考えがひらめく余裕ができたのである。最古の呪術はまだ魔神たちや霊たちに対する自己防衛を目的としている。それはまだ太初の宗教的体験の強烈な感動によってうち震えており、恐怖という点ではまだ宗教と分離していない。その後ある発展段階にいたってはじめて呪術師型の人間が、神々を敗走させる代りに己れのために利用しよう——それによって神々の力を摂取するためであれ、あるいは己れの力を維持増大するためであれ——という功名心を抱くようになったのである。呪術師型の人間はそれ以来、自信を固めるに従ってますます宗教から遠ざかっていった。それ故、呪術は宗教の中から形成されたのではなく、宗教に敵対して形成されたのである。それは宗教の根でもなければ果実でもない。それは宗教の永遠の敵対物であり、創造歓喜の礼拝が女性の母性体験の中から生まれたのと同様に、男性の支配体験の中から生まれたのである。

呪術師はその支配欲の故に予言者とは異なる。予言者は変更不可能な運命を予見し、なすところなくこれに順応する。しかし呪術師は単に将来起こりうべき出来事を見とおすだけではなく、これを実現させるための方法を自身の考えに従って勝手に決めてしまう。前者が神々の意志に身を委ねるのに対して、後者は自己の意志以外には何ものにも関知しないのである。

さらに、呪術は決定論の思想をも自らのうちに含んでいる。呪術師的人間が自分の呪法をいかなる神の反撥も蒙るおそれのない、不可謬の働きをなすものと確信していられるのは、ただ単一不変の、機械装置のような世界においてのみである。彼はそのような世界のなかでは、あたかも自分が因果の流れの外側に立つ者、この流れに押し流されるのではなく、逆にこれを規定し利用している者であるかのように感じる。つまり、彼は人間が自然に依存しているとは考えず、自然こそが人間に依存しているかのようにみなすのである。これに反して宗教的人間は、神に向かって語りかけ、請願することによってその超越的意志を動かそうと努める。しかもその場合神がどのように決断するかは人間の意志によるのではなく、専ら神の意志次第なのである。宗教には呪術行為のような自動機械の装置は存在しない。呪術の兄弟は宗教ではなく科学であり、さらに正確にいえば、自然の支配を目ざす「精密」科学である。実際この「精密」科学なるものこそ機械論的世界観の頂点をなすものであり、呪術と同様に世界略取のための体系を樹立しようと努めているのである。呪術師にとって重要なのは呪法の知識、つまり自然征服の奥義である。「知は力なり」――これこそ一切の呪術における典型的な信仰箇条である。そこには呪術の最も重要な教条が言い表わされている。このように見てくると、近代自然科学の呪術的本性がおのずから明らかになってくる。近代自然科学は呪術師的人間の太初以来の企図を遂行しているにほかならない。ひたすらに力を求める科学が神の否認にいたり着くのは必然の理である。神は、計算によって操作され応用される自然法則となって解体し、消失してしまう。自然法則の概念はそれ故、かつてインド人におけるブラフマンがそうであったように〔ブラフマンとは万有に遍満し、かつ万有と同一視される創造的な根本原理のことであるが、元来は祈禱の文句ならびにその神秘力を意味し、神を左右する原動力とみなされていた〕一種の呪術的な唱え文句である。神はこの呪文によって、人間たちの奴隷になり下がってしまうのである。

科学的無神論は呪術的本性の顕現であり、呪術的思考の帰結、呪術体系の完成形式である。なぜなら呪術はそもそもの初めから、世界を思考しぬくことによってその神秘をあばきたて、ついにはすべての神々を世界から駆逐してしまうことを自らの遠大な目標としていたのであるから。無神論者もまたすべての呪術に共通する根本的誤謬に陥っている。無神論者もまた観念界と実在界の境界線を払拭してしまう。彼は人間の願望の力を過大視する。彼は自分が思考の支配者であるという事実から、同時に自分が、思考の客体たる世界そのものの支配者でもあると結論してしまうのである。

情欲的人間はエロス的人間よりも能動的である。なぜなら、後者における憧憬はしばしば空想豊かな観想だけで満足してしまうものであるから。これと同様に、呪術師的人間はその行動力において宗教的人間にまさっている。呪術的世界観は力学的な世界観である。それは呪術師的人間を駆り立てて世界の運行法則に介入せしめる。呪術師は世界を専ら人間の意志と力の戦いの場とみなし、一切の偶然や奇蹟を許容しがたいものとして排斥する。これに反して、あらゆる宗教の核心をなすのは祈りである。そして祈りの本質は行為ではなく沈思と内省である。呪術においては祈禱も祈願もなされず、ただ下命がなされるのみである。呪術の世界では「実践」こそ第一義とされるのである。

　情欲的人間と同様に、呪術師的人間は自分の相手を物件として捉える。彼は神的存在を力ずくで死せる事物(呪物)に解体してしまう。彼は神や霊たちを——彼がそれらを完全に否認していないかぎりは——機械的に操作しうる物体や物力と同様に取り扱う。彼は神々を自由に、気まま勝手に利用できる呪法の道具(護符)に変えてしまう。宗教の世界における呪物崇拝の二つの根の一方は、この呪術師的な貪食本能のなかに存する。そしていま一つの、真正の宗教が必然的に陥らざるをえない呪物崇拝の根は、宗教の絶対的本質に属するところの、かの観念化への衝動のなかに存するのである。

　呪術的な力は人間以下のもの、有機体以下のもの、生命なきもの、感性的—事物的なものである。マダガスカル島の酋長は王位に就く際、神的な力(hasina)のこもった一塊の石の上にあがって「余は力を有するか?」と叫び、これに対して人々は「力は汝のものなり!」と応える。これによって、石のなかに働いているものとされるその力が酋長の身体に乗り移るのである。このようにして呪術師的人間は神的な力を自己に同化する。——呪術師的人間における力への意志には、常に自己を拡大しようとする欲求が潜んでいる。それは、理解可能なものの範囲を拡張することによって、超自然的なものの領域を局限し、ついにはこの領域を完全に抹消してしまおうと努めている。それ故呪術は無神論、すなわち理性による世界把握を目ざすものである。同時にそれは、一切の生命あるもの、意識をもつもの、魂をもつものの生存圏を狭隘化し、（操作可能な）物件の領域を拡大しようと努めている。そしてこのことはとりもなおさず、呪術が――貪食本能とまったく同様に――死を志向するものであることを意味する。それは世界の神性を剝奪し、これを物件化する。かくして呪術は、二重の意味でその否定的、ニヒリズム的な本性を暴露するのである。

情欲がエロス精神のなかへ侵入してくるように、呪術は宗教のなかへ侵入してくる。そしてその場合独特の交配と化合の現象が生じる。かなり高次の宗教にいたるまで、公的な宗教儀式は呪術固有の要素を保持しており、私的な宗教儀式にあってはなおさらのことである。たとえばある人間が、自分の祈りが聞きとどけられないからという理由でその信仰神を放棄するとき、彼はすでにそれだけで呪術的な観念に支配された振舞をしているのである。彼は神を一個の呪物のように扱かい、この呪物が効験をもたらさないものと知ると、別のもっと有能な呪物と取り換える。宗教的な畏怖と敬愛が消え失せ、祈願が要請となり、善行が神に対する要求権を正当化する名目となるやいなや、宗教は呪術に堕落してしまう。たとえばローマ人やユダヤ人におけるような神―人関係の法律的解釈は、常に一種の呪術的な心性を表わすものである。ローマ人は宗教を法律学として扱っていた。神―人の関係は、権利義務の関係を厳密な条文によって定めた一個の契約に等しかった。人間が人間としての義務を果たせば、神は神としての約束を履行すべきものとされていた。「汝与えんがために我与う」（Do ut des）。要するに宗教上の取引を――訴訟手続を行なうように――然るべき時点で然るべき形式と法式に則って行なうことが肝要であった。それは魂における神秘的感動といったものには一顧だにくれない、厳格な法的正義の宗教であった。その基底をなしているのは、神聖な契約の履行によって人間は神々を強制する権利を得る、とする思想である。これこそ呪術的思考様式の典型というものである。

ヘブライ人の宗教が、ヤーウェは選ばれた民イスラエルと結んだ契約によって永劫に拘束されており、この民が契約に背くこと――法律用語をもっていえば契約違反を犯すこと――ですらも選抜という事実を解消するものではない、と教えているかぎりでは、これまた呪術的な色彩を帯びた宗教である。契約の当時者たちはいずれの一方も、もし相手側に契約違反の事態が生じた場合にはこの契約の破棄を通告できる、というのが発達した法秩序の採っている根本原則である。しかしこの権利はヤーウェには認められていない。宗教を呪術に近づけるのは、まさにこのような種類の信条である。

犠牲、禁欲あるいは法悦ですら呪術の手段として役立ちうる。いかなる場合も常に決定的な意義をもつ一事は、人間がこれらの行為を通して神の前に歩み出る際のその根本感情である。人間が神との神秘的融合を求めるのではなく、神々に対する支配力を獲得しようとして行なわれる舞踏もある。その場合法悦とは――神秘主義におけるような――融合の陶酔感ではなく、力の陶酔感、制圧の酩酊感であり、力を獲得するための手段であるにすぎない。インドでは――もっとも、こうしたことは別段珍しいことではないが――犠牲は神々を強制するための勤めとみなされているが、これまた犠牲の本来の意義が宗教的にではなく、呪術的に解されているからである。さらに、自己自身の力を強化するための禁欲的な修行もある。インド人は、ルドラ神〔暴風神〕は難行苦行によって呪力を体得したのだといっている。このような理由づけによって彼らは禁欲行為に対する呪術的な価値観を神自身に依拠させ、これを正当化しているのである。神の祝福を授ける際の按手の儀礼（創世記四八の一八）は呪術的な性格のものであり、また神に祈りを捧げる際のさまざまの手つきもしばしば呪術的な意味合いを帯びている。回教の研究家ゴルトツィーアー〔一八五〇―一九二一。ハンガリーのオリエント学者。イスラム学の定礎者の一人〕は、回教徒が祈りの際に両手を差し上げる動作を太古の呪術師の身ぶり、つまり悪霊たちを払い除ける呪詛の身振りと関連づけて考えている。ギリシア・ローマ世界では、合掌は相手に拘束を加えることを意味する所作であった。なぜなら、人々は魔神たちを然るべき場所に押し留めておこう、あるいは少なくとも自分たちの意のままに従わせようと願っていたからである。祭壇を抱きしめたり、神像を手や唇で触れる仕草は、おそらく、接触によって神々の心を動かし、人間に対する義務の履行を促すことができる、という信仰から出ているのであろう。礼拝の際に素足になったり、裸身になったりする習慣は、靴や着物が呪力の伝達を妨げるという信仰から生まれたのである、と説明する学者もいる。すでにこれら若干の例によっても明らかなように、呪術的要素は、宗教のなかへその異体として潜入し、営巣しようとする執拗な欲求をもっているのである。

享楽的愛と呪術はともに利己的な願望から出てくるものであり、道徳と社会のためには何ひとつ寄与することができない。なぜなら、道徳と社会は利己心の克服の上に、少なくともその制限の上に成り立つものだからである。情欲と呪術は最善の場合ですら没道徳的、没社会的なものであり、最悪の場合には反道徳的、反社会的なものとなる。貪食本能は、すべての所有欲や征服欲と同様に、周囲世界と敵対しつつ憎悪と嫉妬と競合によって身を養っている。それは筆者が愛の聖寵の状態と呼ぶところのもの、すなわち性的な愛から隣人愛へ、そして最後に神への愛に向かって高め導くところの、あのエロス的浄福の状態を知らない。およそ性愛の世界が貪食本能の害毒によって冒されているところでは、エロス精神と倫理を結合すべきいかなる架橋の方策も存在しえない。同様にして、享楽的愛が人間関係の核をなしているようなところでは、決して真正の意味での家族は形成されえない。家族とは本来団結と平和の小島なのであり、人類の大多数は、この小島での相互依存と相互扶助の生活を通してはじめて各自の利己心を克服する術を習得するのである。貪食本能は自己犠牲や共同生活については何ひとつ理解しようとしない。それは快楽の奴隷以外の何ものでもなく、キルケゴールが『誘惑者の日記』のなかで描いたように、人間を個別化し、相互に断絶させ、ついには死にいたらしめるのである。

呪術もまた合一させることではなく分裂させることを目ざしている。なぜなら、それは万象を分割しないではやまない力への意志から生まれたものであり、かつ万象を客体化しようとするその生得的な性向の故に、寸断と細分の法則のみが支配する低次の物件世界へ降り下っていこうと努めているからである。それ故、呪術もまた道徳と社会の発展を促進するどころか、かえってこれを危うくするものである。古代エジプトでは呪術が日常生活のなかへ侵入し始めるやいなや、たちまち公序良俗に対する爆薬的な危険物となった。呪術崇拝がいかに道徳感情を鈍麻させるものであるかは、たとえば、死者たちが冥界の法廷で不利な裁きを受けることがないよう彼らに呪法の道具をもたせてやるという、あの習慣一つをとってみても明らかである。埋葬時のこの風習は、正義の軌道を枉《ま》げようとの意志から出ているのであ

る。(原注)

(原注)呪術の没社会的本性を強調したのは誰よりもまずデュルケムである。彼はこの側面を強調しすぎたあまり、かえって呪術に関する社会学的理論を展開することとなった。それによれば、呪術師とは世間嫌いの偏屈者の家系から出た奇人ということになるであろう。

性的貪食本能と呪術師的な呪法意志は本質において同じものである。両者とも同一の内的衝動によって支配されているのであり、異なる点はただ、一方は男性から女性に、他方は人間から神に向かう本能ないしは意志であることによって、それぞれ人間生命の別個の領域で働いているということだけである。しかし、単にこのような事実を確認するだけでは、性と呪術の間のすべての関連性を完全にあばき出したことにはならない。両者ははるかにより内密な仕方で結合している可能性もある。すなわち、性的な力が呪術のために、そして呪術の方法が性的願望のために利用されるという仕方で。我々はこれら二つの場合をそれぞれ、性の呪術的意味、および呪術の性的意味と定義して論ずることができよう。自然宗教においては、信徒が神の代理人を抱擁する象徴的行為はしばしば呪術的な意味をもつものとして理解されていた。(原注)彼らはこれによって相手の祭司の呪力が自分に乗り移るものと信じているのである。つまり祭司または巫女との性行為は、呪力を獲得しようとする利己的な打算によって行なわれるのである。呪術師的な呪法意志は性を意図的に利用するのであり、従って、そこでは性的貪食本能と呪術師的併呑欲は互いに融合して不可分の一体を形成してしまうのである。これは性の呪術的意味についての一例である。日本ではこれとは別の例がみられる。ここでは男根がしばしば魔除けのための呪物として用いられている。男根を象《かたど》った呪物はその他多くの黒人部族において知られているものである。以上の例とは逆に次のような現象が見られる。日本では身ごもった女が安産を祈願して神域の土を家に持ち帰る。また他の地域では、婦人たちは受胎の能力を授かろうとして魔法の石に身体を触れたり、牡牛の毛皮を敷いて寝たり、子供を下腹の上に載せたり、身体に籾《もみ》をふりかけてもらったり、あるいは「生命の鞭」〔生命、すなわち子供を授ける鞭〕で打ってもらったり（呪術的な性格の苦行）する。バビロニアでは、性的能力を維持増強するための呪法の唱え文句が一連の体系となって完成していた。ノルウェーでは、聖オラフ王〔一〇一五―一〇二八〕の時代に、若い農夫たちの股間に塩漬けにした馬の男根をつけさせる風習があったが、これまた右と同様の目的から出たものであった。いずれの場合も、呪術的手段はすべて性的な目的のために用いられているのである。これらの例は、呪術の性的意味を明らかにしている。――自然宗教の信徒の魂における同様に、呪術師的人間の魂においてもまた性的要素と超自然的要素は不思議な仕方で互いに絡み合っている。常に、そしていかなる場合でも、人間の魂におけるこれら二つの兄弟的な情動は互いに牽引し合い、浸透し合い、交錯し合っているのである。かつての創造歓喜の儀式におけるあの性的―宗教的な母性体験を希求し、呪術的祭儀におけるあの性的―魔術的な力の体験を渇求しながら。

（原注）ディートリヒは、本来は常にそのように理解されていた、と考えている。『ミトラの秘祭』一二一頁以下。

しかしこれとは別の可能性もありうる。つまり、二つの同質の感情がそれとして感じとられず、従って両者が互いに相手との融合を求め合うこともしない、という場合もありうる。このような場合には、たとえば女性に対しては冷酷に下命し、神に対しては極めて恭順であるといった風に、同じ一人の宗教的タイプの人間が女性と神に対してそれぞれ異なった態度をとることになる。性的貪食本能と呪術師的な力への意志は、一つの魂の内部で必ずしも相携えて現われるとはかぎらない。この点に関してはいかなる一般法則も存在しない。ローマ人は女性に対しても神々に対するのと同一の、支配者としての態度を持していた。彼らは性生活においては貪食本能に従い、宗教生活においては呪術に従っていた。同じことがルネッサンスの嫡孫であるヨーロッパ人についてもあてはまる。現代ヨーロッパ人は――一般的にいって――神を認めず、また認めないことを誇りにしている。彼らの信奉する最高存在とは呪術的に方向づけられた科学のことであり、女性に対する態度は獣性の一語につきる。彼らは目的と物件、功利性と合理性の人間であり、女性に対する愛も神に対する愛も持ち合わせない。ルートヴィヒ・フォイエルバッハによれば、神は「想像の産物」である。スタンダールの恋愛論(ショーペンハウアーの性愛の形而上学もこれと同工異曲のものである)によれば、恋人の外見上の美点は男性側の性的な核のまわりに発生した結晶体であるにすぎず、従ってこれまた想像の産物であるにすぎない。相呼応するこの二つの典型的な証言によって、現代ヨーロッパの精神の内実が余すところなく露呈されている。この精神は神を退位させ、恋人の神秘性を剝奪してしまった。それは実在界という名の書物から宗教とエロス精神の二字を抹消してしまった。それは天上においても地上においても、もはや絶対者と名のつくものの存在を一切認めようとはしないのである。

古代ヘブライ人の文化は行動におけるこのような統一性を示してはいない。古典期のヘブライ人は女性を宗教的にも道徳的にも劣等な被造物として軽蔑し、貪食本能の欲するままに、専横な下命者としてこれに近づいた。しかし神に関してはまさにその正反対であり、うやうやしく、それどころか内心では恐怖と戦慄をすら覚えつつその前に歩み出た。彼らは、ヤーウェに対して法的な拘束を課していたかぎりでのみ神—人関係のなかへ、一種の呪術的な要素を取り入れていたにすぎなかった。ただこの一点を除外すれば、ヤーウェの全能を強調する厳格な一神教と、神の奴隷たることに対する畏敬に満ちた賛美はまったく非呪術的な性格のものである(ヨブ記、および詩篇一四三の一二)。旧約聖書のなかの無数の教戒は、呪術的な魔法をはっきりと否認している(創世記四四の一五、申命記一八の一〇、列王記下一七の一七、二一の六、歴代志下三三の六、イザヤ書二の六、ミカ書五の一一、エレミア書二七の九、ナホム書三の四、マラキ書三の五等々)。一方ユダヤ人の女性蔑視はソロモンの箴言一二章の四節および一四章の一節、創世記二章の二四節、および第四戒において否認されている。そこでは、母は父とならんで同様に敬愛さるべきものと呼ばれている。この考え方は、母神宗教の圏域外の古代オリエント世界を支配していた旧来の性思想に対する侮辱的な批判である。ヘブライ文化の立場は、従って、非統一的な性格のものである。

宗教的感情とエロス的感情が最も極端なかたちで分離しているのは回教においてである。コーランの説くところでは女性は魂をもたない生きものであり、パラダイスに入ることも許されていない。そしてこの教えどおり、回教徒の女性蔑視たるや実に極端である。この宗教は男性に対して単刀直入に、女にはただ情欲のみを抱いて近づくべし、と命じている。男たちはしかし、天上の専君アラーの残酷さに対してはうやうやしく低頭し、己れを空しくしてこれに近づく。回教徒は神に対しては女が男に対するように振舞うのであって、男が女に対するように振舞うことはない。ここでは、同じ一つの魂のなかで性的貪食本能と宗教的恭順が同居しているのである！ このような矛盾が生じるのは、この宗教においてはもはや性の領域と宗教の領域の間のあの内密な関係が感知されなくなっているからである。両者は画然と切断された、無縁の領域とみなされている。人間は自己自身を分割してしまい、女に対する場合と神に対する場合で二様の振舞い方をしている。人間は終生性生活と宗教生活において相対立した感情を持ち続けるのである。このような仕方で自己を分断し、また分断しうるのは男性固有の特質である。そしてこの特質は一つの重大な危険をはらんでいるのである。すなわち、人間の魂が完全な分裂症状をきたし、その調和性と完結性を失ってしまうという危険を。

第四章　救済のモチーフ

はじめには全一性というものがあった。絶対なるものは全なるものである。聖なるものは無欠なるものであり、分かたれていないものである。世界霊が、自らの自由な意志で神から分かれ、分裂の法則にあえいで分散を繰り返す物質界へ落ち込むまで、神は自己に満足して、その絶対的な存在の閉ざされた充実のなかで憩うていた。神がこの原人間の堕落をお認めになったのは、――神秘主義の説くところによると――最初からかつ永久に神と融け合ったままの世界よりは、一旦神に背をむけ、再び自発的に彼のもとへ帰ってくる世界において、より一層完全に神の生命の全統一性が実現されることを、神はご存知だからである。「神は自分の他にも、永遠の昔より彼自身であるものに、すなわち絶対的全一であるものに、一段一段成長していくもう一つの自然が、存在することを欲する」。（ソロヴィヨフ）〔一八五三―一九〇〇。ロシアの哲学者で詩人〕神は、彼が愛し得て、またそれにこたえ、彼を愛し得るものを生みたいと憧れる。神は多くの苦しみに満ちた緊張を創りだした。それは緊張が解きほぐされる時の喜びに誘惑を覚えたからであった。神は、自分の生んだ被造物が彼の愛にこたえてくれることにおいて、その孤独を克服するため、まず孤独になりたいと欲した。それ以来、神のエロス的な意志は、森羅万象、生成一切のなかにあふれている。

すべては黙し、寂莫として静まりかえり
はじめて神は孤独であった。
そこで神は黎明をつくりだした、
同情をもって苦しみを和らげる黎明を。
それは陰欝なるもののなかに
美しい音色の色のたわむれを生みだし、
はじめばらばらになったものを
ふたたび愛の力でむすびあわせた。

ゲーテ

人間において世界霊は、自己が全一性から離反したことを自覚ないしは予感する。人間と共に個別化の原悲劇――人間の受難と罪そのものが始まる。すべての悲しみは別れの悲しみである。すべての罪は分類にある。すべての救済の衝動は完全化への衝動であり、全なるものを求め、個別化の根源苦を克服せんとする部分の憧れである。この憧れを筆者は救済のモチーフと名づける。それは形而上的な孤独の感情に根差し、救済の愛として作用する。それが男女の関係に取りつくと、救済のエロスが誕生する。それが神と人間の関係に出会うと、救済の宗教が現われる。これらは孤独に陥った人間が、そのなかで同じものを、すなわち失われた神の故郷を求める二つの異なった形態にすぎない。

神の故郷に対する思い出は、早くから人間のなかに、エデンの園やスクヮーヴァティー（極楽）の楽園、極楽島や黄金の時代の夢――これらはすべて根源を失ったという根本体験に対する神話的書き換えである――のなかに目ざめていた。いかに古い歴史研究の血のなかにも、それが単に収集活動ではない限り、この根本体験が脈打っている。それ故、プラトンを虜にし、さらにコロンブスの心を奪ったのも、伝説の大陸アトランティスをめぐる神秘に満ちた噂であった（コロンブスはノアの洪水以前の国を発見したと信じていた）。すでに古代の思想家たちの心を執拗に襲って去らなかったものこそ、人間は単に己れの原罪の故か、ないしは前世の過ちの償いのために、分裂の世界に陥らざるを得なかったのであり、少なくともこの個別化の中へ踏み入ることによって、自ら原罪を背負い込んだのであるという悲痛な確信であった。アナクシメネス〔紀元前五八五―五二四、ギリシアのイオニア学派の哲学者、万物の原質を空気とした〕は、世界の統一性を破壊した原犯罪なるものを想定した。古代のオルフェウス教徒、プラトン派、新プラトン派、グノーシス派〔西暦の最初の数世紀にキリスト教と並びあるいは接触しつつ生まれた、信仰の秘奥を形而上学的思弁によってきわめ救いに達しようとした異端派の総称で、キリスト教、ユダヤ教神学、オリエントの宗教、特にゾロアスター教の様々な観念、新プラトン主義哲学等を折衷した神秘主義を生み出した〕のそれぞれの教えによれば、人間の魂は一種の堕落によって、その神の故郷から現世の存在へ落ち込んだのである。肉体の墓場のなかに閉じ込められた人間の魂は、神の根源へ帰りたいと憧れる。仏教のアッタ（自己）が生成（サムサラ）〔輪廻〕の循環の輪からのがれようとするように、それは「生成の輪」（κύκλος τῆς γενέσεως）からのがれようと努める。オルフェウス教徒においては、この神話が多様な形に変化している。すなわち、根源的な神格は悲劇的な非行によって細分され、最後にはその分裂から新たに復活するために世界へ分散してしまったと説くのである。八つ裂きにされたのち蘇生するディオニュソス・ザグレウスの伝説も同じことを表わしている。「永遠の再生」（renatus in aeternum）というキリスト教の言葉も、「再」という接頭辞によって、永遠性をとりもどすこととしての再生を意味している。プラトンは、『メノン』のなかで展開させた彼の認識論において、認識を、思い出、人間の根源への思惟の復帰として捉えている。
キリスト教は、この悲劇的な分裂の不和を世界創造の時へではなく、人間の（もっとのちの）自由な行為のなかへ移すことによって、その重点を変えた。これによってあの郷愁の神話の深遠な意味は曖昧なものになったが、しかしグノーシス派の人々やオリゲネス〔一八五頃―二五四。アレキサンドリア学派の代表的神学者。キリスト教の教えをグノーシス的思想と新プラトン主義哲学によって解釈し、おびただしい護教の書を著したが、正統派からは異端として攻撃された〕およびアウグスティヌスにおいて、元の意味が再び一層はっきり現われた。オリゲネスは、一旦神に背を向けた精神が失われた統一性へ立ち帰る道程、それが世界現象であるとみなしている。アウグスティヌスは、次のような驚くべき問いを発している。「すべての人々が得たいと思うものこそ、幸福な生活ではなかろうか。人々は一体どこからそれを知って、そんなに得ようと努めるのか。どこでそれを見て、そんなに愛するのか。彼らがどのようにして幸福というものを知ったのかは知らないが、もし彼らの記憶のなかにそれについてどんな知識もなければ、決してそれを愛することはないだろう。」この点からアウグスティヌスは、我々はすでに曾て幸福であったし、人間の心のなかにはいまなお神と一体であった失われた幸福に対する思い出を蘇らせるほのかな光が灯っている、と推論する。（『告白録』一〇の二〇、一〇の二三）
この最後の言葉は、深い厭世的世界観の中心思想を表わしている聖書のヨハネ伝十二章三十五節にもとづくものである。すなわち、人類が歴史のなかへ踏み入れれば入るほど、次第に神の根源から遠ざかり、ますます光は弱く、闇は見透し難いものとなって、人間はそこからもとへもどれないとする思想である。ここでは、先の郷愁のモチーフは希望のないものに変ずる。後世のキリスト教の内部では、殊にロシアの宗教哲学のソフィア教義のなかに、帰郷思想が維持されてきた。すなわち、神の全智を意味するソフィアは、人類を神のもとへ連れもどすために、世界霊に心のうちを打ち明け、神の根源への記憶をよびさますのである。

消え去ったものへのこの同じ憧れは、非キリスト教化されてではあるが、ペラスガー人〔ギリシア最古の住民〕に対するルートヴィヒ・クラーゲスの心酔のなかにも燃えている。この彼の心酔は、黄金時代に関する伝説を違った形で蘇らせるものである。一九世紀は帰郷のモチーフをより一層独自なものに変えてしまった。当時人間は神や神の根源についてなにも知ろうとはしなかったから、憧れを未来のなかへ投影することによって、すみやかに自分たちの憧れの方向転換を企てた。自分一人のお蔭で自分が存在しているのではないということの事実を、人間はどうしても思い出したくなかった。常にかつ最初からあったものについてはもはや語らず、一度も存在しなかったが、しかし——人間を通して——生まれてくるはずのものについて語った。目を祖先から転じて子供達に向けた。コンドルセー〔一七四三—九四。フランスの哲学者で数学者。百科全書編纂に参加〕の進歩の夢からニーチェの人類矯正の幻想に至るまで、人間は誤って自己の思い出を未来に托する希望だと解したのである。これこそ、神を失った世代の避けることのできない運命であった。すなわち、彼らにとってはその形而上的な郷愁も、ただもう進歩への信仰としてしか意識されえなかったのだ。こうして人間は、自分の歩む道と自分の生の意味とを喪失したのである。というのも、神からみればいかなる進歩も存在せず、ただあるのは帰郷にすぎないからである。すべての進歩前進は神からの離反であり、脱落であり、神の故郷の忘却に他ならない。

我々は、全一性に対する――はっきりとしたものにしろ、微かなものにしろ――思い出があるからこそ、自分達が部分であると感ずる。自分が孤独だと感ずるためには、全なるものを予感していなければならない。というのも、全なるものの前ではじめて、部分の限られた姿がはっきりと現われるからである。孤独の悲しみや全なるものの豊かさに対する憧れの前提には、全なるものの体験がなければならない。郷愁こそ、我々の夢みる故郷が存在することを証明するものである。真の本性は不滅であるとの予感がなければ、我々は死に直面して恐れおののいたりしない筈である。永遠性を感ずるいかなる器官ももたない動物は、物のはかなさに気づくことがない。動物は己れと共に滅んでいく世界しか知らない。動物には、その部分を超えて生き続ける全なるものについての予感が欠けている。だからこそ、動物は救済の愛からも閉め出されているのである。例えば、エロス精神にあっては男女の愛として、倫理にあっては人間愛として、宗教にあっては神への愛として、愛は常に全なるものに対する部分の憧れである。救済の愛がいつも秘かに目指しているのは、個へと陥っていく堕罪からの救済であり、個別化に悩みつづける存在にもとの統一性をもたらし、それによって個別化の原悲劇を終らせることである。愛の思想こそ、文化を求めるあらゆる努力が担っている真の意義である。文化が愛の思想に背を向ける場合には、それは自己に課せられた真の使命から離反することになる。すなわち、最も極端化された場合には罪と呼ばれるあの形而上的な孤独を克服すべきその使命から。「罪とは、自我が他から分けられ引き離された状態のなかで、それを通して自己の存在を主張し、己れ自身のなかから実在性を持った一点を生みだす自我本来の衝動である。」(フロレンスキフ)

救済の愛とは、物質世界の基本法則を形成している対立性を調停するものである。その愛が男女両性間の関係にとりつくか、人間相互の一般関係にとりつくか、あるいは神と人間の関係にとりつくかによって、それぞれエロス精神、倫理、宗教という文化の三基本形態をつくりだす。これ以外のすべての人間の活動は、この基本形態に拡大、充実、洗練の手を加えながら、それらを中心にして集団を形成するか、さもなければ人間存在の永遠の意味とはなんのかかわりも持たないかのいずれかになる。女性や隣人や神に対して愛が現われる場合、そこには常に同じ力が働いており、この三種類の愛は相互に関連し、互いに相手を豊かなものにすること、すなわち一つの愛の成長は他の二つにとっても大いに有益でありうることは、本来人間が決して忘れてはならない筈のものであった。意識に比べ、人間の言葉は一層はっきりとこの愛の統一性——本質に叶った、経験上も可能な統一性——を持ち続けていた。リーベ(Liebe)、アモール(amor)、エロス(ἔρως)、バクティー(bakti, サンスクリット語)、マハバ(mahabba, ペルシア語)等には、同時に歴史的、倫理的、形而上的な愛を表わす多義な意味が含まれている。言語本能は過ちを犯したことがない。言語本能は、後世の諸文化を持った人間が、自分の愛の諸体験から引き離してしまったあの愛の内面的な統一性に対する記憶を持ち続けていたのである。

すでに太古の時代に男女の愛は、根源の理念、天地創造の神秘と結びついていた。この男女の性愛を目標の理念、救済の神秘と結びつける断固たる試みがいまこそなされなければならない。エロスの愛とは失われた統一への憧れであり、救済をもたらす完全化への衝動であることに、我々の注意を喚起したのはプラトンであった。『饗宴』の第十六章で彼は、球形をなす三種類の原始生物に関する有名な神話をアリストファネスに語らせているが、これは多分、当時の人々がもはや知らなかったもっと昔のギリシアの伝説に依拠したものであり、ヤジュール・ヴェーダの古い神話を想起させるものである。プラトンのエロス論にも、宗教的原罪の説にも、罪の思想が現われている。「我々は、自己の過ちの故に神に追放されてちりぢりばらばらになり、その根源的統一性を失ってしまった。」最初の状態においては、両性体の男女《おめ》も、あるいは相愛の二人の男性もしくは二人の女性も、それぞれ一つの体を持った存在（πρὸ τοῦ ἓν ἦμεν）であった。「根源の状態においては、我々の性質が未分化のままであったことこそ、愛の成立要因なのである。我々は、あの未分化の全一状態を得んと努め求める行為に、愛という名称を与えるのである。」

プラトンは、ポロス（πόρος）とペニア（πενία）を、すなわち豊かさと貧しさをエロスの両親と呼んでいる。多分、彼のこの言葉はエロスが、全なる状態の豊かさ（πόρος）と個別化の貧しさ（πενία）の二極間に張りつめている対立を調停するその働きによって生きているのだ、ということをいっただけのものなのであろう。これ以後、プラトンのエロス精神に含まれている深い意味を凌駕しえたためしはほとんどない。カール・グスタフ・ユング〔一八七五―一九六一。スイスの代表的精神病理学者、心理学者。無意識の内容を個人を越えた民族的、人類的なものとし、「集合的無意識」という概念を立てた〕が次のように書くときも、それが詩的な言葉ではないという点を除いては、何一つプラトンと違ったことはいってはいない。「このように男性の全本質は、肉体的にも精神的にも、女性の存在を前提としている。その組織は、水や光や空気や塩や炭水化物などが存在する特定の世界に適合するようになっているのと全く同じく、アプリオリーに女性に合わせてつくられている。……男性の意識のなかには、代々うけつがれてきた潜在的な女性の全体像があり、この助けをかりて男は女の本質を捉えるのである。」(『自我と無意識の関係』一二〇頁以下) 女性に関しても全く同じことがいえるのである。というのは女性も、その内的性質の点で男性を標定してつくられており、月が太陽から己れをあたためてくれる光を得ているように、それを男性から得ているからである。

救済のエロス精神と救済の宗教の根底には、天地創造の歓喜ではなく、天地創造の悲しみが存在し、涸渇を知らぬ酔いに浸る生命の源泉の喜びではなく、誕生の瞬間に創造主に告げなければならぬ被造物の離別の苦しみが横たわっている。世界及び生命の発生というこの同じ出来事が、両方の場合に各々違った風に体験され、別々の評価が下されているのである。一方の場合には、種々の可能性の歓喜にみちた実現として、他方の場合には、神の自己分化の悲痛な行為として受取られている。ここから自然宗教と救済の宗教の間の、従って世界創造のエロスと世界救済のエロス間の鋭い対立が生じる。神の全実在と現世の個別の姿との境界線にあって、救済のモチーフの虜になっている人間にこそ、「全が強引な力づくの態度で、現実界のなかへ侵入した」(ゲーテ)あの瞬間に、全一性の喪失が感じられるのである。この場合、世界創造とは、根源的統一性をひきさいて、二つの孤独、すなわち神と人間の孤独に変えた出来事であり、神と世界との間の緊張の始まりであり、すべての新たな創造活動の際にくりかえし現われ、精神活動のなかにまで及ぶ、あの創造に伴なう陣痛の永遠の苦悩である。創造の仕事にたずさわる者は誰でも、うたかたのように消え去る幻のかたまりから具象的な形体が分かれる際の、精神的な生産のあの苦しみを知っている。生まれたばかりの子供が、悲痛な叫びと共にこの世に生まれついた己れの運命を生きはじめるという事実の中には、深い象徴的な意味が含まれてはいないだろうか。思わず叫び声をもらしたその悲しみとは、離別の悲しみであり、存在の神性な根源からの離反の苦しみなのではあるまいか。個々の誕生は根源的創造の悲劇を繰り返すものであるから、救済の教えは、昔から勢い性にかかわるものを断罪する傾向を帯びる。その信ずるところによれば、エロスによってではなく、エロスから人間を救わねばならないのである。ここにエロスと神々の不和が始まり、宿命的な展開の幕開けとなる。

　自然宗教とは、生殖能力をそなえた母性の宗教である。救済の宗教とは、母体から分かれた被造物の宗教である。前者では、創造の働きをする絶対的な世界の根源は、神聖なものとして表明される。これに対し、創造された個の存在は、後者の力にすがって、手探りでもとの絶対的な根源へ立ち帰ろうとする。前者は、永遠の創造の行為のなかで実現され、後者は、永遠なるものへの憧れで身を焼きこがす。自然宗教の敬虔さとは創造の行為であり、救済の宗教の敬虔さとは郷愁である。根源と目標、生の確認と生の超克のこの二つの宗教は互いに対峙し、従って、創造のエロスと救済のエロスもまた相互に対峙し合っている。この二つの宗教、この二つの愛のあり方は共に神の顕現である。それ故、両者は対等の権利をそなえ、同じように尊ばれるものであるが、後世の文化意識からすれば、もはや対等とは認め難いように思われる。存在すべきものの自己表現と自己確認で力を使い果たす不断の創造(Creatis perennis)にいまだ神聖さを感じることは、我々には殆ど不可能である。我々はもはや、生を悪く考えることを断固として拒むような、計り知れず究めがたい原初的で本質的な幸福感をもつ人間ではないのである。我我は実在するものの存続を求めるのみならず、それを乗りこえようとする。神の姿を認めるまでに天地創造を愛するには、我々は余りにも深くその苦しみを味わっているのである。常時あったものの復活ではなく、いまだ存在したことのないものの新たな誕生こそが、我々の求めるものである。我々が主張するのは明かるい宗教性ではなく、暗い宗教性である。我々は一つの自然の調和《ハーモニー》の信者ではなく、回心の性質を担ったものである。我々は「ただ一度しか生まれなかったのではなく、二度生まれた」のである（ウイリアム・ジェイムズ）〔一八四二—一九一〇。パースのプラグマティズムを継承発展させ、これをアメリカの代表的哲学たらしめた人物〕。復活なくしては、再度の誕生なくしては、意味の革命的な転換なくしては、我々にはいかなる神聖さの存在も考えられない。我々は救済のモチーフに身動きならず呪縛されるか、もしくは神一般を否定するのである。自然宗教を信ずる人間は、宗教上もエロス精神においても、救済する愛を求めはしない。それは、彼がどこにも救済を求めないからである。しかしながら、肉と化した孤独の叫びともいうべき現代人には、救済が必要である。救済の可能性に全面的に絶望していない場合には、彼は宗教ないしは言葉に富む教えのなかに、夢や思索のなかに、救済を求めるが、一方エロス精神には、時としていまだ創造の喜びを認めるものの、普段はただ貪食本能ないしは生理的欲求の充足しか認めないのである。救済をもたらすエロスは、殆ど忘れられている。その勧めが要求されることは極く稀である。こうして我々は二重の使命に直面するのである。それは、宗教とエロス精神という二重の平行性、すなわち、生殖能力を発揮するエロスと創造の歓喜の宗教との関連性、および救済のエロスと救済の宗教との関係の両方が明らかになるために、エロスが担う救済の性格と性的生殖行為が担う宗教性の秘密のヴェールを同時に取りはらわねばならぬという使命である。

エロス精神と宗教性とが救済のモチーフによって規定されるとき、両者は互いに全体緊張に対する部分緊張の関係に立つ。両者とも完全化による救済を欲するのであるが、エロスは宗教よりもはるかに緊密な統一に纏め上げる働きをする。エロス精神はいわば宗教的なものの一断面にすぎず、人間対無限という包括的緊張に基づくものではなく、部分の対局性——両性の対立——にもとづくものである。対立性にある宇宙一切の本質は、圧縮かつ濃縮されて、両性の関係のなかで再現される。救済するエロスは、救済の宗教と同様、全一性の精神を志すものである。それ故、極めて深い洞察力をもつ賢者は、両性の対立の緊張解消によって達成される統一性が、その性質からして、救済の宗教の帰依者たちも求め、また神という名を与えているあの同じ統一性であることを常に予感していた。

我々の清き胸中に一つの願いが波うつ、
より高きもの、より清らかなもの、未知なるものに、
感謝の気持からすすんで身を捧げ、
謎を解くため、永遠に名なきものに身を捧げんとの願い。
我々はそれを敬虔な態度と呼ぼう
かくなる至福の高みの前に立つとき、

それにあずかる我を感ずる。

ゲーテは『悲歌《エレギー》』〔『情熱』の三部曲の一つである『マリエンバートの悲歌』（一八二三）のこと。以下ゲーテ『悲歌』とあるのはすべてこれをさす〕のこの詩句のなかで、エロス的な感情と宗教的な感情とがいかによく似かよっているか、一方が他方をいかに引き寄せるものであるかを詠っている。恋人に対する献身こそ、彼にとって神の本質の謎をときあかすものである。「現世の愛は、天上の愛に達する通路にすぎない」とは、ヘッベル〔一八一三―六三。十九世紀ドイツ写実主義最大の劇作家。汎悲劇主義の理論で有名〕の日記の言葉である。シュライエルマッハー〔一七六八―一八三四。ドイツ浪漫派に属する哲学者〕に従えば、純粋な愛に関して、「キリストの霊こそが愛着心を生みたもうのである」といえるに違いない。マックス・シェーラー〔一八七四―一九二八。ドイツの現象学派の哲学者。晩年カトリシズムに改宗〕は、すべての愛を「神に対する、未だ完成されず、しばしば眠り込んだり惚れ込んだりして、途中でいわば休息している愛」とみなす。ユダヤ教のある老賢者は次のように説いている。「永遠なる神の似姿である人間とは、夫妻の男女であって、妻のない男でも夫のいない女でもなく、彼らの住む家に神がおわさぬなら、二人の契りもまたないのだ。」サンシモン派の人々が、「真の人間個人とは男女から成る一組である」と告げたとき、少々希薄で世俗化しているものの、彼らも全く同じ考えを再現しているのである。カトリシズムの解釈によれば、婚姻は神と人間との連帯を喩えたものとして秘蹟とみなされる。それはキリストと教会の結びつきをまねた世俗の似姿である。（エペソ人への手紙五の二三、二五）小事のなかに大事が再現され、小事は大事の反照となる。ソロヴィヨフもこの見解に似たことを書いている。「愛する者たち相互の神秘的、道徳的な関係の現実にありえない条件のもとでしか肉体の所有を許さない真の愛は、最も集中的な、それ故、最も深く最も力強い合一であり、他のあらゆる合一の基盤と一般的な原型を示すものである。婚姻の秘蹟は、両性の誠実な愛から神と人間の再合一のための最初の確実な基礎をつくり出し、こうしたやり方で、人間世界の諸関係のなかに神の叡知を完全に具現させるに至るものである。」キリスト自身が語った言葉の一つ——教父クレメンス〔一五〇頃—二五〇頃。アレクサンドリアのクレメンス。福音と哲学を結ぶことにより神学思想の発展に画期的役割を演じた〕の証言によればサロメに語られたものになっている——は、「二つのものから一つのものが、すなわち男女から、男でも女でもない第三のものが生まれてこないうちは、決して真理は感得されないであろう」というものである。結合させ、合体させる力として、エロス的な性愛関係の上にただよっている統一性の精神からこそ、はじめて完全な、神を観る人間が迎えられるのである。しかしながら、この統一性の精神こそ神の精神なのである。それはすべての矛盾が止揚され、除かれている最高の統一性である。その精神は、世俗の世界にはいりこむ場としてエロスを選ぶ。神の統一性は、両性が存在するという人間の二元性を利用し、それを通して目に見えるものになる。それ故に男女の愛は、両極的対立の緊張解消によって統一性の精神に生命を与え、形を与える力と使命とを有している。男女の愛は神を目指すものである。この愛はこうした定めによって気品を帯び、いつ超越的な力に捉えられてもよいものになっているのである。救済のモチーノに支配された愛の行為は、いずれもみな完全性へ向けての助走のスタートであり、神と世界との再融合の序曲である。真の愛を抱く者は、己れ自身や己れの欲望以上のものを求める。自から、恋人以上のものを求める。彼は自分たち二人のなかから、子供という形で具体的に示されるより高き統一を求める。神はエロスの形で、人間の手には救済の手段を与え、自分の手には啓示の手段を握った。抱擁の瞬間に神は、絶対的な創造への意志としてだけではなく——自然宗教は神をこのように解釈するのだが——、絶対的な統一の精神として顕現する。精神的覚醒の際にすでに人間は、愛の営みの際に神が顕現することをほのかに予感していた。人間は、生命の生産や誕生にはデモーニッシュな力が与って作用していると考え、戦慄したのである。生命の誕生の前提には性行為がなければならないことを人間はよく理解していたが、人間の行為において生命発生の秘密がくみつくされるなどとは決して信ずることができなかった。人間は、己れのエロス的なおののき、心を奪われた陶酔の境地、魔法に魅せられうちのめされた狂喜の状態を、超自然的な力と結びつけて考えた。性の営みに神々や魔神《デーモン》たちが関与しているとするこうした想定は、嘲笑されても仕方のない生物学上の無知の証拠ではなく、婚姻を夫婦相互、および第三者である神との心的な結合とみなすあのクエーカー教徒の婚姻解釈のよりどころともなっている、エロスと宗教との極めてデリケートな関係についての予感を言い換えたものなのである。

救済の愛の本質は、孤独から脱出し、神の全一性へ立ち帰ることである。男女の愛も、誰か他の特定の人間に向かって突進しようとするだけではなく、その人のなかに、ないしはその人と一緒に、絶対的な統一を求めるのである。恋人は愛を寄せる者にとってこの統一を具現したり、あるいはこの統一への仲介役兼案内役になったりする。相愛の二人がめぐり合うとき、宇宙の一つの場所で個別化の傷口が癒えるのである。エロスは、独自の掟のなかで循環している知られざる存在のそばへ、我々を強引に近づける。エロスは愛に満ちた夜、この独自の世界を我々のかたわらにそっと横たえてくれる。我々はこの知られざるものの息吹と微笑とを感じとる。この没個人的な全世界はいまや形を得、恋人の姿として抱きしめることのできるものとなったのである。我々の隣りに横たわっているのは単に一人の人間、すなわち官能に駆られたはかない肉体ではない。そのなかには永遠性を表わす比喩がまどろんでいるのである。恋人の口づけには、我々の心に偉大なる変身への意志を、すなわち、狭い個人というものから広い世界へ出ようとする意志をかきたてる天上の火が燃えている。貝のなかに大海のはるか彼方の巨大な力がうごめいているように、恋人の息吹からも全自然の営みが聞きとれるのである。そのざわめきは、「汝は汝の孤独から救済されねばならぬ。己れの殻から出て、神への協力者たる汝の分身に出会わねばならぬ」と告げている。男女の愛は最後に、人間をかりたて神格の腕のなかにゆだね、汝と我を、世界と我を、世界と神格をそれぞれ分かつ分割線を消し去るのである。男女の真の愛は、聖霊の証《あか》し (testimonium spiritus sancti) である。それは神聖なるものに触れて燃え立ち、そこから自己の気品を授かり、結局は逆に自己の気品の証しとして神聖なるものを引き合いに出す。この愛こそ、天上の諸力が現世の真只中を循環するのを可能ならしめるものである。愛する者たちは、この愛の働きのなかに互いに結びついている自分たち二人と宇宙の聖なる息吹とのつながりを感じる。愛を抱く者はその恋人において、彼女の肉体以上のものを抱きしめている。彼は、一切がその腕にいだかれているその一者たるものを、恋人のなかで抱きしめているのである。こうして彼女は彼にとって、愛をもたらす一つの宇宙の根源の保証人となり、神の助手兼証人となる。エロスこそ神への道案内を務めるものであるから、古代ギリシア人がエロスを神の一人に数えたのも至極当然のことであった。昔からインド人は、エロス精神の形而上的背景に対して、特に繊細な感覚を持っていることを実証してきた。「性愛には深い精神的な意味が含まれているという信念を、彼らは一度としてぬぐいさることができなかった。インド人の考えによれば、二人の存在が一つの肉体になるのは、彼らに自分たちの形而上的統一の記憶が残っているからである。」（アヌンダ・クマール・コーマラスワミー『シバの舞踏』）。

エロスの愛と宗教的な愛は本質的には共に同じもの、すなわち絶対的な統一の追求であるから、両者の感情は互いに触れ合いながら成長する。修道士たちは、他を顧みずに己れの性的欲望からのがれ、宗教的情熱のなかへ逃げ込めば逃げ込むほど、性的欲望はそれだけ一層烈しく燃え立つという、彼らにとっても驚くべき発見をしばしばするのである。ルターもこの経験に大変苦しんだ。修道院の住人たちは、特に性的誘惑にさらされているわけである。それは、彼らが孤独な生活をしているからではなく、あらかじめ意識してその宗教的な雰囲気を孕み、神秘的な融合の衝動とともに、エロス的な衝動をもかきたてているからである。宗教的な修養の枠外では、孤独な精神の活動は衝動をかきたてる代りに、それを鎮める力をそなえている。学者の静かな書斎には、彼の精神集中の犯し難い静けさの息吹が感じられる。

エロスの愛と宗教の愛との相互間で行なわれる用語の転換は、両者の本質の類似という点から説明がつく。我々は恋人を崇拝したり、恋人に懇願したりする。我々は恋人の前にひざまずき、恋人を神様のようだとか神様とか呼ぶ。こうして聖式上の用語がエロスの世界の語彙のなかへ採り入れられる。もっと頻繁に生じるのがこの逆の場合、すなわちエロスの世界の表現が宗教の用語のなかへ入り込む場合である。情欲という語（「燃える」という語に由来）は、情熱という言葉として再現される。神秘主義者たちは、天上の花婿に捧げる自己の魂の、すなわち、神の花嫁のミンネを崇める。ローマ時代のキリスト教会の、神に捧げられた純潔な処女たちは、自分たちの肉体を捧げた（tam carne quam wente se vovere〈肉体的にも精神的にも自分を捧げた〉）その神の花嫁、もしくはそのキリストの花嫁（νύμφαι Χριστοῦ, sponsae Dei oder Christi）と呼ばれた。オリゲネスは魂を、それによってその魂があるいは求められ、あるいは見捨てられるロゴスの花嫁と呼んでいる。ヒエロニムス〔三四七頃―四二〇。ローマの教父。ローマ教会の優位を明確に打ち出し、オリゲネス等との論争で教会のために激しく戦った。長らく隠者として生活、聖書翻訳などの仕事を遺す〕は、「我々はキリストを愛し、常にその抱擁を求めようではないか」とうながしている。マカリウスは、「精神的な愛に打ちまかされて、神と婚約した魂は、祝福を受けたのである」と書いている。ベルナール・ド・クレールヴォーは、旧約の雅歌に出てくる愛を抱いた男性を神と同一視し、その恋人を人間の魂と同一視することによって、この雅歌に一つの宗教的な解釈を与えている。彼はこれによって、この雅歌を中世の神秘主義の古典的な聖歌に仕立てあげている。エロス文学と宗教文学は、このように互いに隣り合っているのである。インドのクリシュナ神の歌はエロス的であり、また宗教的でもある。ラーマクリシュナ〔一八三四―八六。ベンガルの貧しいバラモンに生れたが、真正なインド教の確立のために一生を捧げ、新しい宗派の創始者となった〕は、「妻が夫を愛するように、人間の魂が神を愛することができるなら、そのときは愛の最高の段階が達成されたのである。神の認識は一人の男に、神の愛は一人の女に比較することができる」と説いている。シメオンという新しい神学者〔一〇〇〇年頃〕は、神に寄す愛の歌を作った。J・レイスブルーク〔一二九三―一三八一。エックハルトの影響を受けたオランダの神秘主義者〕は、『宗教的婚礼の飾り』という作品を書いた。クリスティーネ・エーブナーは、「夫が花嫁のベットに来るときのあの欲望をもって」キリストに臨んでいる。アンナ・フェッターは、キリストが結婚式の踊り手と映るような幻影を経験している。女性神秘主義者ゲルトルート〔一二五六―一三〇二。アイスレーベンの近郊、ヘルフタ修道院の尼僧であったことから、ヘルフタのゲルトルートと呼ばれる。イエスの心・神秘派を代表する一人としてフランスのバロック文学に大きな影響を与えた〕は、「イエス様。愛《いと》しきお方、愛《いと》しきお方よ、いままで愛を受けたすべてのものに優る愛《いと》しいお方、生き生きと咲き誇る春の日はおん身に憧れ、我が心の愛はおん身に思いこがれる……我が心は汝の愛の口づけを求めて燃え、我が魂はおん身とこの上もなく親しく一つに融け合って抱き合うことを請い願う」と告白している。マルガレーテ・エーブナーは、「わが主よ、どうか愛と慈悲とをもって、我らのすべての欲望に身をおゆだね下さい」と懇願している。最後にメヒティルト・フォン・マクデブルク〔一二〇七頃―八二頃。ゲルトルートと同じヘルフタの修道院の尼僧、ドイツの最大の女流神秘主義者〕は、「主よ、我を強く愛したまえ、我を屢々、かつ、いつまでも愛したまえ、我は烈しい情欲を燃やして御身に呼びかけ、おん身の熱き愛《ミンネ》のなかで燃え続け消えることなし……いまや我は赤裸の魂、その内にあるおん身自身は装いこらせし客に他ならず」と祈っている。バラモン教やヒンズー教やスーフィー教〔イスラムの神秘主義的宗派。修道、思索によって直接神に近づき、神を愛することによって無我恍惚の境で神と一体になろうとする。最盛期は八世紀中葉より十世紀初め〕の神秘主義にも、エロス的な造語がみちあふれている。

すべての宗教の神秘派の人々は再三再四、神の享受（fruitio Dei）、すなわち神の愛の享受を請い願う。その神秘的な心情吐露には、エロス的な祈りの呼びかけが頻繁に現われる。たとえば、この上もなく愛《いと》しいわが人とか、わが愛する人とか、わが花婿とか、わが親愛なる、誰にもましてめぐしきイエスとか、わが最愛の子とか、最愛の幼児とかいった表現がそれである。ニューイングランドに広く普及していたある祈禱入門書のサブタイトルは、『旧約、新約両聖書の乳房からアメリカの乳児たちに与えられる宗教の乳』という思い切った、強烈なものであった。ローマの宗教と並んで、その宗教が神秘主義から最もかけはなれたものであるあのヘブライ人においてさえ、エロス的な言い回しが神聖な用語のなかへ混入している。予言者ホセア（一の二）とエゼキエル（一六の二七）は、イスラエルと神との契約を婚姻の契りと呼び、神からの離反を姦淫と呼んでいる。一七五〇年頃に発生した東方ユダヤ人の一宗派ハシディーム派のある賢者は、「愛する男性にはそれをうけいれる女性の裸身が見られるように、敬虔な者には衣をまとわぬ神のお姿が見えるのである」と告げている。このエロスと宗教の間の言葉の転換は、従って、特定の人種や特定の宗教に限定されない精神的な現象である。

これまでこの現象を説明しようとした試みは、なんと不十分なものであったことか。歴史家はこの現象のなかに、初期の性儀式の無意識な影響の名残りを認めるのである。これらの儀式は、大抵創造の歓喜にもとづくもので、——神秘主義のように——救済のモチーフにもとづくものでないことを無視するとしても、のちの事柄の原因を古い時代に遡って以前のことに求めたとて、一体何が得られるのであろうか。我々は、今日存在しているものがすでに曾て存在していたことを知っているとしても、曾て存在していたものの実体がはたしてどんなものであったか、今も我々には全く分らないのである。歴史学が特にとりくんでいる歴史上の諸々の関連の解明も、存在論の立場からは、我々に何の前進をももたらしはしないのである。

文献学者の指摘によれば、神秘主義者は一つの比喩を借りて、単に自己の体験の圧倒的な強烈さをない表わすために、エロス的な用語を用いるにすぎないということである。これは確かに正しい指摘ではある。しかし、どのような巧みな比喩でも、それが成立する前提として、比較される事柄の間に内的な関係がなければならない。エロスと宗教間の言葉の取り替えを言語の象徴用法と解釈するのは、比喩成立の因を両者間に成り立つ内的な方程式に帰しながら、その方程式の内容を少しも説明しないようなものである。

精神分析の専門家の解釈の試みは、不満足なものであると同時に危険なものでもある。彼らはエロスと宗教の相利共生のなかで性的なものだけを事実として認め、宗教的なものを抑圧された性欲とみなす。彼らは唯物論的一元論者として、絶対者の告知に対してそのリアリティーを否認し、それをただ余りにも人間的なものの醇化した亜種としか認めないのである。彼らの解釈では、大きなものは小さなものの膨張であるのに、小さなものは大きなものの反照ではないというわけである。彼ら自身が小人物であるが故に、彼らはまず小さな事柄から手をつけるのである。宗教的なものを（そしてまた精神文化全体をも）性的なものから演繹しようとするのは、流行の悪習であると我々はみなすのである。性欲から宗教性を引き出すことはできない。宗教は性に対する逃避の結果として現われるものではないのである。締めつけられた本能には、殊に禁欲的観念に抑えられると、勢い他の心理領域へ逃れようとする、そうした点は勿論認められる。その場合その本能は、他を妨害し、加えて他を破壊さえしながら、自分とは合わない一連の感情や思惟のなかへ割り込んでいくものである。こうして、性的欲求と宗教的熱情とが互いに衝突するということも起こりうる。しかしながら、エロス的用語と宗教的用語間の言葉の転換に認められる特徴は、宗教と性愛の敵意にみちた衝突ではなく、両者の親和性がそれによって明らかにされるという点にある。が奇妙なことに、男女の愛の言葉は宗教上の諸体験を再現するのに特に有効であることが判明しており、信仰の篤い人が神について語ろうとすると、知らず知らずのうちにエロスの言葉のなかへ落ち込み、祈りを捧げている折や、神のお姿を仰ぎ見ている折に、彼の心の目には愛の世界のいくつもの形象が立ち現われてくるのである。この場合、欲求不満に陥っている修道僧や尼僧の抑圧された性の力が、重要なポイントになるといっても、それではなんの説明にもなっていない。これらの性の力がまさに自らの活動の場としてなぜ宗教を選び、そこで邪魔者と受け取られずに、なぜ活動しうるのかという問いは未解決のままである。感情が一つの心的な層から他の層へ移行しうるためには、それを抑圧する力が必要であるばかりでなく、抑圧されたものを受け容れる心の下地と能力とが必要であり、こうした心の下地の前提として、この受け容れる側と受け容れられる側との間に一つの内的な関係がなければならない。宗教とエロス精神との間の親近関係の事実の解明こそ、筆者に課せられた課題なのであるが、この事実は自然主義的な解釈によってかたづけられるものではなく、むしろそのような解釈の前提として要求されるものなのである。精神分析的解釈に対する第二の反論は、次のようなものである。いかなる禁欲苦行も含まず、エロスは決して抑圧されずに、むしろすべてを抑圧する側に立っているような自然宗教においてさえ、どうして性的なものが宗教と結びつき、しかも絶対的な創造への意志の体験として結びつくようになるのか。精神分析の理論はこの問いに両手をあげて降参しなければならない。たとえいままで降参したことがなかったとしても、それはただ問いが発せられているのを知らないからか、またはそれに注意を払っていないからに他ならない。

精神分析的な説明が一面的なものであるのと同様に、精神主義的な反対意見もまた一面的なものである。それは、エロスと宗教の関係に関する自らの見解において、宗教面を強調し、エロス的なものを軽視する。それによれば、支配的なのは、純粋に精神的立場からの評価の行為であって、セックスの感覚はそれに副次的に付着しているにすぎないということになる。しかし我々は繰り返し次の点を強調しなければならない。この付着という現象は、付着するものと付着の対象となるものとの間に内的な同質性を必要とする。だから唯心論の立場をいくら強調しても、やはり何の成果も得られないのである。

　しかしながらこの見解には、若干正しい点が含まれている。宗教的要素とエロス的要素との間の正当な力の配分への正しい出発点、手がかりが含まれているのである。ここから、宗教は純化されたエロス精神ではなく、エロスこそ両性間の緊張へ向けて収斂した宗教的体験である、という決定的な認識に達しうるのである。プロティノス〔二〇四頃―二七〇頃。新プラトン主義に属する古代ローマの大哲学者。万物は一多の別を超越する一者より流れ出、最高の生は一者への回帰の法悦にあると説く。『エンネアデス』六巻は彼の主著〕が神と人間の融合を決定的なものとみなし、「共に一つに融け合おうとする恋する者たちこそ、この地上でこのような融合を模倣する者である」（『エンネアデス』六の七の三四）とつけ加えたとき、彼は多くの現代人よりもいかに深く真実を見抜いていたことであろうか。というのも、全体は部分へ自己を限定することができるが、部分は決して全体にまで拡大されえないからである。全体から部分の説明はつくが、部分からは決して全体の説明はつかない。プラトンが『テアイテートス』のなかでまさしくも強調しているように、「全体は部分に先立って存在している。」我々が宗教に近づけて語る男女の愛は勿論、セックスだけに尽きるものではない。セックスを閉め出すものではないが、セックスに服するものでもない。それがセックスを目指すのは、そこ――すなわち生物の考えられる限りの最も親密な連帯――において、自己の完成を期するためであるのだが、しかしそれも決してセックスの法則に従ってではなく、自己独自の法則に従ってのことである。男女の愛はセックスを雇って自己の僕《しもべ》とし、それによってセックスを高尚なものに作り上げる。性的欲求（生物学的にいうなら、生殖細胞と卵細胞間に存在する引力）は、統一性への性向を担った救済のモチーフが現われて、力を発揮できるような諸条件の根拠となるものにすぎない。救済のモチーフは機をうかがって、これらの現象の世界へ侵入しようとする。そして、救済のモチーフがセックスに触れたときにのみ、ただそれしか男女の愛という名に値しないあの偉大な魅惑作用が生じるのである。救済のエロスは洗練されて下から上へ成長していくのではなく、恵みとして上から降りてきて、人間に触れ、人間を上へと引き上げるものである。プラトンのエロスの説はすべてこうした基本思想に立脚している。だからこそ、エロスは神なのである。真の愛には、肉体的欲望よりもずっと前から救済のモチーフ、すなわち、さまよえる深い郷愁が含まれている。ヴェルターはロッテのことを、「彼女は私にとって神聖なものであり、彼女の前ではすべての欲望が沈黙してしまうのだ」と語っている。いつものことながら、この救済のモチーフは、はじめはゆっくりと、その固有の精神領域から官能の世界へ下ってくるのである。肉体の衝動は、この救済のモチーフに触れて燃え上るのである。逆の場合は滅多にない。男女の情愛が欲望から出発している場合には、なによりもともとの欲望のところにとどまっていたいと願うものである。しかし欲望としてながらく存在していることはできない。

分割線が宗教とエロス精神の間を完全にわけて走り抜けているのではなく、この分割線は次第に薄れて消え、結局、絶対的なものにささえられた興奮、すなわち、救済のモチーフないし創造の歓喜にもとづく宗教性と、この同じ動因に導かれた性愛とは同じ一つの側に、それに対して、感覚の低次の層に属する本能的肉体的情熱はその反対側に立つことになる。

純粋なエロス精神は、宗教に対して常に全体に対する部分の関係にある。これは、主たる要素が救済のモチーフではなく、創造の歓喜である場合にもいえることである。自然宗教において性的な抱擁が神聖であるのは、その抱擁のなかで――圧縮され、小規模ながら――とにかく根源的な創造の行為が繰り返されているからである。他方、救済の宗教において性的な抱擁が神聖であるのは、我々が神と呼ぶ一層偉大な、すべてを包括する統一性へ導いてくれる超個人的な統一性が、そのなかに感じられるからである。前者において神聖視されるのは世界の根源の余韻であり、後者においては世界目標の先取りである。

女は男よりもはるかに渾然と調和しており、男ほどに自然の完全さから遠く、かつ無思慮に隔たった存在ではない。男性は全を部分にわけて、支配しようとする。女は引き離されたものをつなぎ合わせて、保存しようとする。男性は引き裂く力であり、女性は全体性を守る番人である。男性は自分を部分として感じるが、一方女性はむしろ種族のなかに生き、そこから決して外に出ることはない。種族の宗教は女性的性質から、個人の宗教は男性的性質から発生したのである。絶対的なものの体験が種族本能に出会うか、または自我本能に出会うかによって、自然宗教と救済の宗教という正反対の二つの型がそれぞれ形成される。自然宗教は世界の、永遠に更新されつづける全に依存するものであり、反対に救済の宗教は見捨てられた個人の面倒をみる宗教である。

女性が感性だけで愛するのは極く稀なことだが、一方男性は、自分の心を性欲とエロス精神、性愛と神に対する愛といった隔たった感覚領域に分かつ能力を持ち、しかも今ではそれをすらすらやってのけるのである。女性は、自分の愛の生活のなかへ自分の存在のすべてを投げ入れるか、でなければ愛の生活などにはほとんど心を動かさず、それを商売にさえするほどである。男性にあっては、しばしば十分苦しみを覚えるまでに達するあの自己分裂などというものは、女性には全く無縁なものである。それ故、女の全く関与することも理解することもできない男のこうした問題性を解きほぐし、断片的で切りきざまれた男の性質を一つにまとめ、その死すべき身を慰め、救済に飢えた精神の迷路に尋ね求めても得ることのできないあの安らぎを男に与えることこそが、他ならぬ女のなすべき使命である。女は男よりもはるかに生命の源泉の中心に近いところに在り、男は現存在を乗り越えることに、すなわち究極的な徹底した形では、その息の根をとめることにいつも心をくだきながら、現存在の周辺部を限なく探り廻るのである。女は永遠の生命の原理と、男は死の原理とそれぞれ密かに手を結んでいる。女性は世界の対立を我が腕のなかに抱擁し、この抱擁のなかですべてを和解させようとする。男性は反対に、自分にとって不利な面を抹殺することによって、この対立間の緊張を解きほぐす。男性はその解決を愛や和解のなかに求めず、征服と抹殺のなかに求める。男性には戦闘的性質があるが、エロス的な性質は認められない。個別化のなかから生まれた男性の原理は、個別化を永久のものにし、自己のためだけの存在を求め、全なるもののなかに生きることを妨げるのである。闘争と私利の追求こそ男の本性であり、その生への意志は、彼の心のなかに救済のモチーフが燃え上がるまで、己れ個人の存在を強く主張するか、または、他人を制圧するかのいずれかを目指すものである。そうした点に至るまで、女性は男性よりもはるかに道徳的存在である。愛や犠牲的精神や調和の思想は、女性を通して生まれたものである。女性は、母性としての立場からすすんで自分を犠牲にするし、自分の身を捧げる力をもそなえている。あらゆる道徳の生殖細胞こそ、子に対する母性愛に他ならない。それは、連帯と自己克服の原細胞なのである。母獣は、誰よりも真先に、他の生命、すなわち、子のために自分の生命を投げ出すのである。昔、ローマの女性たちが自分の子供のためにではなく、自分の姉妹の子供のために偉大な母神に祈願したことは、真に女性的な、同情というものの美しい習わしであった。

女はしかしながら、男よりも道徳的であるばかりでなく、ずっと幸福な被造物でもある。男性の方がなぜ不幸かといえば、それは、生きとし生けるもののすべてを全なるものから引き離し、遊離した状態のままにおしとどめようとするあの個別化の過程《プロセス》が、女とは比べものにならないほど、一層強烈に男性を捉えるからである。男性は女性よりもはるかに徹底的に個人化した存在である。男性は個別化の悲劇の真の主人公である。それ故男性は、自然のなか深くはぐくまれている女性よりも、はるかに深く寸断分裂の世界に苦しんでいる。だから男の心のなかには、女の場合よりもはるかに熱く、救済に対する欲求が燃えている。男女のうち、厭世的で陰欝なのは男性の方である。救済のモチーフは男性的なモチーフである。ものを保持する素質をそなえた女性というものは、世界の根源と一つに結びつき、調和している。ところが男性の方は、世界を変革し、前進させ、征服しようとする。男性を代表する宗教形態は、生からの救済を求めるか、そうでなくてもその変革を求めるものであり、女性的な自然宗教のように、生を力づけようと努めるものではない。

女は結局のところ、救済を渇望せず、またそれを必要ともしないから、女の時代は、事実感覚や具体性や感覚的なものを、超感覚的なものの容器《うつわ》として尊ぶ一方、純粋な精神はそれを憎悪するまでに拒否する。女性的な価値の支配のもとでは、形体をそなえぬ魂や、肉体を持たぬ神のロゴスといった考え方は、その存在を主張しえない。探究精神の予感に対してではなく、生命を生みだす肉体の神聖さに対してこそ、自然宗教を信仰する人間は恭しく頭をさげるのである。諸価値の基準を定めるのが男性でない間は、生に関しての疑問など存在しない。女にとって生とは、それを解くために人間が最善の力を使い果たすような謎では決してないのである。女が問題性を除去し、思考性を追放するときは、自分の性質の最も内的な衝動に従っているわけである。女の時代とは成就の時代であって、憧れの時代ではない。およそ女の内に存在する精神的要求や精神的素養といったものは、すべて男が負うべきものとしてその双肩にのしかかっているのである。男は幽霊やものの怪を祓い、死者を埋葬し、不可解な力を遠ざける役目を負っている。埋葬の義務は死との関係において、お祓いの義務は霊との関係において、彼が新たに蘇ったことを示すものである。

自然宗教においては、神格は女性と考えられ、敬虔な人間の魂は男性と考えられる。男の価値が上昇するとともに、この関係は逆転する。人間の魂は女性の座を占め、神は男性の座を占める。というのも、いまや支配の原則を代表するのは男性だからである。母神は男性の神、すなわち父神によって排除される。かつては未婚の母であることこそ最高の神的価値を有するものであったが、いまやそれは、あらゆる肉体の重みから解放された神聖な精神のなかでキリスト教的変容をとげた、没女性的・男性的なるものにとって代ったのである。自然宗教の玉座に君臨するのは女性の神格であり、救済の宗教の玉座に君臨するのは男性の神格である。女性の神は臨産婦の創造の充溢そのものであり、男の神は救済の神である。両性の相違はこれほど深く宗教の本質のなかにまで及んでいる。そして両性の宗教的な対立のみならず、宗教間の性の対立というものも存在することは、これまでほとんど理解されていなかった。この対立から、我々はどうしても世界の究極的な根源のなかへ——世界創造と世界救済間の緊張として——この性の対極性というものを置いて考えざるをえないのである。男女両性を具えた太初の神に関する神話は、深遠な叡知の真髄としていまや突然全く新しい光を帯びて輝き、人間の救済が求められるべき方向を指し示すのである。すなわちそれは、一段高き統一において、世界創造の思想と世界救済の思想との間の対極的な緊張を除去し、和解させようとする試みのなかに求められるのである。世界の創造には神の本性の一面しか現われてはいないが、しかしそこにはすでに、創造されたものをその根源へつれもどそうとする意志として、もう一つの面が胚胎している。このことは、天地創造が救済を目指すものであることをいわんとするものである。このような考察によって我々は、宗教の性欲論的解釈以上のものを引きだすことができる。宗教とエロス精神および両者の相互の関係をとりまく最も深い秘密に触れながら、我々が主張するものこそ、神の本性とすべての世界の運行にみられるエロス的性質なのである。

過去三千年の人類の発展を考察するとき、女から男への変遷こそ、人間の歴史の主題を成すものであるように思われる。生命力という点からみると、それは先を急ぐ没落の歴史である。女よりも男の方がはるかに強く救済を必要とすることは、男の弱さの証明に他ならない。と同時に、これによって男の手に、一つのチャンス、すなわち、女や自然を征服する手段ともいうべき男性の精神性を与えてもいるのである。他ならぬ心の欠陥によってこそ、男性の内部には、これに対する有効な対抗手段として、救済の思想の、さらにはあらゆる沈思熟考、工夫、夢想の源泉である救済のモチーフが喚びさまされるのである。男性にとって自然はもはや満足できるものではないから、男性は精神文化の創造者になる。そして男性は自然を満足させないが故に、自然も男性を満足させない。自然の運び全体が呈する演劇は、男女の関係において繰り返される。生命力に劣るものは、精神面に専心することによって相手に打ち勝つのである。別の存在の秩序から、精神性という無敵の邦友を招き寄せるのである。このように、いわば生命力を使い果たして、最も疲れ切った被造物である、自然の病例ともいうべき人間は、美しく、完全で、元気はつらつとした被造物である動物に打ち勝ったのである。人間は、自己の器官を発達させ、それによって自己を守るということができないから、歯や鉤爪《かぎづめ》や距《けづめ》が役に立たなかったとき、いろいろな道具を発明したのである。人間は最も深い苦しみを担った動物であるばかりでなく、最も天賦の才にめぐまれた動物であり、世界の苦しみを担いうるその無限の能力の故にこそ、人間はその天賦の才を得たのである。

人間が動物に勝ったように、男性は女性に勝った。女性の方がより自然で、健康的で、はるかにすぐれた被造物である。自然そのままの姿をとどめる女性が本来、男性の創り出した文化に、男性ほど関心をはらわないのも、女性は男性に比べ文化を必要としないからである。男達によって創り出された文化は、性来の一つの欠陥から生まれたものなのである。それは自然から見れば、一つの逃げ道であり、当惑から出た所業である。しかしもっと高い見地から見れば、文化は深い意味を含んだ問題の解決でもある。自然は、より高き国から射し込む光を透過しうるようになるために、人間にまで、そして人間のなかでは男性にまでなりさがらねばならなかった。人間は、世界に満足することを苦々しく感じなければならなくなった。人間は、失われた神の故郷に対する思い出を蘇らせるために、自分が不幸であり孤独であると感じなければならなかった。女は自然を固執し、その生き生きとした牧草地にながながと横たわって、永遠に、いつまでも新たに生命を創造したいと願う。しかるに男は、生をのりこえようと欲し、このヴァイキング的な願いを世界憎悪や世界否定にまでたかめるのである。女は感覚体験によって感じ、それを宗教的体験にまでみがきあげる。これに対し男の方は、救済のモチーフに出会うや否や、救済を求める宗教的衝動から出発して、この衝動に救済手段としての男女の愛を付け加えるのである。女においてはエロス精神が宗教性を帯び、男においては宗教性がエロス性を帯びることになりうる。女の根源的体験は、その本質からすればエロス的なものであり、男の救済の欲求は宗教的なものである。

両性間のこうした根本的な相違は、今日ほとんど拭い去られてしまった。というのも女は少なからず変容をとげ、被害を受けながら男の時代へ踏み入ったからである。女もある程度まで男とともに変身し、自己本来の性質に逆らって、部分的にこの世界創造の思想から世界救済の思想への一般的な転換をなしとげたのである。女性は今日、宗教やエロス精神に創造的な愛ではなく、救済をもたらす愛を求める。救済のモチーフは女性の魂をも奪ってしまったのであるが、一方女性の側からすれば、いまや女性がその支配をうけることになった現行の男性のモラルによって、創造の歓喜を満喫することは許されぬものになってしまった。

救済のモチーフとは献身によって自己を満足させようとする救済の衝動である。その点に関して男性的であるのが救済の欲求であり、女性的であるのが救済の手段としての献身である。救済のモチーフにもとづく宗教とエロス精神は、女性の心的態度のなかに男の苦しみからの救いを求める。しかもそれは上位の価値に対する献身としての崇拝か、または、対等の価値に対する献身としての融合かのいずれかの形をとる。救済の宗教は男性の苦難、すなわち、世界苦から生まれるものであるから、その開祖、予言者、使徒とも常に男性である。しかし救済の宗教は、献身の能力に依存するものであるが故に、――例えば初期のキリスト教のように――その信者として多くの婦人たちをも得ることができるのである。

男性の救済の欲求が献身の代りに、(真に男性的な)所有本能と結合するとき、それは男性を傍若無人の飽くことを知らぬ征服者に仕立て上げる。そうなると彼は全一性に対する憧れから、常に新たな部分世界を獲得し、自分自身のものにしようとする。彼は己れの自我を世界全体にまで拡大しようとする。彼は調和を求めつつ、部分から世界の統一を再生しようとする。世界史の偉大な征服者たち、殊にナポレオンは、その宇宙的な衝動の点で、こうした超感性的な背景なしには決して理解できない。しかし、彼らの進む道は、世界の中心へ向かうものではなく、世界の周辺をぐるぐるめぐるものにすぎない。その道は、細分化を繰り返す現世の時間性から抜け出せないのである。征服の行為によってではなく、人間個人の献身によってしか、細分化のなかから全を獲得することはできない。この点にこそ征服者の悲劇性が、そして男性的な一面しかもたぬ人間一般の悲劇性が存在する。一人暮しの人は自分の孤独な生活のなかへ他人を引き入れることによって、なるほど外面的な孤独を除きうるが、しかし内面的な孤独は献身によってしか克服されえない。キリストの言葉にはこうした認識が含まれている。「己れの魂を失うことのない者は、それを得ることはないであろう。」救済のモチーフにおいては、献身の覚悟こそが救済の力なのである。

宗教とエロス精神というこの非暴力の両世界においては、強制によってなされるものは何一つとして存在しない。誰も自分の好きなときに、また好きな人に惚れるようなことはできないし、神がそれをお望みにならなければ、誰も神を観ることはできない。我々はただ献身の態度をもってしか、愛や愛にこたえてもらうことを期待できないし、それを感得しうるようにもなれない。我々は訓練によって、心をひらいた素直な状態には到達しうるが、それ以上のことはできない。我々は種蒔をまちうける耕されたばかりの耕土でしかありえず、その畦に種を蒔く種蒔き人そのものではありえない。身を捧げた者にのみエロスが立ち現われ、神々が姿を現わすのである。救済の愛が――エロス的な愛であろうと宗教的な愛であろうと――一度その人間をわがものにしてしまうと、それは――神であろうと人間であろうと――その愛する対象を愛の贈り物でみたし、自分の身すらも捧げて自らの命を犠牲にまでしようとする抗し難い衝動の形で、自分のもつ自己放棄の性格を指し示すのである。純粋な愛は犠牲と犠牲の悦楽のなかで、自己を完成させようと請い願う。真の愛は苦しみをもって自らを測る尺度とする。というのも、それは苦しむことができるからである。真の愛は、もし我々が普通の物差しでそれを測るなら、無意味、無目的としか映らないような、そうした行動に駆り立てる力を具えている。「献供の徳」のこうした充溢は、単なる幸福の願望（愛の結果として現われうる）以上のものであり、（神に対する愛を持った人間は決して回避せぬ）儀式上の犠牲の勤め以上のものである。ここには、献供の行為において個人という狭さから自己を解放しようとする厳しい強制力が作用している。愛の念を抱く者は、己れの自我からではなく他人の自我のなかから生命を得、感じ、考え、望み、行動する。彼は自己の存在の中心を他の者（神または恋人）のなかへ移すことによって、彼個人の重荷から自己を解放する。

愛の念を抱く人の献供と犠牲の行為もまた自己救済の行為であり、自発的な行為であって、単なる反応の態度ではない。この犠牲の衝動行為は――救済の愛自身と同様――献供者において始まるものであり、愛を受ける者や献供を受けるべき神格において始まるものではない。犠牲の衝動行為は、この点で利他主義《アルトルイスムス》と区別される。愛とは自己放棄による自己治療である。宗教にあってもエロス精神にあっても、愛は犠牲を通して孤独を克服しようとする。それ故、献供と犠牲の衝動こそ真の愛の試金石である。だからキルケゴールは、「自己否定の愛は、私というものをもたなかった、まさにそのことによって、神を得、すべてを得たのだ」といいえたのであった。犠牲をいとわぬ献身によってしか、我々は完全なものを捉えることはできない。献身とは、完全なるものを求める行為である。真の愛は「自分の利益を求めない。」（コリント人への第一の手紙一三の五）献身は私利私欲を打ち挫く。他人のために生きることを教え、耳を傾けて共感し、他人の生命に融け込むことを教える。己れ個人の限界や、個人がそのなかで縛られていた孤独の限界を打ち破る。これこそが愛のなかの救済の力であり、解放の力である。何人も愛なくしては、自由とは一体何かを知ることはできない。力への意志は我々の世俗的な個人としての特徴を強める力を持っている。力への意志は、こうすることによって、生涯我々を現世の鎖につなぎ、愛に支えられた自己脱却からのみ現われる真の自由を、偽りの自由のように見せかけるのである。

最も下等な動物にもすでに無意識のうちに、エロス的な犠牲本能が働いている。これらの動物は分裂を繰り返して繁殖する。繁殖する生きものは、自己の生存を断念することになる。ちょうど、これよりもはるかに高度な愛の犠牲が神聖なものの分け前に与るためのものであるように、この無意識の犠牲は種族保存のためのものである。それ故、いかに単純な生殖現象といえども、すでに神秘に満ちたやり方で、自己解脱の衝動と結合している。そして生の創造と生の救済とは、自然の最も暗い奥底で既に互いに絡み合っている。いわばこれは、最初から世界が自己の救済を目指し、その可能性を一段一段と展開させるものであるという、すでに発見された認識の新たな証明にすぎない。救済の愛とは、――たとえば神の愛や男女の愛として――己れの自我から出て未知の他の実体のなかへ不断に入り込んでいく行為に他ならない。自然は、個人をその自我の殻から引き出し、彼に絶対的な統一性の体験を得させるという最も素晴しい試みを、この愛を通して行なうのである。人間がこの救済の愛に襲われると、絶対者が彼の心を捉えることになる。この愛独自の魅する魔力はここから来るのである。我々は恋人を「魅力的」であると思うし、彼女の「魅力《シャルム》」をほめるが、そうすることによって、エロスの世界へ宗教的な表現を移植しているとは全く気づかないのである。というのも、魅力《シャルム》はもとはといえば、インド語の梵(brahman)と同様、祭司が神々に呼びかける宗教的な呪文の歌を意味する carmen(詩歌)から来ているからである。神の愛に捉えられた者は、神にとりつかれた（ἔνθεος）のであり、「熱狂した」振舞をする。この単語もエロスの世界の語彙のなかに吸収されてしまった。（たとえば、ジョルダーノ・ブルーノー〔一五四八―一六〇〇。イタリアの汎神論を代表する新プラトン主義の自然哲学者。ヨーロッパ各地を巡って教えを説いたが、最後ローマで異端者として火刑に処せられた〕のような多くの思想家は、感激と愛とを同一視している）。救済の愛は、まず人間を自分ではどうしても説明のつかないような烈しい不安につきおとすことから始まるのである。そしてその人間自身が変りはじめるから、すべてが変ってしまったように見えるのである。この人間の変身にこそ、救済の愛の意義がある。そして絶対者が人間の魂の中へ宗教感情の形をとって入り込もうが、あるいは男女の愛の形をとって入り込もうが、それは本来の性質からしても、またその作用からしても、全く同じものなのである。そしてその結果としていつも、魔法にかけられた魅惑の状態が現われる。人間は、己れの世俗的な自我から逃れようとする。人間は喜びにつけ悲しみにつけ、現世の無常をのりこえて成長して行く。この自己脱却のなかにこそ、救済の愛の、言葉では言い表わせぬ苦痛即悦楽の境地が存在する。もしその人間から再びそれが立ち去ってしまうと、彼は寂寞の思いや見捨てられた孤独感や窮乏の気持を抱きつつ、再び空虚な日常性に埋没してしまうのである。神秘主義者たちは、陶酔からさめると、そのさめた状態（siccitas）に、すなわち、愛が消えるとエロスの世界にも現われる感情の硬直の状態に不平をこぼすのである。生にその価値を授けていたまさにそのものが、愛とともに消え去るわけである。どんなに生まじめな人をも詩趣溢れる言葉を口にするまでに鼓舞してやまぬ、あの陶酔した燃え立った気分は消え去ってしまう。もはや世界が絶対者の光に照らされず、輝きを失うなら、世界は我々の前にひろがる沙漠にみえるだろう。我々が我々の愛のお蔭で持っていた完全な価値は消えてしまった。我々は太陽を失った天を凝視している。およそ、救済の愛の魔法の作用と愛の死による魔法からの覚醒作用とを自分の体で経験した人は、全く愛の念を抱かないでおくよりも、不幸でも愛することを欲する。そのような人には、ポルトガルの尼僧マリアンナ・アルコフォラード〔一六四〇―一七二三。リルケのドイツ語訳によっても有名な情熱的な恋の手紙『ポルトガル文』の作者。ただし最近の研究では、手紙の作者はガブリエール・ド・ギューラージュとされるに至っている〕が我が心の人に、「あなたによって私が絶望の底に突き落されたことを私は心の底から感謝しています。あなたを識らない前に私が生きていたあの静けさを憎んでいます」と書き送った意味がよく理解できる。真の愛の念を抱く者は、現世の快的な状態の、苦痛を知らぬ無関心な生き方よりも、神や恋人によって与えられる苦しみ、すなわち信仰の悩みや愛の悩みをむしろ求めるのである。――人間を虜にしてしまうものこそ、宗教の場合のみならず男女の愛においても、やはり超個人的なものに他ならないから、人間はこのような状態を自分の行為とは感ぜず、受難と感じ、パトス（pathos）とかパシオ（passio）とか感動《アフェクト》（Affekt）とか情熱《ライデンシャフト》（Leidenschaft）とかと呼ぶ。その人間には、苦しむような事柄が生じるわけである。その人間がとても抵抗できないと感ぜざるをえない異様な力が、彼の現世の存在のなかへ飛び込んでくるのである。

救済の愛は、絶対的な全から出発し、それに立ち戻ろうと努める。それ故に、その愛は熱狂的なものである。「あらゆる熱狂には統一の意味が、すべては全に依存しているというしるしが含まれており、制約をうけぬ何か絶対的なものとの連帯の意識が、いわば名状し難い目標に心を奪われてしまった状況というものが含まれている。」（カール・ヤスパース『世界観の心理学』一一八頁以下）熱狂とは統一の体験と統一への努力にともなう心の感動である。熱狂的な興奮状態にある人は、現世の諸価値のなかに超現実的な価値を見、行動によってそれを把握することが可能であり、それはその人固有の行為でもある。こうしたことに圧倒されると、彼は「我を忘れてしまう。」愛による熱狂とは、プラトンが「狂気は冷静さよりもはるかに尊い。というのも、後者は常に人間のなかに在るにすぎないが、狂気は神々から来るものであるから」という非ギリシア的な文を書き表わし、神々の贈り物と名づけている（『パイドロス』のなかで）あの狂気の一形態である。陶酔した自己脱却のこの状態は、決して個人的な桎梏を打ちくくことも、また超現実的な体験を内包することもない単なる同情とはいかにかけはなれたものであろうか。愛の念を抱く者は無限なるものの輝きのなかに有限なるものを見る。そしてそのなかに永遠性を、神格の象徴を捉えるのである。まさにこの理由から、エロスの世界にも（宗教においてだけではなく）崇拝する愛が存在する。同情の念を持つだけの者は、その同情を寄せる対象を、愛の場合と同じようには決して扱わないものである。

救済の愛は、熱狂の感情として宇宙的《ウニベルザール》なものである。この愛は、愛を抱く者を神および世界と和解させるのみならず、彼自身とも和解させる。それは唯一の、圧倒的な感覚のなかに、他のあらゆる感情を集め、いわばそれらを溺死させることによって、愛を抱く者をその内的分裂から救い出す。その愛は一つに統一し、結合させようとする力によって、傷を癒すのである。全なるものに身を向けると、その人自身も一つの全なるものになる。

救済をもたらす愛ではあらゆることが問題になるから、愛を抱く者はあらゆることに対する覚悟が、自分で自分を傷つけ自分を滅却するほどの覚悟すらできている。だから殉教者は自分の神のために死に、不幸な恋をする人、すなわちエロスの殉教者は自殺に走るのである。この、恐ろしい結果を招く不幸な愛の現象は、男女の愛がもつ絶対性という性格からのみ演繹されうるのである。ニーチェが嗤ったように、恋する者にとっては「小娘」が問題ではなく、己れの人生の意味が、神性であることとの彼自身の象徴と比喩とが問題なのである。不幸な愛の恐ろしさは、ニヒリズムに、すなわち、神が我々の前から姿を消したとき、ぱっと口をひらくあの身の毛もよだつ空虚感によく似たものである。決してそれは、人間がエロスの世界においてばかげた錯覚によって恋の勘違いをしたり（スタンダール）、あるいは自然に裏切られたり（ショーペンハウアー）するといった類のものではない。我々が男女の愛をかくも真剣なものとして受け取るのは、決して愚かさの故でもまた種族の勝手に思い込んでいる目的のためでもない。我我は、恋をする際にはいつも知らず知らずのうちに、絶対的な価値や己れの救済を得ようと苦心しているからこそ、このようにそれを真剣に考えるのである。エロスはまさに神聖なものに奉仕するものであるが故に、我々にとって神聖なのである。エロスのもつ永続性や永久化への衝動はこれに由来しているのである。エロスは束の間のはかないものをしっかりと捉え、それを不滅のものにしようとする。恋するものは「永遠の愛」を誓う。しかも、事実、愛は永遠性にしっかりとすがりついている限り、不滅の存在である。享楽愛は永続きしない。肉体は肉体をながく魅惑し続けることはできない。それ故、純粋なエロス精神は、肉体が結合し合う前に魂が一つにならなければならないと要求する。男女両性の関係がセックスに委ねられてしまうと、いかなる愛好の気持も、忽ちのうちに消えうせてしまうのである。というのも、次元の低い自然の性質の領域では、分裂、多様性、変化変転の法則が支配し、統一や永続性の法則は通用しないからである。救済をもたらすエロス精神の絶対的な自然的性格、すなわち統一や永遠性にひきつけられるその性向のなかにこそ、別れることのありえぬ一夫一婦制の形而上的な正当性の主張と、秘蹟への高まりの動きとが横たわっている。

救済の愛は絶対者、すなわち完全無欠なものに由来しているからこそ、人間を仮借なく駆り立て、己れの完全さを求めるように仕向けるのである。不断の上昇運動こそ、この救済する愛特有のものである。その愛は、我々の存在の欠陥やもろさを感じさせる力を持っている。これによって、その愛は欠点を除去し、完全な人間性にまで自分を磨き完成させようとする情熱的な衝動を喚び起こすのである。宗教的な愛にとっては、このことは何の造作もなく明白なことである。宗教的な愛の虜になった者には、むなしい自己満足で自分を駄目にしてしまう危険はもはやない。彼は、神の面前で自分の進むべき道を決め、永遠性の尺度をもって自分の仕事の成果を測る。絶対者が良心の声を通して彼を己れの身許へ喚び寄せるのである。神は生きておいでになり、人間を愛してくださるのだという考えによって、人間はどうしてもこの愛に値するようにならなければならぬという気持にさせられる。神の愛とは、我々が余りにも人間的なもののなかにとどまったままでいることを許さない道徳力なのであり、それはまた同時に、我々をして殉教に耐えさせ、死を克服せしめる生命力溢れる力でもある。それは我々をして全一性に近づけるものでもある。我々がより完全に、より善良に、より強くなっていくことで、我々はそれをはっきり知るのである。救済をもたらす男女の愛に関しても同じことがいえる。恋する人がそばにいることによって常に我々の名誉欲は増大し、我々の勇気は何倍にも倍加するのである。恋人のことを考えるだけで、我々は自重して罪や無気力に陥らないようになる。「私はあなたの愛に値するために、三重の火で浄化されたいと思っています」とゲーテは、シャルロッテ・フォン・シュタイン夫人〔一七四二―一八二七。ワイマル公国の主馬頭の夫人。十二年にわたる親密な交友によってゲーテの人間および詩人としての成長に大きく貢献した〕に書き送っている。『饗宴』（第六章）のなかでプラトンは、「恋をすると徳や美のたりなさが感じられるようになる。恋するものは恋人に対して最も強く自分の欠点を恥じるものである」と、この点を強調している。しばしば恋は実に、自己告発や禁欲や和解の試みをもって、浄化や高尚化という自分の仕事にとりかかるのである。まさにこの点でこそ、恋はその絶対的な自然の性質を実証している。エロスの愛を抱く者は、愛する人の心のなかに理想の姿として宿るような男にまで、自分を高めようとする。彼は、愛する人が彼について抱く理想像に自分を同化させることによって、その理想像を正当化しようとする。「愛する人よ、お前は私よりもすぐれた私だ」とシェリー〔一七九二―一八二二。イギリスのロマン派の詩人。特に抒情詩人としては屈指の存在である〕は告白しているし、またプラトンは、「愛し合う者たちの一軍団が全世界を征服するかも知れない、それほどにエロスは人間を完全なものにするのだ」という考えを述べている。（エロスの焔に燃えて無敵なる姿に見えた、あのレオニダス〔スパルタの王、紀元前四八〇、ペルシア戦役の際テルモピレの防衛戦で戦死〕の神聖な一隊のことが思い起こされる。）

エロス精神への道は常に下から上へ、現実から立ちのぼって理想へ、ヘラクレスがいうところの統一の再現以外のなにものでもない調和へと向かうのである。愛するということはすなわち、自身が魔法で魅了されていると感じることである。しかし、相手を魔法にかけ、うっとりさせることのできるものは、完全なものか、または完全だと映るものだけである。愛は、我々が卓越しているとみなすものに触れて燃え上がる。卓越したもののみが我々を救済しうるのである。しかし愛は同時に、我々が相手の愛を獲得し、それに値しうるために、その人と同じようになろうとする衝動を喚び起こす。このように愛は、エロス的愛もまた、人間であることとの完成を目指そうとする努力になるのである。愛する故に我在り(Amo ergo sum)。我々は愛するときにのみ、また愛するからこそ、より高き意味で存在している。汝を完全ならしめるためにこそ恋をせよ！ ――『饗宴』の二十八章でプラトンは、彼のエロスの道の段階を次のように披瀝している。「まずはじめは一つの肉体を恋い求め、それから美しい肉体すべてを恋することになり、次に魂の美、すなわち、人間の営みの美しさが、そして最後には美そのものが、すなわち美の理念が恋い求められるのである」と。しかもこの美の理念は、プラトンの場合、調和と同義なのであり、調和とは全なるものの犯し難い神聖さに他ならない。恋する者たちのたどる上昇の道は、「一つの驚嘆すべき、本質的に美しいもの」を見るとともに終りを告げるという。恋するものは一段一段と神の観照にまでのぼって行くことによって、自己を完全なものにするのである。愛は諸価値の後につづくものではなく、価値そのものを生み出すのである。だからこそ、プラトンはパイドロスをして「愛する者はその愛を受ける者よりも神聖である。彼のなかにこそ神がおわすのである」といわせている。救済のモチーフ、すなわち神性のこのささやきの声は、愛のはかなき諸々の対象よりもずっと以前から存在している。求めることは、求められる対象に先行するものである。このように、ミトラ教〔古代ペルシアの宗教。ミトラは、インド・イラン民族が前三世紀頃に信奉した太陽神〕における太陽神《ヘリオス》のごとく、エロスもまた人間と神との仲介者である。しかし、神々のもとへ導く働きをするものは、それ自身神聖なのである。従って、エロス精神は一つの宗教的カテゴリーということになる。別のいい方をすれば、救済のモチーフによって担われた男女の愛と宗教の愛はその本質において同じものである。

救済の愛は、人格を基礎としてその上でのみ成長する。我々が愛するところのものは、個人でなければならず、決して事物や不確かな実体ではない。さらにそれは、一個人でなければならず、決して多数の個人ではない。貪食本能は求めるその対象を自分と対等であるとは決して認めない。それは、愛する女を卑しめて快楽の商品に化し、単なる対象や単なる物に引きずりおろしてしまう。物ではなく、個人しか個人のための救済者になりえない。宗教において神の個人性が否定される場合には、決してほんものの救済は存在せず――仏教や十七世紀の静寂派神秘主義におけるように――熱狂的なすべての感動とはおよそかけ離れた、生きた肉体における精神の休止、無限の大海に水滴の沈むがごときものが存在するにすぎない。救済の愛は、我々が愛する対象の単一性を目指し、それに照準をおいている。それは多数を排し、宗教においては多神教を、エロスの世界においては一夫多妻（ないしは一妻多夫）を排する。救済の愛は、たとえば宗教では一神教、エロスの世界では一対主義といったように、一なる愛、すなわち一者に対する愛である。

自然宗教とそれに仕えるエロス精神は、特定の個人の特定の個人に対する感情にもとづくものではない。創造の歓喜は己れの内部から非個人的な行為の宗教を生みだす。この宗教にとっては個人が神聖なのではなく、敬虔な相愛の二人に象徴されるところの、母の産む原理と父の孕ませる原理との間の性的な緊張こそが神聖なのである。自然宗教は、この世ならぬ崇高な二者連帯を目指すもので――救済宗教のように——一神教を目指すものではない。創造の歓喜の神としてディオニュソスは伴侶を求めた。まず最初にデメテルを、それから次にアフロディテを求めた。彼が救済の神に変身すればするほど、彼の力はより一層普遍的なものになった。遂に彼は、六人目の世界の支配者として、ひとり神々や人々の上に君臨した。信仰者たちは、救済をもたらすものは一なるもの、万有を包括するものでしかありえないと感じた。それ故に、彼らはディオニュソス的な、神聖な行為の宗教を、神聖な、救済者個人の宗教に変えてしまった。創造の歓喜の信者は、神聖な愛の行為を愛する相手の人格によって左右させたりすればそれは重い罪になると考えた。宗教儀式での抱擁の際、祭司や神殿侍女の個人的な特徴に注意を払って彼らを観察したような信者があるとすれば、その者に災いあれ。この場合には性的な行為の非個人性こそが、この行為の神聖さの前提になっていたのである。個人に対するいかなる注視もその行為を不潔なものに引き入れてしまっていたであろう。自然宗教の、選り好みせぬ男女両性の混交は、動物的なものでもシニカルなものでもなく、むしろ崇高なものである。性の神聖な無差別性というものも存在するのだ。神聖なものと卑俗なものとはこのようにすぐ隣り合って並んでいるのである。

　救済のモチーフは、宗教とエロス精神に分かれるこうした分裂を克服するものである。男女両性間の関係がこの救済のモチーフによって強く捉えられれば捉えられるほど、この関係は恋する者に対して——交代も代理も不可能な形で——救済をもたらす全なるもの、ないしは救済をもたらす完成力を体現しているある特定の個人との繋がりを、それだけ一層強めることになる。そしてこの個人との結びつきは、死をも超克するほどの強靱なものになりうる。オルフェウス〔ギリシア神話に登場する歌と竪琴の名手。妻エウリディケが死によってうばい去られたとき、冥府の神々の心をその歌で動かし、彼女を返してもらうようにしたが、冥府から現世へたどりつくまえに、命令に反して彼女をふりかえってみたため、彼女は再び冥府へひきもどされた〕はエウリディケを悼むその悲しみを拭い去ることはできなかったし、ゲーテのコリントの花嫁〔ゲーテの同名の物語詩に出てくる主人公。古代の官能の喜びとキリスト教的禁欲とが対照的に描かれている。一七九六年の作〕は墓のなかからさえ、定められた愛する男のもとへ赴くのである。恋する男性は自分の相手を選ぶその選択のなかでこそ、自分の本当の心の底を、自分自身の秘密を明かすものである。性的な魅力の謎は、我々の形而上的なもののなかにまで深く入り込んでいる究め難い人格の謎と結合しているのであり、こうした人性の超越的な性質に対して我々の目をはじめてひらかせたものこそ、他ならぬキリスト教であった。これによってキリスト教は、エロス精神に対してその最大の功績の一つを果したわけである。夫と妻という人間個人の絶対的な価値の承認なしには、救済の愛の発展などありえなかったであろう。もし人間個人に対しても絶対的な価値を認めないなら、このような愛に対して決して絶対的な価値を認めうるものではない。人間も他のいろいろな動物とともに、一つの動物でしかないと思う人にとっては、男女の愛も、他のいろいろな激情と変らない一時的な激情にすぎず、嫉みとか激昂とか怒りとか憎しみなどと本質的に違わないものになる。アリストテレスはこのように考えていた。だからこの点でも、プラトンの永遠の敵対者だったのである。人間の魂について独自の理解をもったキリスト教によってこそ、はじめてエロス精神に関する諸問題が、絶対的なものにまで深まることが可能となったのである。こうしてエロス精神の使命はもはや二つの死すべき肉体を互いにそわせ、一つにするという点につきるのではなく、むしろそれは、二人の存在の不死なる命を互いに協力し合うようにせしめる点にこそ求められることになった。キリスト教の教えによれば、二人の人間を結び合わせるということは、とりもなおさず二つの絶対的な偉大さを結び合わせることなのである。人間個人をこのように深く考えること、すなわち、人間個人を世界の神の中心へ繋ぎとめようとすることは、最初一目見ただけでは、個人の孤独を克服し難いものにしてしまったように映るのである。しかし本当は、こうすることによってのみ、孤独を打ち破る道が現われるのである。というのも、人間が絶対的なものに触れうるところでしか人間は互いに相手のなかへ融け込み、精神的な単一性へ融合していくことができないからである。単に物質的なものは分裂の法則に支配されているから、我々が自己の個人性を捨て去ることを決して許しはしない。キリスト教的・西洋文化圏においては、地球上の他のいずれの地域にもその例を見ないほど、真剣にエロス精神やそれが秘めている謎に取り組んできたというのも、もとはといえば、それはこうした人間の心に関するキリスト教的理解にまで溯るものなのである。

救済の愛は、個人を基根にしてそこから芽生えるものであって、創造の歓喜のエロス精神のように種族の源から発生するものではない。宗教においては、殊に神秘主義が、すなわち最も敬虔な信心のこの形態こそが、神に対する人間の関係を個人的なものに作り上げたのである。神秘主義者は、すべての人たちの神でありながら、すべての人たちに対して決して同じ顔を見せることのない「自分の神」に対し、全く独自の関係に身を置くのである。神秘主義は、神に対し己れを一回きりと感じるまさに一回性の愛と、神の愛も個人的なものとして受けとめられるべきだという信仰とを培ってきた。神秘主義とプロテスタンティズムとは、その依って立つ基盤は異なるものの、この点では全く一致するのである。

救済の愛は、エロス世界では愛する対象を前にして、また宗教にあっては神の表象を前にしてそれぞれ立ち現われる。無意識の衝動として、未知の目標を求めてさまよう憧れとして、あるいは愛に燃える者が神ないしは恋人の姿として心に抱く特定の像のぼんやりとした光の輻射として。心に描く内面の像は、愛を抱くその者の本性と切り離すことのできないものである。内面の心像はその人の魂の奥底にまで刻み込まれている。その人が己れの救済にとって必要な一人の個人を見出すために、その像の反照は異性の者たちを休みなく探りまわる。ある個人がその内面の像に似ていればいるほどその個人は我々をますます強く惹きつける。そして我々が、心に描く像に全く一致するような、いわば心を満たす人物としてこの心像の額縁にはまる人間に出会ったとき、多分我々は狂喜すると同時に狼狽して、とびあがらんばかりに驚くことであろう。我々は間違うことのありえない本能によって、目標に到達したことを告げられるのである。我々は、この一人の人間はずっとまえから識っていた筈だ、この人間に関して体験することはすべてもう一度は体験したのだという印象を受けるのである。現実の世界においてあとから確認されるものがすでに我々の憧れのなかに与えられていたからこそ、この場合に我々の存在は以前の存在の繰り返しだという気持になるのである。我々の内面は、もとからして、外部のものに対し用意されていたのである。救済をもたらす愛の虜になった人は、本来恋人の現世の姿を恋したっているのではなく、恋人の姿をして現われた己れ自身の憧れの像を恋したっているのである。彼は自分の理想の化身に恋しているわけである。あらゆる性質の点でその人が心の像に一致するか否か吟味することなど、彼はまっぴら願い下げにしたいのである。ゲーテはシャルロッテについて、ケストナー〔一七四一―一八〇〇。ヴェッツラーの公使館書記で、ゲーテの『若きヴェルターの悩み』のモデル、シャルロッテ・ブーフの夫。彼女とは一七七三年に結婚。その後ハノーファーに住む〕に対し「彼女にすべてがそなわっていることなど全く知らなかった。というのも、僕は以前から彼女があまりにも好きだったので、彼女を注意して見るようなことは一度もしたことがなかったからだ」と書き送っている。これほどまでに彼の愛の力点は、現実の姿ではなく、彼の心のなかの像に置かれていたのであった。ゲーテはエッカーマン〔一七九二―一八五四。一八二三年からゲーテの書記。有名な『ゲーテとの対話』（一八二三―三二）の著者〕によって再現されている彼の見解のなかで、もっとはっきりとこのことを述べている。「婦人たちについての私の考えは現実にある姿から抽象されたものではなく、生まれつき私にそなわっていたか、または私の心のなかで出来上がったものである。どのようにしてかは神のみぞ知ろしめすのだ。」彼はこの言葉通り、タッソー〔一五四四―九五。アリオスト後のイタリア最大の叙事詩人。ゲーテは彼を主題にした五幕ものの劇をかいた。『トルクヴァトー・タッソー』（一七八九）〕に関しレオノーレ〔ゲーテの『タッソー』のなかで、タッソーから愛されるフェララの皇女〕に次のように語らせている。「彼は我々を恋しているわけではありません……方々の世界から自分の好きなものを取ってきて一つの名前をつけるのです。」

ダンテも同じようなことを詠っている。

ひとたびも休むことなき想像力は、彼女を抱きとどめし
わが精神以て、彼女をかくも飾りたてやする。
彼女は自らかくも高貴なる宝に選ばれしものにはあらず、
さにあらずして、自然には認められたる例《ためし》なき
彼女のかくなる勇気は、わが力に負うるものなり。

想像力に助けられて、恋する者は自分の恋人の姿と理想との間のギャップを見逃すことになってしまう。想像力は彼のためにさらに大いに尽しうるものである。もしどのような女性も自分が描いている心の像にどうしても一致しない場合には、愛に飢えた人の目にはその人の最もその人たりうる本質の根底から彼を、ただ彼のみを救済すべき運命を担った理想像が想像力の魔術によって立ち現われる。シャトーブリヤン〔一七六八―一八四八。フランスの作家で政治家。ローマン派の先駆者とみられ現実描写よりも、夢想的メランコリー、感情衝動を重視した作品を多く書いた〕は、いかなる女性にももはや満足しえなくなったとき、自分の孤独の伴侶として恋人の人体模型を作ったし、ピグマリオン〔ギリシア伝説の人物でキプロスの王。自分の作った彫刻の乙女ガラテヤに激しく愛着し、アフロディテにたのんで生命を吹き込んでもらって妻にした〕は感情を持たぬ大理石に、自分の憧れの息吹きを吹き込んだ。彼は自分が作り出したものを恋したのではなく、恋いこがれるものを作り出したのであった。しかしながら彼には、恋い求めるものが手で捉えることのできる具体像となって自分の前に現われたとき、すでにこれまでひそかに恋し続け、自分のあらゆる創作活動のなかで求め続けていたものに、自分はいまはじめて惚れ込んだのだと思われたのである。

　心に描く像の、肉体をそなえた姿に出会いたいという希望が、絶対的な欲求として我々の心のなかに燃えているからこそ、我々はむしろよろこんで思い違いをし、愛する人を実際よりも良いように思いたいのである。恋する者を盲目にするのは恋人ではなく、彼自身の恋心であることこそ、恋する男にとっての危険性なのである。そして、救済の衝動がある特定の人間に一旦まといついてしまったならば、その人は、その思い違いを頑強な態度で固執し、決して改めようとはしない。彼は完全なものに対する己れの要求をむなしくも不完全なものに費やして、それでいて、どうしても自分のしくじりを認めようとはしない。己れの衝動の具体化した姿を見出したと信じている絶対的欲求は、もう二度とその姿から離れることはできない。そうした際にはしばしば、恋する者は全く馬鹿者だという印象を受けるのである。しかし本当は馬鹿という代りに、悲劇だといわねばなるまい。我々があれほどの情熱をもって完全なものに出会おうと切望しながら、そんなものには滅多に出くわさないことこそ、あらゆる悲劇のなかの悲劇ではないだろうか。絶対的、個人的救済衝動が誤った方向をとり、求めた対象を取り違えることは、エロス精神においてだけではなく宗教においても、その衝動が陥る危険性なのである。この誤った真実を頑強に固執することに関し、アウグスティヌスは次のような感情こまやかな所見を述べている（『告白録』一〇の二三）。「しかし、なぜ真理は憎しみを生み出すのであろうか……。それはひとえに真理が次のような仕方で愛されるからではなかろうか。すなわち真理以外の他のものを愛する人はすべて、自分たちの愛するものが真理であることを望むし、また欺かれたくもないから、自分たちが間違っていることを認めようとはしない。」救済をもたらす一つの完全なものを得たいという抗し難い衝動は、宗教にあっては間違った真理に、エロス精神にあっては間違った恋人に、すなわちどちらの場合にも、偶像崇拝に鎖で身動きのつかないように縛られてしまう危険をいつも冒している。しかしいまこの衝動が、心のなかの愛の像と一致する人に出くわしたときには、「恋は盲目にする」ことにはならず、「恋は目をひらかせる」ことになる。そのとき、恋人自身のなかの、あるかくれた価値に対して我々の目をひらかせるのは、我々の心のなかの像の輝きに他ならない。ゲーテはシュタイン夫人の、こうした真の悟りをもたらす愛の目差しを称えたのであった。

死を逸れぬ目にはかくも見通し難き目差し以て、
汝は我が身を解き放ち給いき

恋する者にのみ、一人の人間の真の本質が、その人の全体像が、その人の絶対的な中味がヴェールをとって姿を現わすのである。だから恋する男性は、恋する相手の女性がわが身を知りわが身を愛する以上に、彼女をよく知り、彼女をより一層愛するのである。彼には、彼女が持つ完全なるものの可能性や彼女の本質の理想性がよく見えるわけであるが、彼女のその実際の姿は全く目にはいらない。彼女が事実ほんの僅かばかりそうした素質をうちに秘めているかも知れないその特長も、彼の目にははっきりと見えるのである。彼の目に映るのは、すぐれた方の彼女である。「愛の目差しは愛する者のなかに、神の完全性とその永遠性を感知し、決して欺かれることがない。」（A・コーマラスワミー）愛とは、愛の対象たる恋人が自らの本性の不死の部分で、神聖なるものに触れたその場を我々が確認して、恋人がその神聖なるものの象徴であることを承認する能力を我々に授けてくれる力である。このような力こそ、当然神々に由来するものではなかろうか。

一人一人の人間において齢の数を重ねるごとく、人類にあっては文化の洗練の度を加えつつ、個別化はどんどんと進んで行くのである。人間の身体《からだ》の発展とは、とりもなおさず、その身体が自ら特別の運命によって種族の類型的特徴からどんどん遠ざかっていくことに他ならない。克服したあらゆる病気、機械的なあらゆる抵抗、あらゆる衝撃、あらゆる心の負担はその肉体にそれぞれのしるしを残し、他の肉体からそれをはっきりと際立たせるのである。動物の身体の歴史は、前進する個別化の歴史である。人間の、殊に男性の心に関しては、ますますもってこのことが当てはまる。人間の心は、年齢とともに、極めて個人的な体験、秘密、経験を積み重ねて行く。人生は、そこで生ずる出来事とその体験の在り方との一回的な性質を通して、個人と個人との間をどんどん引き裂き、その結果一人の人間の一生とは、ただ彼だけに、もしくは極く少数の人間だけに関わり、しかも彼の孤独化を一層強めるようなそんな事件を記録した目録と化すのである。どんどん進んでいく個別化、すなわち、増大していく孤独こそ、人間の悲劇的運命ではある。そして人間が孤独になればなるほど、一層はげしく救済を渇望する。ここにこそ、世界悲劇の真意が明白に現われている。すなわち人間は、自分の内部で自己放棄の欲求が抑制できないまでに高まらんがためにこそ、ますます個人的で孤独にならなければならなかったのである。この発展のあるきまった段階で、人間は自分であるところのすべてのもの、すなわちすべての力、すべての本能、すべての夢とともに、愛の手に、エロスの手に、そして神々に惹かれる心の誘惑に陥らざるをえなかった。あの救いをという一叫を口にしながら。すなわちそれは、完成すること、ないしは完全なものに融け込むことを意味した。生来の天性は、結局自ら戸を開き、救済のモチーフを受け容れるようにできている。それは、救済の愛を予定して、それを目指すような形につくられている。しかも救済の愛は常に個人的な愛なのである。すべての生の発展成長を支配している進み行く個別化の法則に従って、人間は個人的な愛に到達しなければならなかった。ただ個人的性格の強い、我儘な一人の人間においてのみ、偉大なる愛は例外として、また極く稀な出来事として成立しうるにすぎない。その前提には大いなる孤独がなければならない。偉大なる愛は、必然的に稀なる愛であり、それは神に対してであれ人間に対してであれ、稀な性質を持った人たちの愛ということになる。——人間が個人的なものに作り上げられれば上げられるほど「自分の神」を、そして自分に合った人間を見出すことがますます必要になり、同時にまたそれはますます困難にもなる。しかし、もしそうした人物を見出したときには、その魂は最も恐ろしい緊張、最も深い憧れからしか成就することのない救済の陶酔のなかへ没入してしまうことができるのである。それ故に、救済の愛の問題性は、それが担っている可能性の力学とともに、どんどん大きくなっていくのである。偉大なる愛が成立しうることはますます不可能になる。がしかし、もしそれが成立しうる場合は、それだけ一層素晴らしいものになるのである。多数の人々の失望と孤独という代償を払って、世界の流れは小数者の、選ばれし人々の救済を手に入れたのである。

救済の愛は、恋する者の関心を固定させ、愛する対象と関係のないすべてのものを排除するか、または覆い隠す点において、その絶対性という性格を示すものである。信仰を持った人や恋に熱中している人にとっては、我々は彼らの感情の表面をくすぐるほどの意味しかもたないといった風な態度で、彼らは我々の間を濶歩する。彼らの目には、現実の世界も消えうせて、一つの夢の姿になってしまう。存在の重点、その充実性や価値は、彼らが愛しているもののなかにこそ在るわけで、この愛するもの、すなわち恋する男性にとっては恋人が、敬虔な人にとっては神格が常に彼らの意識にのぼり、身近に存在しているのである。真の愛は、たとえ二人が別れ別れになろうと、少しも影響をうけない点でこそ、まさに真の愛といえるのである。真実なる愛は、周りの世界に対して無関心にさせるものである。特に他人のエロス的な魅力に対しては無感覚にしてしまう。「二度惚れることはありえない」とは、一一七四年の愛の法典の定義である。一人の女性を心底から愛する者は、もはや他のいかなる女をも注意してみるようなことはしない。心の底からのやむにやまれぬ気持から神を愛する者は、その神と同時に他の神々を求めるようなことは決してしない。その人は、救済をもたらすただ一つのものが完全な全一の姿をして現われ、ルーズなかたちで併存している他の超俗的な実体に決して分かれてしまわないように常に願うことであろう。

神秘主義者は、他の誰よりも心から熱烈に、神に愛着を抱いている。それ故に彼は、他の誰よりも世間に対して無関心である。彼は世間に背をむけ、日常の問題に対しては禁欲的な態度をとり、見たところ不機嫌そうで、また拒絶的でもある。しかし神秘主義者のペシミズムは、エロス精神において早くから関心の固定化として認識されていた現象と同一のものなのである。神秘主義者は神に対する愛によって完全に満たされているが故に、世を捨てるのである。彼の救済の要求は「神と魂」に集中してしまっていた。世間はこの関係のはるか彼方に横たわっているから、丁度恋に夢中の男性が自分の恋人の姉妹たちを見すごすように、敬虔な人はそっけなく世間を見すごすのである。「敬虔な魂はまるで神以外には何も存在せず、魂そのものがあるにすぎないと思われるほど、神と一つにならなければならない……。魂は自らの力や潜在力とともに全魂こめてその主であり神であるものに集中し、それと一体になって一つの精神と化し、神以外のいかなるものにも思いをはせず、神以外のいかなるものをも感じたり認めたりしない」（『十字架にかけられし神について』、四）、とアルベルトゥス・マグヌス〔一二〇六、七―八〇。中世スコラ哲学者、その思想は弟子トーマス・アクィナスにうけつがれた。神秘主義思想をも持ち、エックハルトなどにも影響を与えた〕は書いている。十七世紀の神秘主義者ペール・ラコーンブは「恰もこの世には神と汝しかいないかのごとく、汝の心のなかで神とともに生きよ」とすすめている。エロス的な愛に燃えている多くの人々もまた、誰にも邪魔されることなく、誰にも気兼せず、己れが己れだけのもの、そして己れの愛情だけのものでありうるために、この地球上にたった一人で住みたいという敬虔な願いを抱いているのではないだろうか。彼らはしばしばこの世に一人で住んでいるような生き方をしているのではないだろうか。神秘主義者に関していわれている諦めは、彼の本性の世間に向けられている面にのみあてはまることで、神に向けられた面にはあてはまらない。彼の俗界からの逃避は、この地上から彼を引き離すところの、神に対する彼の愛を生み出す原因を成すものではなく、その愛から出た結果なのである。我々は世間が癪にさわり、それを奇妙に思うようになると、それはすでにこうした愛の最初の極く軽い注意信号であり、こうした愛が臆しながら燃え始めた萌《きざ》しということになる。我我はこの目で捉えることのできる世界を逃れて、逃げ込むことのできるより完全な世界を予感せずには、この現世から遠ざかりたいと願うことはできないであろう。「から離れる」の前提には「へ向かって」があるわけである。我々が現実から離反するとき、たとえ自分にはわからなくとも――、すでに神の声に従っているのである。すべての現世の否定は、――それが秘められた無意識のものであっても、とにかく神の方へ身を向けることとの結果現われるものであり、現世の否定が先で、神の体験がそのあとに続くというものではない。否定的なものから肯定的なものが出てくることはありえない。

神秘主義者は、現世との関係においては無関心な態度をとり、神との関係においては喜びの感情に満ちあふれるものである。アウグスティヌスが彼の神に対する気持を説明するとき、神の享受(fruito Dei)、最善の歓喜(delectatio summi boni)、神の甘さ(dulcedo Dei)、喜び(deliciae)、心の甘さ(suavitas intima)、精神的快楽(spiritualis voluptas)など、喜びという言い方を幾度となく繰り返し用いていることであろうか。インド人は、忘我の法悦的神秘主義の最高段階を、愛の陶酔(mâdhurrya)として体験する。現世に対する神秘主義者の禁欲的な態度をエロス的な禁欲主義と混同してはならないし、また同様に、魂のすべてをかけて恋する者は、唯一人の女性に対する愛に熱中するあまり、他のすべての女性を忘れ去るからといって、彼はエロスの精神から逃避しているなどといってはならない。神秘主義的な体験にはエロス精神が隅なく染みわたっているのである。神秘主義的な体験は、その性質からいって、まさにエロス精神に属するものであり、最高の存在者との抱擁を求める欲求である。まさにそうしたものであるからこそ、神を愛する者は、世俗の愛や男女の愛といった他のあらゆる愛に対して全く無感覚なのである。彼が他の愛を避けるのは、彼の愛の衝動が、最高の存在への歓喜に満ちた献身のなかに、すでに己れの目標を見出しているからである。エロスの流れが彼の内部において涸れてしまったのではなく、それは唯一つの愛の対象、最高の善、すなわち神に集中してしまっているのである。

救済のモチーフには、この愛の関係に属さないすべてのものを排除しようとする傾向がある。しかしその関係に加わるものには絶対的な意味を授けもする。救済のモチーフは、未だしっかりと愛の対象に結びついていないものでも、すべてそれを高貴なものにする。敬虔な人が自らの神や聖者たちに払う愛に満ちた尊敬の念は、彼らの個人的な身辺にまで、すなわち彼らの現世の生活の場所や永遠の安息の場所、彼らが身につけていた衣服、彼らが触れた諸々の対象、彼らの死すべき肉体の残片などにまで及ぶのである。エロスの世界においても全く同様である。エロス的人間は、恋人が残したいろいろなものに関して聖遺物崇拝を行なうのである。彼女の贈り物の一つ一つが、彼女自身の魔力を帯びているわけである。彼女がとどまった場所は神聖な場所となる。恋人がレールモントフ〔一八一四―四一 ロシアの詩人。〕の詩を読むなら、我々もそれを読み、しかも急にそれをこれまでになく素晴らしいと思う。彼女がシューマンの謝肉祭《カーニバル》を演奏すれば、我々もまた燃え始めるが、それは彼女のためにであって、決してその曲のためではない。神々しいものに変容させる力をもった光の波が、愛する人から発してそれまで我々が注意を払わなかった無数の事柄や出来事を照らし出すのである。クヌート・ハスムン〔一八五九―一九五二。ノルウェーの作家。法悦的な情熱を持つ孤独の人という、初期作品に共通する主人公の型〕のグラーン中尉は、エドヴァルダの足が森の叢に残した匂やかな足跡にさえ接吻する。呪術的な魔法の意志やその意志が持つ即物化の作用に由来するのではなく、絶対的なものへ高められた恋人を救済のモチーフが包み込んでいる、あの理想化の傾向に発する、エロス的で同時に宗教的な呪物崇拝というものが存在する。呪物崇拝の呪術的な根と理想主義的な根とは、峻別されなければならない。呪術的な呪物崇拝者は神聖なものすら物質化し、理想主義的なそれは、物質すら神聖視する。前者の目には絶対者といえども物になり、後者の目には物すら絶対者の光を帯びるのである。この場合にいえることは、しばしばそうした例があるように、表面上は同一の事実であっても、それぞれ、それが現われてきたり結び合ったりしている心の在り方によって、その事実は全く違った意味を帯びるということである。

救済の愛の最後の主な特徴は、その相互性である。それは相手の愛を期待するか、または、それに応える愛ということである。その前提には、エロスの世界においては男女の完全な対等関係が、宗教においては神と変らぬ人間の尊厳がなければならない。ここにこそキリスト教の、エロスに関する第二の偉大な功績がある。すなわち、キリスト教こそ男性に対しては女性の地位を、神に対しては人間の地位を高めた。そして救済の相互性にもとづいた施しが実現するべく、そのつど敗北者の立場におかれている人々の地位を高めたのである。ギリシア人たちの場合のように、女性の感情生活や女性への愛着が、世俗の（πάνδημος）アフロディテの次元の低い愛の領域へ追放されるなら、女性は男性に対してその救済者になることはできない。また人間が己れをその厳格な師の前でふるえる罪深い、救いようのない被造物であるとしか感じないなら、人間は決して神の愛のパートナーになることはできない。キリスト教こそ、「神は愛である。愛のうちにいる者は、神におり、神も彼にいます」（ヨハネの第一の手紙、四の一六）という全くユニークな思想をはじめて明らかにしたのである。これこそアガペーの思想であって、殊にヨハネによる福音書とヨハネの第一の手紙がその中心的な位置を占めるものである。

　キリスト教ほど、神と人間の関係をエロス精神の光のなかに見、愛の相互的な絆とみなすような宗教は他にはない。ギリシア人には、神が人間を愛したもうなどと考えることはとても不可能だった。ギリシア人は、欠点、不足、不完全などの概念を愛の概念と結びつけて考えていた。ギリシア人の抱いていた世界像においては、神聖でかつ完全なものは愛を受けるのみで、決して自ら愛することなどありえないのである。死すべき運命を担った人間は神格にまで達しようと努めるが、彼らを急ぎ出迎えてくれるような神の恵みの流れなど存在しない。ギリシア人はエロスを知るのみでアガペーは知らず、下から上への運動を知るだけで、上から下への運動は知らないのである。アリストテレスは彼の形而上学のなかで、「愛される対象が愛を抱く者の気持を動かすように、神は世界を動かす。そしてただ刺激を与え、自己の美しさによって惹きつける力を発揮し、すべての気持を奮い立たせ活気づけるが、自らは不変の静けさのままにとどまっている」と説明している。このような冷淡なギリシア人の神は愛ではなく、巨大な磁石である。そして同じく人間を愛することなく、ただ人間によって愛してもらうすべしか知らず、死を免れぬものたちのこの愛に浸りながら、自己愛に終始するスピノザ〔一六三二―七七。オランダの哲学者。デカルトの方法論から出発し、いわゆる「神即自然」の汎神論的一元論の合理的な体系を発展させた。神又は自然との一体化は論理的プロセスの純粋な直観によって達成できるとした〕の神にも似ているのである。スピノザの「神に対する知的愛」(amor Dei intellectualis)は精神的な出来事を神の独白《モノローグ》とするが、神と人間の対話とはしない。ここには相互主義が欠けているのである。プラトンもまたこの相互主義をはっきりと否定している。「一人の神は一人の人間と交わりはしない」と。

　これとは反対にヘブライの宗教は、神をして人間の運命に関与せしめる。ヤーウェの神はその目差しを地上に向けてはいるが、アガペーとはおよそかけはなれた存在である。ヤーウェは愛の神ではなく、義の神であり、裁きと秩序の原理の権化に他ならない。法の理念は愛の理念とは違った性質を持ったもので、決して愛の理念に同化することはない。法は個人の力の領域相互の限界を定め、侵害からそれを守るものである。それは、自己主張の意志を基礎にして成り立っているものであって、決して犠牲の精神にもとづくものではない。個の克服を念頭におく代りに、個を永遠なものにする。法はその多義な曖味さから単に法秩序（客観的正義）を意味するのみならず、個人的な権限（主観的正義）をも意味する。これに対して愛には、「私の」とか「君の」とかいうものは存在しない。指輪の交換という結婚の風習は、この事実のあまねく知られた象徴である。キリストが宗教的な愛の理念を完成しようとしたとき、キリストはまさに法理念の最も激しい抵抗に出会った。この愛の理念という一つの偉大な思想を他の言葉で言い換えるため、彼は倦むことなくいろいろな比喩を用いた（放蕩息子、悪しき僕、ぶどう園の労働者などの）。すなわち神の愛は、功罪による評価なしに、善悪の彼岸において自然発生的に現われる（マルコ二の一七、マタイ二〇、一八の二三以下、五の四五―四六）。神が人間を愛し給うとき、それは人間がいかなるものかの証しではなく、神とはいかなるものかの証しである。神の愛は諸々の価値のあとに続くものではなく、それ自体、無価値であるものから価値を引き出すものである。神の愛は価値を生み出す原理であって、法のように価値をただ守るだけの原理ではない。イエスは、当時としてはほとんど考えられなかったような断固たる態度で、「私は正しい人々に呼びかけるためにきたのではなく、罪人に呼びかけるためにきたのだ」と強調された。真の愛とは神が罪人に寄せられる愛であり、人間が敵に与える愛であることが実証されるべく、キリストは罪人たちのためにこそ十字架の露と消え給うのである。そのときにこそ真の愛は、己れが決して法の理念に服するものでないことを、はっきりと確信するのである。キリスト教のアガペーの思想の斬新さは、このように、ギリシア人に対しては、人間ではなく神こそが愛し給うという点にあり、ユダヤ人に対しては、神は単に裁き給うのみならず愛し給うという点にある。

ギリシア人とヘブライ人たちは、人間から神に達する道があるという点で一致する。ところがキリスト教はこの考えに反対し、まず剃刀のような鋭さと頑固一徹な態度で、神から人間に達する道しか存在しないという確信を主張する。愛の流れは上から下へと流れる。「コリント人への第一の手紙」(十三章)のなかに宗教愛に対する情熱的な言葉を見出したパウロは、神と人間との関係において、愛は欠乏からたちのぼってくるのではなく、ひとえに神から出発して溢れるばかりの充溢から流れ落ちるものであるという考えを力説した。キリスト教が神をまず愛の人としている点にこそ、キリスト教によって実現された人間の価値の向上が認められる。人間がまだ神のもとへのぼって行こうと志さないうちから、神の方から人間のもとへ降りて来給うのである。「わたしたちが愛し合うのは、神がまずわたしたちを愛してくださったからである」(ヨハネの第一の手紙、四の一九)。このように神に対する人間のすべての愛は、すでに神によって与えられた愛に対する応《こた》えとしての愛なのである。パウロはこうした事実関係をギリシア語の πίστις、すなわち、信仰という言葉で言い換えている。神を信ずるとは、自分が神と連帯関係にあると感じることである。心の用意をして神の愛を受け容れるようにすることである。パウロのいう信仰には心をすべて捧げるということが含まれている。この信仰とは愛の期待、愛の覚悟であるか、または、愛をもって応えること、心の感動、神の行為に対する応えのいずれかである。この意味において使徒パウロは、「愛によって働く信仰」(ガラテヤ人への手紙、五の六)という言葉を口にしているのである。

神と人間の関係においてこのような完全な相互性が成立しうるためには、ギリシア人のエロスとキリスト教のアガペーとが密接に融合しなければならなかった。この融合は、上へのぼって行く人間の愛の流れと、下へと下る神の愛の流れという二つの対流が互いに出会ったキリスト教神秘主義において真の実現をみたのである。真の神秘主義は人間だけが神を必要とするのではなく、神もまた人間を必要とし、両者は互いに求め合い、その相互の愛においてはじめて救済し合うという思想に立脚している。人間が存在しなければ、神は自分の愛を惜しげもなく注ぐことのできるものを持たないことになる。それ故、アンゲルウス・ジレジウス〔本名ヨハネス・シェフラー、一六二四—七七。ドイツ・バロック文学期の詩人。『ケルビンの巡礼者』はドイツのバロック神秘主義文学の最高傑作〕は「私なしに神は一瞬たりとも存在しえないことを私は知っている」と詠っている。神はこのように、すべてを引きつける不動の力（エロス）、ないしは、「満ち溢れる好意から」（アウグスティヌス）理由もなく世界へ注ぎ込む漲った力（アガペー）であるばかりでなく、また探し求める愛でもあるわけである。人間と同様、神のうちにも憧れの苦しみ、救済のモチーフが燃えている。神は——ドストエフスキーが述べているように——人間の自発的な愛の応えを渇望している。神は希望に満ちて有頂天でいるのではない。神もまた苦しんでいるのである。神が完全無欠であるためには、神には未だ欠けている人間の愛の応えが必要なのである。

アガペーとエロスが和解し合う神秘主義において、はじめて人間は神と対等にまで昇格した自己の最高の段階を経験するのである。人間は神格と対等の資格を持った神格の愛のパートナーとなり、もはや単に待ちうける態度をとり続ける必要はない。「我々の存在の奥におわす神が、我々目指して近づく神を迎え入れるのだ。神は神を観る」（レイスブルーク）。神秘主義は神から人間に向かう道と人間から神へ向かう両方の道を心得ている。こうした確信を基盤にしてこそ、人間と神格とは融け合うことのできるものだという信仰が成熟しえたのであり、パウロのいう神との連帯は、神との愛の合一という密なる関係にまで深められたのである。これによってはじめて、神と人間との関係は全くエロス的な形に仕上げられた。人間がその根源的戦慄を活用すればするほど――長い発展のなかで――その関係はますます親密なものになった。神と人間の関係は、順次、主人と家僕の関係、母親または父親と子供の関係、そして最後には夫と妻の関係になっていった。宗教的な意識が深まるにつれ、それは神と人間との関係のエロス化を一層強めることになった。こうして神々に通じるエロスの道だけでなく、エロスの世界に通じる聖なるものの道も存在するのである。

キリスト教はエロス的な救済の宗教である。そして、宗教的なもののなかで十分生を享受しようという、救済の愛の欲求をひろく容れて、それを許すのである。これによってキリスト教は、宗教のエロス化がエロス精神の神聖の冒瀆に通じるという重大な危険への種をまいたのである。救済のモチーフが全力を傾けて神と人間との関係に集中している場合には、男と女の関係はあまりにも容易に救済のモチーフの回避し見捨てるところとなって、その結果、次元の低い領域に陥ってしまうのである。エロス追放の原因を調べてみると、そのつど我々はこうした現象に出くわすのである。

救済の愛という高い見地からみれば、キリスト教に比べて回教ははるかに遅れている。神との愛の連帯も、男女間の愛の連帯も回教には未知のものである。アラーの神はその全能の故に、愛の感動にも動ぜず、信者といえども思い切って父という言葉を一度も用いたことのない、横暴と気まぐれにみちた厳しい独裁の神にとどまっている。そして男はまるで自分の意志を持たぬ奴隷を扱うように、彼が思いのままにする彼の女たちのアラーなのである。宗教の社会的関係と性の社会的関係は、このように互いに相応するものである。神に対する人間の地位と同様に、男に対する女の地位も価値の低いものである。ところが、この宗教のなかへさえ、救済の愛はひそかな道をたどって浸透したのである。九世紀の神秘主義者バジェジット・ベスタミは一世代三十年間の宗教体験を、「三十年間私は神を求め続けた。そしてこの期の最後に至って目を開いたとき、神こそ私を求めておられたのだということを発見した」、という告白の言葉に要約している。これは神の探し求める愛という、ヨハネの第一の手紙にも再現されている思想と同じものである。このようにエロス的・宗教的衝動はドグマの束縛を打ち破る。回教の神秘主義は、回教の教義理論よりはるかにキリスト教の神秘主義に近いのである。

第五章　崇拝と融合

崇拝と融合とは、救済の愛が現われる二つの形態である。両者は真の、超個人的な生命を得ようと求め続けるその献身の姿勢において一致する。この点で、救済への意欲も献身の能力もない貪食本能とは区別される。しかし崇拝は上位価値に対する献身であり、融合は同位価値に対する献身である。従って救済のモチーフは、宗教およびエロス精神において、それぞれ崇拝の愛ないしは人格神論的な愛と、抱擁する愛ないしは神秘的な愛を生み出すのである。貪食本能は愛する対象を制圧しようとする。崇拝の衝動は愛を抱く者をしてその愛する対象の前にぬかずかせようとする。貪食の衝動は愛を抱く者とその愛する対象とを合一させようとする。エロス精神においては貪り喰おうとする者は獲物か商品として、崇拝の念を抱く者は命令者として、融合の気持を抱く者は人生の伴侶としてそれぞれ女性を求めるのである。宗教においては貪食本能の一つに属するのが呪術であり、崇拝する愛の一つに属するのが人格神論であり、融合する愛の一つに属するのが神秘主義である。貪り喰う者は上から見おろし、崇拝する者は下から見上げ、融合の気持を持つ者は目をまっすぐ水平に向けている。融合しようとする者のみならず、崇拝する者も個別化から救済されることを求める。彼は滅び行くはかなきものとして跪き、不滅なるものとして立ち上がろうとする。崇拝もまた最高の善への献身による自我脱却である。崇拝する者は、エロス的には愛する女性のなかに、宗教的には神のなかに最高の善を求め、融合を達成しようと努める者は、愛する女性とともに、そして神格とともにそれを求める。愛する女性は前者にとっては女神であり、後者にとっては神のもとへ赴くための協力者である。その女性を前者は完全なものとみなし、後者は完全ならしむるものとみなすのである。神秘的な愛にとって本質的な点は、それが宗教においても決して全一なるものを求めるのではなく、対等の資格をもった対極を求めることである。神秘的な愛は神すらも完全なものとはみなさず、神と人間の合一から形成されるものを完全なものとみなすのである。それ故に、マイスター・エックハルト〔一二六〇頃―一三二七。ドイツの代表的神秘主義者。新プラトン派、アウグスティヌス等の上に立ち、スコラ哲学をも活用しながら、信仰の内容を深め、感情に生々と伝わるものにしようとした。その思想の要とは、魂と神の合一、自己の魂の深奥に沈潜し、そこで自我の壁を破って神を観ることである〕は次のようにいっている。「魂が一人の神を持ち、神を認め、神について知る限り、魂は神から離れている。魂のなかで己れをむなしくし、その結果、魂もまた己れを消失するようになること、これが神の目指すものである。蓋し、神が神と呼ばれるのは、他ならぬ被造物からそう呼んでもらうが為なのである。(神はそれ故、いまだ超人間的なものではなく、人間が協力してはじめて超人間的要素を現わすのである。)ダーヴィット・フォン・アウクスブルク〔一二〇〇頃―七二。一三世紀の重要な説教者、神学者で、神秘主義者でもあった〕は「人間は神と相携え一なるものになる」と述べている(このものこそ、はじめて絶対者なのである)。

崇拝の愛は絶対的な価値に対し間隔を保とうとし、出来るだけそれを拡大しようとする。神秘的な愛はそれを縮小し、できるだけそれを無に帰せしめようとする。前者は遠方からの愛であり、後者は最も親密な触れ合いによる愛である。崇拝は実体の維持と距離の保持に固執する。融合は、いかなる上下関係の凹凸も認めない同一平面において生ずる。崇拝の愛は愛を抱く人々にそれぞれ違った位階を与えるが、融合の愛はただ同じ位階を与えるにすぎない。崇拝の念を抱く人間は根源的戦慄を、エロス的なそれであろうと、宗教的なそれであろうと、手を加えて変え、神秘的な愛を抱く人と同じような信頼の感情に作り上げたりはしなかった。とにかく崇拝のなかには、それが男女の崇拝する愛であっても、太初のあの不安の余韻がいまだに残っている。崇拝の念を抱く者にとっては、愛する女性にも神格にも、不安の宗教の奥義を成している何か近寄り難いものがまだあるように思われるのである。この場合彼らは、神秘的な愛の場合のように、対等の資格を持った女性や、信頼を寄せてくれる女性を求めるのではない。むしろ崇拝の念を抱くものは卑小のわが身に身を縮め、崇拝されるものはその圧倒的な偉大さを誇って君臨する。崇拝の愛の基本的な感情は畏敬の念である。根源的戦慄の不安は崇拝のなかで畏敬の念に和らげられている。畏敬という点で不安と愛とは互いに一致するのである。畏敬の念とは愛によって和らげられた不安である。それ故、崇拝の愛は決して完全な、しかも排他的な愛ではない。「恐れる者には、愛が全うされていないからである。」(ヨハネの第一の手紙、四の一八)

　崇拝の愛には、愛する者を矮小化し、その愛されるものを偉大なものにする傾向がある。崇拝の念を抱く者は己れをむなしくし、神か恋人の前で息をひきとりたいと願う。イエス心教団の創始者マルグリット＝マリー〔一六四七―九〇。パレー・ル・モニュアルの修道院に住み、しばしば神の幻視を体験、これによってキリスト心教団が公認されるところとなった。一九二〇年以降聖女に叙せられている〕はキリストの像を仰ぎみて、「私はあなたの愛の力に圧倒され死なんばかりです」とささやきかけたのであった。我々が祈りを捧げるものの前でぬかずくことも、観念的には祈りの一つである。それ故に、塵のなかに身を投げるという本来の祈りの態度は、敬虔な隠喩《メターファー》として宗教用語が保持していた一つの形象といえるものである。エロスの精神においても、崇拝する愛の虜になった者は恋人の前に跪くが、しかし彼女を抱擁するようなことはしない。崇拝も融合と同様、「交わりの」関係を生み出すが、それは連帯であって決して合一ではない。崇拝する者は何も求めようとはせず、ただ崇拝する対象がすべてであってもらいたいと望む。すべてを得るために彼は、すすんで自分を棄てようとする。これに対し抱擁の愛においては、対等の資格を持った二人が互いによりそい合おうと努める。そしてこの愛の緊張は完全な融合によってはじめて解消する。崇拝の愛の救済力は、充実した現存在がそのなかで告知されているところの、最高の価値が存在するという直観的な自覚と、愛することによってこの最高の価値を感知し得るという確信のなかにこそ潜んでいる。救済の愛は、この確信の体験を通して、人間を個別化から解き放つ働きをする。抱擁する愛も人間を個別化から救い出す働きをするが、この点については何の証明も必要としない。

愛する対象の無限なる価値を少しも疑わないためには、崇拝の念を抱く者はともすれば、その愛の対象をどんどん自分から遠ざけようとする。他方神秘的な愛は、愛し合う者たちを互いに接近させる働きをする。崇拝の愛は、崇拝する対象がその近づき難い、地上から遠くかけ離れた姿において、絶対的なものとして、より一層崇高で、純粋な、疑う余地のない光を放つように、その対象をますます高く、ますます遠きものとして眺めたいのである。まさにこの大きな隔たりこそが、愛する最高の存在の絶対的な性格を保証し、それを維持しているものである。救済のモチーフは、崇拝の愛においてはこの間隔をひろげることによって、融合の愛においてはこの間隔をなくすることによって、それぞれ救済の力を発揮しようとする。(崇拝の愛に対するプラトニック・ラブという表現は、従ってこの間隔の維持ということを表わしていないから、適切なものとはいえない。プラトンのエロスは、愛を抱くものをその愛する対象へと引き上げる働きをする。)

崇拝は宗教的なカテゴリーであり、融合はエロス的なカテゴリーである。人間が最高の存在者の前でうやうやしく頭をさげることも、宗教の持つ特色の一つである。一つの存在が他の存在と合体して一つの解き難い統一体になろうとすることは、性的なものとはいわないまでも、エロス的なものの基本的現象である。崇拝とともに宗教的要素がエロス精神のなかに入り込み、融合とともにエロス的要素が宗教のなかへ入り込んでくる。崇拝の愛はエロス的宗教精神(エロスの精神においても)であり、抱擁する愛は宗教的エロス精神(宗教においても)である。崇拝の愛は、愛する者たち同士の間隔をひろげたいという衝動によって、自己の内部に非性的要素が働いていることを表わしている。というのも、性本能の本質は、両性が互いによりそおうと努めることであるから。崇拝の愛は、感覚的な接触によって生命を失うことを常に虞れている。それ故に、崇拝の愛は肉体行為を避けるのである。神性なものは、この地上の世界に軽く触れることさえも忌み嫌うのである。崇拝の愛が崇拝の宗教的な姿勢をエロス精神一般のなかにとり入れ、所々においてそれを浸透させえた——自然本能の上部において、しかもこの本能と衝突しながら——のは驚くべきことではなかろうか。男性的性質は崇拝する愛を、すなわち、宗教ではパウロやルターのように人格神論を、エロス精神では中世ミンネの時代の騎士たちや、さらには、ダンテやその何倍もそうしたゲーテや熱狂的にそうしたヴァイニンガーなどのように、「プラトニック・ラブ」を好むのである。他方、女性的性質は(男性のなかにおいても)好んで抱擁の愛へ向かおうとする。特に宗教的な分野において女性たちは、神秘的な愛の点で常に抜きん出ていた。それ故、救済の愛の内部においても、男性はどちらかというとより宗教的な心の持ち方を、女はよりエロス的な心の持ち方を選ぶのである。すでに男女両性を比較しただけで、男性には貪食本能を乗り越えようとする限りにおいてエロス的宗教性が、女性には宗教的なエロス精神が適合することがわかる。男は権力的人間ないしは救済の求道者であるが、女は自然そのままの、愛の存在である。

崇拝の愛は貪食本能と対立するものである。前者は愛を抱く者を一層小さくし、後者は欲望を抱く者を一層大きくする。相手を呑み込もうとする者は、その欲する対象を圧する力によって、自由を求める。崇拝の念を抱く者は愛する対象に自己を捧げ、結局は己れの身を無に帰すことによって自由を求める。崇拝の念を抱く者は、服従させることによって束縛から解放する力を発揮するあの恭順の救済力の秘密に通じている。崇拝する対象の前で従順に跪くことによって、人間は宿命的なものに抵抗しようとする病的な欲求から身を清めることができる。そうすることによって人間はむなしく永遠の流れに逆らう代りに、その流れにのって泳ぐことを教えられるのである。恭順の意を表わす者が得る自由は、まさに超俗的な結合の完全な知覚のなかにこそ存在するのである。

崇拝の愛においても――抱擁する愛と同様により高き現存在に対する衝動、「永遠の生命」への参加に対する衝動は極めて強い。崇拝の愛が外面上跪くことによって内面的には高める働きをすること(抱擁の、ないしは貪食の本能とは反対に）が、崇拝の愛に見られる逆説的《パラドックス》な点である。跪き、それでいて心が高められたと感じ、絶対者の面前で己れを無にし、まさにそれによって絶対的なものを獲得する、これこそ崇拝の神秘ではある。スピノザはこの関連に対する繊細な感覚を持ち合わせていた。というのも、人間の小さな自我が己れをみつめつつその前で自らを投げ出すところの――彼スピノザにとってはこれこそ人間解放の唯一の可能性であった――その万有を、恭順の態度をもって直観することに、彼は己れの一切の信仰心を投入していたのである。崇拝する愛は、純粋派よりも、むしろ静寂派の融合神秘主義の態度と共通するところが多い。ただ両者の違いは、崇拝の念を捧げる者が永遠に触れることのできない最高の存在、すなわち神もしくは愛する女性の面前で己れを滅却し、滅却したいと願うのに対して、他方、静寂派の神秘主義者は最高の存在のなかへ身を沈め、いわばそのなかで溺れ死ぬことによってその存在へ自己を解消しようとする点だけである。融合する者は、結局、最高の存在と合一して新たなものに生まれかわるのである。その際、不死なるものが死の運命を担ったものを迎え入れるのではなく、生まれてくる第三のものが両者を迎え入れるわけである。

全く正反対のものは却って相通じ合うという法則に従えば、貪食本能と崇拝の愛とは、両者の対立的な性格とともに、また注目すべき一致点をも持っている。だから崇拝の念を抱く者も欲求の念を抱く者も、ともに自分の愛に対して相手の愛を求めないことがありうるわけである。欲求の念を抱く者においては、その所有本能は実に強烈であるから、求める対象が彼によって捉えられるというその自己の運命にいかに満足しているか否かに彼は全く関心を払わないのが普通である。一方、宗教の念を抱く者においては、もはやそれはこたえなど期待しないほど、恭順の意を表わす献身への欲求は強烈なものになりうるのである。こうした種類の愛は、この献身の心の動きのなかで既に完全に満たされているのである。そして愛を抱く者は、ゲーテのフィリーネ〔『ヴィルヘルム・マイスターの修業時代』に登場する女優の名〕の言葉を借りれば、「もし私があなたを愛しているとしても、それはあなたに何の関係がありましょうか」といいうるのである。これに対し融合の愛は、どちらかというと、恐らく愛に応える愛を諦めるよりは、むしろ愛する対象の所有を諦めるであろう。というのも愛に応える相手の愛は、とりもなおさず、求めてやまなかった統一を、待ち焦れた完全なものを、愛してくれる者とともに一緒に創り出したいという愛される側の意志であるからだ。

　崇拝の愛が愛の念を抱く者とその対象との間の間隔をひろげようとすることこそ、この愛の持つ危険性である。崇拝の念を抱く者はその際、崇拝する対象との触れ合いをすぐに失いやすい。彼は身近にある中間項を求め、それによって自分と崇拝する対象との間の広い空間を埋めようとする。すなわち、宗教においては偶像、聖者、半神、英雄、神官たちによって、エロス精神においては女性たちによって。このようにして彼は、宗教においては極端な人格神論から多神論へ、英雄崇拝へ、そして遂には無神論に達し、エロス精神においては極端な崇拝の愛から多数愛へ、単なる性欲へ、そして最後には多分、性的なもののあらゆる現象に対する嫌悪にまで達するのである。エロス精神において、セックスの自由な活動を最も厳しく禁ずるのが崇拝の愛である。それは、極めて強力な不屈の精神をもってセックスを超俗世界の法則に従わせようと努め、しばしば不倶戴天の敵意を抱くまでにセックスを蔑視する愛と同類のものである。だからセックスは後見されるのを嫌って、時々この種の愛に反抗し、物質に関する自己固有の法則に立ち返ろうと欲する。純粋な崇拝のミンネの歌い手であるソルデルロは数多くの、しかし名門の出とは限らない婦人たちと愛の関係を維持していたから、彼と同時代の人であるベルトラン〔一一四〇頃—一二一五。トルバドゥールのなかで戦争の詩および時代諷刺の詩の作者として最も重要な人物。ダンテは『神曲』のなかで彼を第八番目の地獄へ追放して描いている〕は「ソルデルロは恐らく百回も彼の婦人たちをとり替えたであろう」と記している。ペトラルカ〔一三〇四—七四。イタリアの詩人・学者、優れた詩才と学才とを持ったルネッサンスの先駆者ともいうべき人で、『抒情詩集』、『アフリカ』などの著作がある〕はラウラという名のもとにこの世のものならぬ人の姿を詠い上げたが、しかし彼は一人の娼婦と同棲していたのである。人間には崇拝の愛によって課せられる高き要求を満たす能力がある、とは勿論ダンテが証明したところである。抱擁の愛は、宗教的神秘主義においても、また神秘的エロス精神においても、ともにこのような崇拝の愛の誘惑を防ぐ力を発揮する。セックスが、その抱擁の愛の救済をもたらすところの、統一へ惹かれるその性向に従う限り、その愛はセックスを是認するわけである。抱擁の愛はセックスを排除することはせず、たとえセックスを導きセックスの活動の方向を規定することを諦めないまでも、むしろそれによって自己の強化を図るのである。宗教においてはこの愛が、敬虔な者には常に神が顕現し、決してその人から去って天上へ消えることがないほどの強い絆で、人間と神とを結び合わせるのである。神秘主義的宗教形態は多神教や無神論に対する最も強固な砦であり、同様に、神秘主義的な愛の形態は貪食本能や享楽愛に対する、さらには、性的欲求の桎梏への隷属に対する最も有効な守りである。天と地の亀裂（「神は天にあり、汝は地上にある」）およびエロス精神と性本能との間の亀裂は、そもそも崇拝の愛によってはじめて出来上がったものである。崇拝の愛には禁欲的な種々の特徴が認められる。それ故に禁欲にみられるいくつかの危険性は、またこの愛の持つ危険性でもある。救済のモチーフが全く現われないか、現われても崇拝の形をとらない場合には、低次元の領域の統一性（無神論、性欲）か、または、合一の調和、すなわち、宗教においては神と人間の、エロス精神においては感覚と超感覚の合一の調和のいずれかが生ずる。宗教においては人間と神とを、男女の愛においては肉体と魂とを離反させ、それらをこの離反したままの形にしておこうと努める張りつめた二元論的緊張こそ、抱擁の愛にではなく、崇拝の愛にとってのみ、形而上的な背景として必要なものである。

崇拝するエロス精神は、十二世紀にプロヴァンス地方の宮廷で、殊にアヴィニョンの教皇の宮廷において、婦人に対する尊敬の念とともに発生した。崇拝するエロス精神はそれが登場するや否や、ただちに驚きの目をもって何か神聖なものとみられ、そこからヨーロッパ全土にひろがり、遂には一般的世俗化の流れにのって、ロココの雅《みやび》という浅薄なものになってしまった。この文化現象は、歴史年鑑にはミンネ（宮廷の婦人に対する愛）の名のもとに記載されている。当時、それまで性関係を規定していた位階を覆えして、男性の心を女性崇拝にまで燃え立たせたものこそ、他ならぬ天賦の才に恵まれた女性たちであったに違いない。横目でみられ軽蔑されていた女性は、いまや突然、絶対的価値を持つものとして、男性をしのいで上位に立ったのであり、そこからはじめて男性は自分の価値を引き出すことになってしまった。女性は何世紀ものあいだ奴隷であったあと、いまや神となったのである。女性は女権時代が終りを告げたあと、ずっと耐えてこなければならなかった長期にわたる奴隷の境遇の償いをいまや手にしたのである。

性の位階が完全に逆転した証拠として、愛を抱く男性は彼らのミンネの歌のなかで、自らを彼らの貴婦人たちの奴隷とか家来とか呼んでいる。皇帝や王侯すらもそのように詠っているのである。一つの途方もない転換——その決定的な部分はまさに女性たちの収めた成果であって、決して男性の働きによるものではない。この転換はのちのちまで西洋の文化生活に影響を与えた。これによって性の関係が新たに形成された。すなわち女の力や価値に対し、それまで知られていなかった人間社会の形成への参加がこれによって保証されたのである。この転換は宗教をも捉え、マドンナ崇拝を違った形に変化させながら再興し、フランシスコ派の運動に対しては暖かい、血潮にあふれた創造の愛と神の愛とを授けたのである（フランツは自らを神のトルバドゥールと呼び、貧しさを自分の輝ける花嫁と呼んだ）。プロヴァンスのエロチシズムは女性たちがいかに無言の、それでいていかに断固たるやり方で歴史を作り出すことができるかということの見本である。それは政治および軍事史の蔭で、どちらかというとこれよりもむしろ重要な歴史として経過し、そして彼女たちに浸透し、無意識のうちにはるか彼方の目標に目を向けさせる、そうした歴史なのである。

今日証明されているミンネの最初の例、すなわち一一六〇年頃亡くなったフランスの貴族ジョフレ・リュデル〔フランスの詩人。南仏方言で書いた抒情詩六篇が伝わる。十字軍に参加したこと、『はるかなる恋人』の詩が有名だったことから、彼がまだ見ぬトリポリの王女に思いを寄せ、彼女のところに赴いたが病いで彼女の胸にいだかれて息絶えたという伝説が生まれ、ペトラルカ、ハイネ、ブラウニングがそれにちなんで詩を書いた〕の場合がただちに崇拝の愛の典型なのである。ジョフレは自分が一度も見たことのないトリポリの伯爵夫人に思いを寄せた。これこそ、愛の念を抱く者から愛の対象を遠く引き離せば離すほど、その対象を一層烈しく求める真の、遙かなる愛である。そこで宮廷付司祭アンドレアス

〔仏名アンドレ・ル・シャペリン、一二〇〇年頃のラテン語の作家。シャンパニュー王の宮廷付司祭。そして中世盛期の宮廷ミンネの教本ともいうべき『愛について』（一一七四―八七）を書いた〕は性愛に関する彼のラテン語の本のなかで、愛（amor）と官能（dudaria）とを烱眼をもって峻別し、「真の愛」という概念を融合の衝動から切り離してしまった。「肉欲に悩まされる者は決して愛の念を抱くことはない。」十四世紀に由来する愛の掟においては、ミンネの愛を持つ者が彼の崇拝する貴婦人に接吻を求めることは無作法とされている。ペイロール〔一一六七―一二三五。プロバンスのトルバドゥールで、約三十の恋の歌の作者として知られる〕は、性的な抱擁を真の愛の墓場として恐れている。「真実の愛を抱く者が、そうなったとき、なおも本当に愛し続けられるとは、私にはどうしても信じられない。」ミンネの時代の愛は崇拝する愛であるから、結婚に対してはそれが抱擁の現場になるとして反対の態度をとる。アンドレアスは、「夫婦間では愛が成立する余地のないことは動かせない事実である」という愛の規準（Regula amoris）を与えている。ミンネの歌人フォリエーは、「貴婦人に対する騎士と同じように自分の妻に対して振舞っていると称する夫は、おそらく結婚生活とは矛盾するようなことをしている筈だ」と主張している。ミンネの提唱者たちは、彼らが自由な愛を望んでいるが故に結婚を否定するというのではなく、彼らが身近な愛の理想一般を非とするが故に、結婚を否定するのである。ミンネとは普通、既婚の女性に対する、しかも、他人の妻に対する愛であった。このことによって、この愛は、それが喪失すると自らも滅ぶと虞れている不可欠の間隔を、容易に保持することができるのである。

崇拝の念をもって人を愛する者は、一つの絶対的な価値を担う存在の、己れに合った理想像を求める。崇拝の愛は完全なものになればなるほど、崇拝する宗教性に接近せざるをえない。この愛を抱く者がもはやいかなる女性にも満足しなくなったとき、彼に内在している高き方向を目指す彼の崇拝の衝動は、次第に神々へと移って行く。崇拝に値する人に対する憧憬の念は、すでに神に対するヴェールをきた愛なのである。愛する対象を神格化したいとする衝動は、神聖なものを肉体をそなえた姿で見たいという要求と交錯する。ミンネもまたますます強く宗教的なモチーフと絡み合う。ミンネは教会の礼拝にも似た愛の礼拝、すなわち愛する女性に対するミンネの祈りを規定する。愛の念を抱く者は、祈りの宗教的な行為を、己れの愛の感情を打ち明けるのに特に相応しい手段であるとみなす。教会のスコラ学派に倣って、いわば世俗的な愛に関するスコラ学派も成り立つわけである。宗教関係の書物では、愛の道(tractus amoris)を得るために、愛する女性とか女主人とかの言葉と神の言葉とを大いに安んじて交換しうるほど、エロス的な愛と宗教的な愛とは互いに極く身近な親戚であると感じている。

最初のトルバドゥールであるベルナール・ド・ヴァンタドゥール〔一一二五—九五。ヴィルヘルム六世の孫娘に当るエレオノーレ・ド・ポアントゥによって彼女のノルマンディーの宮廷に招かれて生活し、彼女に寄せる有名なミンネの詩を作ったフランスの吟遊詩人〕は、我が胸の女性を次のような敬虔な詩句で詠い上げている。

我は、手をあわせて
おん身の前に進み、祈りをささげん。

この発展の完成者こそダンテである。彼は崇拝のエロス精神と崇拝の宗教性とを融合させ、有機的な統一に仕上げた。彼は、彼自身の恋人のためにキリスト教の天国を豊かなものにすることによって、女性に対する愛というものを永遠の価値体系のなかへ組み入れたのである。彼はベアトリーチェをもって、天国に一人の新しい聖女を与えた。神聖なる女性として彼女は神と並んで座を占め、愛を捧げる者の祈りを受けるのである。このダンテの遺産を守り続けてきたのが他ならぬゲーテである。彼はシャルロッテ・ケストナーとの関係について、「もし仮に彼女を一層身近へ近づけてくれる最初の瞬間が訪れるとすれば、それは我々の関係の最後の瞬間になろう」と述べている。これこそ崇拝の愛の典型的な間隔の保持に他ならない。ゲーテは、シュタイン夫人をマドンナに喩えた。「爾来私にとってあなたは、天国へ昇り行き、後に残された者が両手を差しのべることも詮方なく、涙に暮れる別れの目差しが今一度その目差しをもどしたまえと願うのも詮無いマドンナのように思われるのです。マドンナはひたすらその周りをとりまく輝きのなかに沈み、彼女の頭上に漂っている王冠への憧れにのみ満ちているのです。」ここにも崇拝の愛の特徴の一つが現われている。すなわちそれは、愛する男性から恋人を遠ざけ、彼の愛に応える恋人の愛を無意味なものにしてしまう傾向である。ある手紙でゲーテは、シュタイン夫人に対する関係を、「自分の妹は別として、いままで女性というものに対して抱いたもっとも純粋で、もっとも美しく、もっとも真実である関係」と呼んでいる。ある詩には次のように詠われている。

あゝ、君はすぎ去りし時代《ころ》
わが妹か、わが妻なりき。

崇拝の愛において恋人は、往々姉妹かまたは母の性格を帯びるのである。このように彼女は抱擁から身を守り、いつまでも遙かなる遠き愛としてとどまっている。『ファウスト』第二部では、神格化された女性が最後に青春の恋人の姿となって聖者たちの仲間うちへ、マドンナの隣りへと昇っていき、そこで上へ引き寄せる力をもった愛として世界の女性的・救済の原理を司る。これによって崇拝の男女の愛は、最初からそうした本質を持つものであることが、すなわち救済の愛の形態であり、救済のモチーフの聖寵手段であることがわかるのである。

十二世紀にプロヴァンス地方から発生したこのエロスの運動は、マリア崇拝にまで影響を及ぼし、これを根本から別の形に変えてしまった。それまでマリアはテオトコス(Theotokos, 神を産んだ女)であったが、いまやマドンナ(Madonna, 聖母)となった。マリアは神の母たることの具象から、神聖でかつ救済力を持った女性たるものの象徴に変化した。中世盛時のマドンナは生殖力としての女性ではなく、救済者としての女性であり、崇拝の愛の目標でもある。聖母崇拝においては、その一つはエロス精神の神格化へ、他の一つは宗教のエロス化へ向かわんとする二つの発展の系列が交わっている。エロス的な愛を抱く者の目には、愛する女性は神格に変身し、敬虔な者の目には神格が愛すべき女性に変身して映るのである。崇拝の念を担うエロス精神と崇拝の念を担う宗教性との間の境界は流動的なものである。マドンナに寄せる恋の詩もあれば、エロス的なマリア讃歌もある。ミンネの詩人たちは、自分たちを「われらの真の友聖母マリアの友人であり、かつ恋人である」と呼んでいる。ハインリヒ・ゾイゼは、聖母マリアに「精神的な愛人」とか「選ばれし心の恋人」といった愛称を寄せている。ゴットフリート・フォン・シュトラースブルク〔一一七〇頃―一二一〇頃。ドイツ中世の三大叙事詩人の一人。『トリスタンとイゾルデ』の作者〕は、マリアを「甘きミンネの酒」と詠っている。これによって、彼はすでに宗教の領域よりも、むしろエロスの領域に深く身を置き、そして教義との関係を放棄したのであった。ミンネの奉仕とマドンナ崇拝とは、ともに崇拝の愛の表現形式である故に、このような形で互いに一致しえたのである。

　ミンネの時代以来盛んになったマドンナ崇拝は、男性の一つの憧れから生まれたものであった。それは男の魂の崇拝である。そして悠久的な背景として男性の時代を要求する。男性のエロス的な崇拝衝動には、救済の女神が必要である。自然宗教の時代に由来する母性の神格化が、まだそのなかに生き続けている四世紀から一二世紀までのマリア崇拝との相違は、まさにこの点にある。母神に対し女性たちは、自分たちと同じものとして、すなわち女性的・創造的原理の化身として祈りを捧げる。これに反して男性たちはマドンナに対し、触れることのできないもの、高き所に君臨するものとして、すなわち女性的・救済の原理の化身として祈りを捧げるのである。これまで女性がマドンナの絵を描いたことがあろうか。女性たちの間に崇拝の愛が現われるのは極く稀れであり、殊にエロスの世界では滅多に見られない。女は宗教においてすら、抱擁する愛へ駆り立てられるのである。中世の尼僧たちのイエスへの神秘な愛は、常に合一を求め、近づき難い神の前にぬかずくことを求めはしない。カテリーナ・ダ・シエーナ〔一三四七―八〇。イタリアの神秘主義の女流詩人〕は、なんという情熱をこめて自分と「キリストとの結婚」について述べていることであろうか。これに加えて、キリストは自分たちと肉体的な交わりをした、という主張を決して引っ込めない女性神秘主義者たちすら存在するのである。

崇拝の愛のなかには、しばしば深い感謝の念が潜んでいる。完全無欠なものについて直観的な確信を持ちうるなら、それは崇拝の念を持つ者をこの上もなく嬉しく感じさせるのである。恋人のなかに完全無欠なものを見出しうるなら、それは殊にエロスの愛を抱く者をこの上もなく仕合せに感じさせるのである。人類全体や人生の意味に対する我々の信頼の念を救ってくれるのは、一人の完全な人間である。高貴なもの、完成されたものとの出会いには、何か代表的な意味がある。すなわち、その出会いは一つのより高き存在の秩序の証明であり、その象徴なのである。それ故、このより高き秩序に対する我々の信頼の念をぐらつかせ、挫くような悪しきものとの出会いが、我々の魂の核心を射抜くのと全く同様に、我々はこうした体験によって魂の核心が射抜かれ、ゆさぶられるのである。完全なものに対する憧れは極めて力強いものでありうるから、それを求めるだけですでに楽しくなる。そして愛の念を抱く者が、この求める行為そのものを愛し始めることにもなりうる。彼は、この求める状態にある自分を愛するのである。そして最後に彼は、彼自身の愛に愛を抱くのである。

抱擁の愛の本質的な点は、その愛の緊張にみられる対極性である。抱擁の愛は、エロス精神においては男女両性を、宗教においては神と人間を、それぞれ対等の価値を持った両極として取り扱う。そしてその両極の緊張が解けたあとの対立状態の中から、完全なるものが形成されるわけである。崇拝の愛も、崇拝の念を寄せる者と崇拝を受ける対象とを一つの緊張関係に置く。しかしこの緊張は対極的なものではなく、それによって当事者間の距離がなくなるということはない。完全なものは、崇拝されるものの形で、すでに与えられており、融合のなかからはじめて生まれるのではない。それ故に、崇拝の愛は熱狂的でありうるが、決して法悦的なものではありえない。

法悦という表現を作り出し、その現象を特に詳しく説いたプロティノスは、それを個人性からの脱出(自我脱却の歓喜としての法悦)と解した。しかしこれはこの現象の否定的な面にすぎない。その肯定的な面とは、愛する対象との融合である。法悦とは融合の陶酔である。宗教におけると同様に、抱擁する男女の愛においてもそれが現われるが、ただ違う点は、その場合法悦とはいわずに、忘我陶酔《オルギアスムス》と呼ぶことである。両者の場合とも問題になっているのは、二つのものが新たな一つのものに融合するときに、いつも現われる同一の現象である。この点で法悦は、怒りの爆発や集団の陶酔といった、個人の意識をくもらせるだけの本能の興奮とは区別される。エロス的な忘我陶酔が両性の交合の現象と結びついているように、法悦は融合の現象と結びついている。この法悦はハブロック・エリス〔一八五九—一九三九。イギリスの作家。性の心理に関する先駆的作品を書き、「ラブの哲学者」ともよばれた。エッセイに『性心理学の研究』『セックスの心理学』などがある〕やジェームス・ヒルトン〔一八二二—七五。イギリスの外科医兼作家。一八五六年『クリスチァン・スペクタートル』誌に心理および倫理の問題をテーマにした寄稿を始め、作家生活に入る。耳の外科手術の名手としても有名であった〕などの研究者によって祈禱と比較されたが、しかしこのような極く一般的な比較はあまりにも行きすぎたものであり、崇拝の愛と抱擁の愛との違いを拭い去ってしまうものである。祈りは常に一つの「交わりの」現象であり、どこまでも独語《ひとりごと》であるところの瞑想とは対蹠的に、祈りを捧げる者と、身近に個人として存在していると考えられる神格との対話である。祈りは、また常に孤独から脱出するための手段でもあるが、しかしこれだけではいまだ法悦的なものとはならない。彼方の超越世界へ移り入ろうとする試みがそれに含まれている必要はない。このような試みは、祈りの人格神論的な解釈にとってではなく、ただ神秘主義的なそれにのみ特有のものである。最も謙虚な心と最も偉大なる神とが祈りのなかで交わるのである、とヨーハン・アルント〔一五五五―一六二一。ルネブルクの監督長、ルター派にも拘らず中世神秘主義に傾いたため、攻撃を受けた。のちの敬虔主義に影響を与えた神学者〕は書いている。これは人格神論的な祈りの一例である。また女流神秘主義者メヒティルト・フォン・マクデブルクは、「祈りは二人の愛し合う者を、すなわち神と魂とをともに一つの歓喜の場へいざない、そこで両者は愛について大いに語るのである」といっている。これは神秘主義的な祈りの一例である。両者の相違は明白である。神秘主義的な祈りそれ自体も、まだ性的自我陶酔とは比較され得べきものではない。それが言葉の厳格な意味における祈りでなくなったとき、すなわち、神秘的法悦へ、合一の歓喜へと昇華するときはじめて、しかし無条件に、性的な愛の行為と本質的に同じものとなる。

いまだに幾人かの人々――ヴィルヘルム・ヴント〔一八三二―一九二〇。ドイツの心理学者。ライプチヒ大学教授として実験心理学を創始した〕、ルートヴィヒ・クラーゲス――が主張しているように、神を観ることが宗教的な法悦にとっての最高の目的ではない。神を観ることは決定的な神秘的体験、即ち神格との完全な融合への最終的な前段階にすぎない。幻像がその神秘主義者のまわりに浮かんでいるあいだは、彼はいまだ法悦の至福の最高の段階にのぼりつめてはいないのである。それ故、その先頭にテレサ〔一五一五―八三。カルメル会修道女。聖女テレージア、またはイエスのテレージアと呼ばれた。キリスト教最大の女流神秘主義者。スペイン神秘主義文学の最も高貴で独創的な代表者であり、またカルメル会の改革者としても有名である〕をいただく偉大な神秘主義者たちは、「形をもたない法悦」をはっきりとこの幻視の法悦よりも上位においている。統一性の体験こそ本質的な事柄なのである。プロティノスはそれを合一（ἕνωσις）および単純化（ἁπλωσις）と呼び、古代キリスト教の神秘主義者たちは単一化（simplificatio）と呼んでいる。アンゲルス・ジレージウスは、「他者をのみほす一者」といっている。アルベルトゥス・マグヌスは、同じような考えを次のような文で表わしている。「神秘な愛はその愛する対象と一つになろうと欲し、できることならその愛する対象と同じものになろうとする。それ故、その愛は自己と愛を受ける客体、すなわち神との間のいかなる仲介をも認めず、むしろ神を得ようと努め、しかもすべてをのり越えて神のもとに達し、神自体のなかへ入るまで、決して休むことがない。」法悦によって、「すべての二元性が消え去る」（ファリード・ウッ・ディーン・アッタール）〔一一三六頃－一二三〇。ペルシアの三大神秘主義詩人の一人〕状況が生ずる。シャンカ〔七二二頃－八二〇頃。八世紀前半のインドの哲学者でヴェーダーンタの代表者『ウパニシャッド』の注釈などを著わす〕には、こうした状態を表わすアドヴァイタ（advaita）、すなわち非二元性という言葉が見出される。「我は汝なり、汝は我なり」とか、「我は汝のなかにあり、汝は我のなかにある」といった、常に繰り返し出てくる文章で、神秘主義者たちは法悦の体験の核心を言い換えるのである。

対極性の本質は、相対立するものがその対立関係のなかに己れを求める点にこそ存在する。神秘主義的なエロスの世界においては完全に固定した、繰り返されることのない緊張のなかで互いにゆらいでいる異性の二人が、互いによりそおうと努める。この対極的な力学のなかにこそ、抱擁し合う男女両性の愛が、なぜ突然かくも容易に憎しみに豹変しうるかという秘密が隠されている。そのときには、相対立するものは互いに融合するためにではなく、破壊し合うために他を求めるのであり、性の感情はもはやより高き生を目指すのではなく、死を目指すのである（ギリシア語では愛（ἔρως）と争い（ἔρις）の語根は同じではある）。愛の念を抱く者は、抱擁する愛のなかに、自分を全ならしめてくれるもの、――全を得させてくれるものを求める。しかしながらその場合、量的な概念に固執してはならない。愛する者たちを互いにひきつけるのは結局異性に対する衝動ではなく、二人の愛する者同士の総和をこえた、生まれつつある第三のものへの憧れである。二人の異性間の関係を対極的ならしめるものこそ、まさしくこの第三のもの、すなわち対立を超越した全なるものの精神であり、対立のなかから自己を完成し、子供という形になって現われる統一性である。抱擁するエロス精神の意義と目標は、神聖な子供を産むことにある。愛する二人のエロス的な結合には、神が第三の、最も強い潜在力として常に参与しているわけである。これがとりもなおさず、カトリシズムの聖家族のなかに輝き続けているイシス、オシリス、オーロスの神の三つの星で暗示された神秘的な男女の性愛の三位一体なのである。悪を打ち倒し、この世を天国にすべき使命を担った道徳的に完全な人間を生み出す手段として、結婚を称えるときのカーリダーサ〔五世紀頃のインドのサンスクリット文学最大の詩人〕にも、こうした見解の残光がきらめいている。現代の矯正の思想もこれと同系列のものである。というのもそれは、男女の性愛を単なる子への憧れとしてではなく、望みうる最良の子への憧れと解し、そうしたものとして要求するからである。この思想はこれとともに本能の領域へ精神的な要素を導入する。救済のモチーフをヴェールで被って感覚の世界へ引き入れるのである。互いに愛する者たちは、子供を得て種族を維持せんがためにこそ、よりそい合おうと努めるのだとする自然主義的見解は、このエロス的三位一体の思想とおよそかけ離れたものである。種族維持ということだけになると、子供は単に量的に増えたものにすぎず、「悪しき無限性」（ウラジミル・ソロヴィフ）に対する構成要素ではあっても、超越的な統一性の象徴ではなく、両親が愛のなかで一つに融け合いながら、彼らの救済のために踏みだす完全化への第一歩から得た成果でもない。自然宗教においても、子供はエロス的な三位一体の理念におけるのとは全く違った風に考えられている。自然宗教では、子供は永遠なる生命の証人であり、創造をもたらす神聖な、涸れることを知らない根源力の証人であって、男女の性愛を通して取り戻した存在の統一性の証人ではない。

性的な合一は、劣等な人間の生活領域という低い所にまで及ぶすべての連帯性の原形である。高度に洗練された単細胞も互いに相手を求め、身をすり寄せ、核の変化を起こしながら特定の性質の遺伝物質を交換して、それぞれが互いの体のなかに両方の遺伝質を担い、そして自らの孤独のなかへ立ち帰るのである（接合）。他の種類においては、細胞核と細胞体とが融合して、永久に単一のものを形成する（交接作用）。人間の間では、愛する者たちの合一のなかに接合が、彼らの生殖細胞の融合のなかに交接作用が、それぞれ存在しているのである。このようにして、最も下等な生命現象が再現される。性行為のように、しっかりと二人の人間をつなぎ合わせ、両者の間に似かよった基本的な釣り合いをつくり出すものは他に存在しない。性行為は肉体と魂との完全な触れ合いの現象であり、個人およびその個人の孤独を克服するための最も情熱的な試みである。それ故、男女両性間の友情なるものは不自然であり、決して望ましいものではない。抱擁する男女の性愛は全一性への意志によってささえられている。性愛は、愛を抱く者がその身を完全にエロス的な関係のなかへ投入するように命じる。そして相手もまたその性愛に完全に身をゆだねるように要求し、また当然要求してもよいのである。その本性からいって性愛が一部分で満足することはありえない。だからいうまでもなく、自分たちがひそかに心を燃やして願っている完全な合一に対して外的な障害が現われたとき、男女両性もまたはじめて友情という言葉を口にするのが普通である。その際、友情とは生きるために強いられる妥協であって、それによって愛の一つの理想形態になるものではない。友情のためやむなく強いられる諦めは、あらゆる犠牲と同様、道徳的には実り多いものではあるが、しかし無理矢理に保つべく強いられた間隔は、エロス的な立場からすれば制約であり損失である。そして全く違った基本的態度から出発し、しかも常に愛であって決して友情ではなく、常に熱狂的であって、情熱的な献身の態度に溢れ、友情の結びつきに特有な静的な落着きを欠くあの崇拝の愛の場合とはおよそ違うのである。

エロス的法悦と宗教的法悦にはその前提として、互いに対等であると感じながらも対極的な対立関係におかれている特定の二人が、精神的に融合しようと求め合っているという状況がなければならない。これらの必要要素——個人と対等性ないしは対極性という要素——の一つでも欠けているような場合には、決して法悦的な救済に達することはできない。この対極的感情を避けようとするのが、二つの民族、すなわちギリシア人とインド人にみられる特色である。

アポロ的なギリシア人は一様に整ったもの、すなわち均整を目指し、決して対極性を目指すものではない。彼は不調和を忌み嫌う。そして二本の直線が交叉する、苦痛を感ずるような点を避けるのである。彼は二本の直線がどこまでもさえぎられず平行して走るのを見たいのである。彼は静的な感覚を持つが、動的な感覚は持っていない。アポロ的なギリシア人は、そもそもの太初から調和というものが在ったと信じているのであって、諸対立の緊張緩和から苦しみながらはじめて生まれねばならぬ調和などは信じない。一方、神秘主義的な人間は、死すべき宿命を負った人間が絶対者を持っているのは神からの贈り物としてではなく、使命としてであるという確信に導かれている。一様に整ったものは力づけ、気持を鎮める働きをする。対立するものは刺激し、興奮させる。アポロ的なギリシア人はあらゆるところでこの心を和らげるものを求め、刺激を避ける。彼は芸術においては侵し難い均整に、哲学においては揺ぐことのない平静心に、宗教にあっては不動の神性に頼ろうとする。彼がエロスの世界において、無条件に同性愛を男女の愛に優先させていることも、この基本的な感覚と関係している。女に対する男の愛ではなく、青年や少年に対する男の愛こそ、より高き愛の星、すなわちアフロディテ・ウラニアの星の下にあるのだ。同性の合一は、それがいかに情愛のこもったものであっても、是認されるのである。ギリシア人は、そのなかにのみ精神性や調和や美に惹かれる性向を認めるのであるが、一方、男女の愛を生理的欲求とか下等な行為とかいった概念から切り離して考えることはできないのである。従って、造形美術においては、雌雄両性を具有する姿に対する愛着、すなわち性的な特徴をぼかそうとする傾向が見られるし、宗教においては、性的な差異がほとんどわからないほど、男女両性が内部で合一している神性な両性具有の存在、すなわち雌雄同体の神に対する憧れが認められるのである。ディオニュソスもアポロも男女の中間的な神格である。エロスもまた、のちに他の神々に成長する芽がいまだ眠っているような両性的存在とみなされている。

対極的な感覚を持った人間は、男性はできるだけ男性的であり、女性はできるだけ女性的であることを求める。男女両性間の緊張は、強ければ強いほど、真に痛烈なものであればあるほど、それはより一層酔いの効果を高めるような、法悦的救済のための可能性を提示するのである。これはギリシア的感覚の流儀に反するものである。ギリシア人にあっては少年に対する愛こそ、最も素晴らしいものに仕上げられた愛の種類なのである。なぜなら、少年には男性的な線と女性的な線、男性的な繊細さと女性的な繊細さとが混り合っているからである。お祭りやその他の折に服装を交換することが、男女両性間の緊張を和らげるための手段として好んで行なわれる。こうした両性具有の憧れは、古代ギリシア人たちの静的な性質に根差している。それは対極性の衝撃からの逃避である。ギリシアの多神論もこの憧れと一派通じるところがある。ギリシアの多神論は神々の併存、すなわちオリンポス山の崇高な落ち着いた均整を守ろうとするものである。それは、神の全一性が反対の極の集中的な重みや統一性をもって人間の上にのしかかり影響を与えることのないように、神の全一性を多数の神々に分けてしまうものである。ギリシア人の間では、ディオニュソス的宗教においてのみ、対極的緊張を避ける代りに、それを求める動的な魂が育ったのである。それ故、ギリシア神秘主義は、酒神ディオニュソスの祭のなかにのみ存在していたにすぎない。そしてこの祭から、その基本法則が弁論術であり、その骨組たるや対話であるあの悲劇が発生したのも決して偶然ではないのである。ディオニュソス的・悲劇的ギリシア人は、肉体から離れた全く自由な形で、神の生命に与りたいと望んだ。そして法悦的な陶酔のなかで神と和して一つになると感じたとき、彼は自分自身に神という名を付しさえしたのである。こうした神と人間の融合の体験は、分類されたものをそれぞれの限界のなかにとどめようとしたアポロ的なギリシア人には到底得ることのできないものであった。

インド人もエロス的事象や神と人間との関係を、普通、対極的な緊張という点から理解しようとはしない。しかしながら、インド人の魂において、この対極的な基本姿勢をとらせないようにしているものこそ感覚の均整ではなく、同一性の意識なのである。インド人にとっては、本質と事物とは根源的な結合の形を呈しているものなのである。それがばらばらに分裂していると見えるのは、彼には人間のそもその愚かさの故だと思われるのである。その愚かさを見抜くこと――それが愛なのである。インド人の見解に従えば、愛の本質は、常にかつ永遠の昔から存在していた愛する者たちの一体性の再認識のなかにこそ在るのであって、対極的な対立からはじめて形成される一体性のなかに在るのではない。人間の存在の周辺に堆積していた誤謬が取り去られ、精神の目が犯した見誤りが訂正される。これとともにエロス的な愛は、感情から悟性へとうつされる。(エードゥアルト・フォン・ハルトマンもヘーゲルも似かよった考えを表明した。ヘーゲルにとって愛とは、「普遍的同一性の意識による個別性の論理的止揚」であり、ハルトマンにとっては、「同一性の感覚の具体的な実現に対する積極的、自発的な憧憬である」。)エロス精神のこのような静的な解釈においては、両性間の緊張は弛緩する他はない。それは、他にはとって代ることのできない特定の二人を縛りつけている絆ではなくなってしまう。究極的にすべてが一致するところでは、愛する者たちの個性はその意味を喪失する。このようにして、個人の好みに対する考慮を軽んじるインド的な結婚の理想像が作り上げられたのである。女性は、自分に求婚したことのない男性に嫁がねばならない。真にそれが「梵の結婚」にまで達するように。互いに好き合っての結婚も是認されてはいるが、大方の賛成は得られないのである。選り好みをするのは決して個人的な性本能ではないとの確信を得るために、まだ幼年の域を出ない男女の間をとりもって、夫婦にしてしまうのである。

インドの女性は夫その人よりも夫という理念を愛し、特定の個人にはかかわりのない形で抱いている男らしさの理想を愛するのである。女の子に対しては、その子がまだごく幼い少女である時分から、そうした理想を儀式や礼拝や詩や物語のなかで語りきかせるのである。タゴール〔一八六一―一九四一。インドベンガル語の詩人、小説家。文学のあらゆる分野で活躍したが、本領は抒情詩にあった。一九一三年ノーベル賞受賞〕は、彼の長篇『郷里と世界』のなかで、こうした習慣の力に押しやられて、夫は妻からどんどん遠ざけられて行き、その結果、抱擁する愛が知らず知らずのうちに崇拝の愛へ移ってしまう有様を描いている。

　インドの宗教性はインドのエロス精神の特徴とよく一致しているのである。インド人はギリシア人のように、唯一の個人的な神を多くの個々の神々に分割することによってではなく、神格から個人の性格一般を奪ってしまうことによって、神と人間の関係が持つ対極性を止揚するのである。インド人は神聖な「汝」を非個人的な「それ」に変えてしまう。妻が夫という理念を愛するように、信者は神という理念を愛する。この形をもたぬ抽象的な神の性質に対応するのが、客観的敬虔、信心、瞑想、沈潜といった信者側の姿勢である。信者は「彼の」神を愛するのではなく、――というのも愛される対象になりうるのは一人の個人にすぎないから、――またその神と合一して一つの全なるものになるのでもなく、むしろ名状し難い大海に流れ込むように、神のなかへ流れ込んでしまう。融合は沈潜にとって代るのである。死すべき運命を担った人間は、人間の本性の不死なる部分が太初の昔からそれと同一性を成しているその神のなかへ、その己れの死すべき運命を解消するのである。神と人間の一体性は、性的な連帯と同様に、神聖な火として、緊張が解けた対立に由来するものではなく、すでにいつもそこにあって、ただ看取されさえすればよいものなのである。一つの思惟の行為、意識の一現象が法悦的な融合の歓喜と入れ代る。インドの神秘主義やエロス精神にとっても、――ギリシアのそれと同様――感情の法悦的興奮をさける静的な心が不可欠なのである。（筆者がインド神秘主義に関して上に述べたことは、特にバラモン教、仏教、ヒンドゥー教の各神秘主義にあてはまる。このような支配的な形態と平行して、これとは別の神秘主義的な形態もいくつか発展をみたが、インドにおける宗教的な思想の豊かさと深さからみてそれは当然のことである。）

融合とは、二つの形態のうち、救済のモチーフがそのなかに救済を求める形態である。救済のモチーフは、エロスの世界においては目に見える二つの被造物を寄りそわせ、宗教では有限必滅のものと不死なるものとが出会うように働きかける。このような出会いを現実に体験するためには、必ずしも人間の内的な力だけで十分とはいえない。それ故、救済のモチーフは、具象の世界から象徴《シンボル》を借り受けるわけである。勿論、融合のいろいろな現象をも雇い入れ、それに手伝わせるのである。こうしてその現象を変えてしまい、元々それらの手の届かないような品級と意味とを授けるのである。性的な抱擁もこのような現象の一つである。救済のモチーフは、直接性本能を捉え、それを救済の手段として働かせることができる。このような場合に我々は神秘的な男女の愛というのである。しかしながら、救済のモチーフは性的な現象をも一つの象徴的な事件として利用することができるが、それはただ間接的な利用でしかありえない。その場合、男は女のなかに（神秘主義的なエロス精神におけるように）神のもとに達するための協力者を求めるのではなく、神格の代理人を求めているのである。彼は有限必滅の人間である一人の女とではなく、神格と一つになりたいと欲する。抱擁の対象となった女性は、彼にとって女神の象徴なのである。自然宗教の性儀式において、我々はこうした宗教的現象に出くわすのであるが、しかし、それはその性儀式のなかに己れを表現しようと努める創造の歓喜だけではなく、救済への憧れがきざし始める瞬間から、それ故に敬虔な者が、祭司として神格を代表する女性との夫婦の契りに、自己の宗教的な救いを期待する瞬間から、はじめて見られるものである。その場合、死すべき運命を担った二つの肉体ではなく、死すべき運命を担った一つの肉体と、不死なるものを代表するもう一つの肉体とが抱き合うのである。二つのものが一つになることは象徴的なことである。その意義は現実の出来事をはるかに越えたところにある。この寓意的、神秘主義的な宗教性と、肉体的融合の現象をともに担っていることでは共通する神秘主義的エロス精神とは、まさにこの点において異なるのである。

　神秘主義的な融合への憧れは——特にそれが集団的に現われる場合は——もはや身をもちこたえることができないほどの高温の宗教的赤熱にまで達しうるのである。そして次にそれは、超俗的なものに向けられた、もはや耐ええぬ緊張を世俗的、肉体的手段で解消するために、エロス的な融合の可能性めがけて突進していく。宗教的なものが十分エロス的生命を享受し、性行為が象徴的な方法で宗教的な融合の衝動を満たすのである。フロイト的術語を裏返して用いるなら、「抑圧された宗教性」ともいえよう。このようにして、男女の交合がこの神秘主義的な儀式を閉じ込めてしまうという、しばしば報告される事態をまねくのである。すなわちそれは、シャークタ派〔シャクティーを崇拝するヒンドゥー教の一派〕やカイターニア派といったインドの宗派、サラバ派のユダヤ・キリスト教の宗派（四—九世紀）、ニコライ宗徒〔二世紀にシリアで起こったグノーシス主義的異端の一派〕、アダム宗徒〔二世紀のキリスト教の一小宗派。裸の生活を送ることによって楽園における無垢な人間に帰ることを意図した〕、ヴァロハ宗徒、カルポクラティアン宗徒〔二世紀後半カルポクラテスという人の始めたグノーシス主義的異端の一派〕、カイン宗徒、「ケーニヒスベルク敬虔派の人々」（一八世紀）、ハイデスヴィレのフォックス唯心論宗徒（一九〇一、イギリスにおいて）、神政主義教団（北アメリカ）などにおいて認められるのである。すでに述べた忘我陶酔の場合には、自然宗教とは違って、性の力が称えられるだけではなく、むしろ神秘的合一こそが象徴的に成就されなければならないのである。象徴的な方法で衝動を満足させようとする考え方は、いわゆる婚礼神秘主義のなかに弱まった形で再現されている。そこでは、性行為は発散して、愛の行為の単なる表象になってしまう。性行為は幻想の世界へと逃げ込んでしまうのである。儀式的行為に含まれている象徴性は、幻想の像および言語表現の両者の持つ象徴性によって取って代られるのである。

救済のモチーフは性の分野からと同様、食生活の諸現象からも象徴の可能性を引き出すことができる。愛する男性と愛される女性の間におけるように、食事をする者と食事との間にも自然の連帯性が成立する。このような経験から、宗教的な犠牲の食事という極めて古い神秘主義的習慣が出来上がった。そこからは次のような二つの考え方が平行して今日に及んでいる。その一は、敬虔な者たちは、いまそこにおわすと思われる神と集い合って、ともにこの犠牲の食卓につく（κοινωνία）という考え方であり、その二は、敬虔な者たちは、神、すなわち、人間や動物や物質によるその似姿を食べることによって、自分たちの神と融合する（ἕνωσις）という考え方である。我々が儀式的な食事という出来事を救済のモチーフと結びつけるときには、後者の場合のことしか考えていない。その場合、敬虔な人は欲望や飢えのために聖なる肉や血を呑み込むのではなく、神格と和して一つになるために、その神格が宿っていると考えられる食事にいわば身を捧げるのである（食神主義《テオパギー》）。儀式として聖なる肉を食べることは、人間の魂と神格とを妻《めあわ》せるということになるのである。それは婚礼《ガモス》の性質を持ち、従って当然あらゆる融合の行為と同様、有頂天の戦慄がともなうものである。性の感覚に関してと全く同様、味覚に関しても官能的快楽、すなわち口からはじまってその人間全体にひろがるような法悦というものが存在する。キリスト教の神秘主義者たちは、彼らが味わった神の甘さを称えるとき、この秘密を知っていたのである。「主がどんなに甘いかを味わい知れ。」(Gustate et videte quoniam suavis est Dominus) メヒティルト・フォン・マクデブルクは聖体拝領の際、法悦の発作にみまわれた。メヒティルト・フォン・ハッケボルン〔一二四一—九九。ゲルトルートとは姉妹、典礼聖歌の名手で、ミサの合唱指揮者でもあった〕は、自分たちの僧院の集会での聖体拝領の際、イエスが女性の聖体拝領者に接吻なさるのを幻想として見たのである。

かなり進んだ宗教はいずれも、それを食べることによって神の生命に与ることのできるような神の食物（ソーマー＝肉体、ネクター＝神の飲物）を心得ている。トーテム宗教の最も単純な形態にもすでに神秘主義的な食事の思想が現われている。トーテムの動物を食べることによって、それと一つになろうとする際には、その動物が発揮する加護冥助の魔力を、信者は期待しているのである。バッカスの巫女たちは、少年バッカスの代理をつとめる子供を、のちにはディオニュソスの聖なる動物である牡山羊を八つ裂きにし、神を感じるために、陶酔した興奮状態で、まだ生のぬくみのある、ぴくぴく動いている肉をがつがつ喰ったのである。アステカ族においては、彼らが一年間彼らの神の化身として神に相応しい尊敬の念を表わしてきた一人の人間を、忘我陶酔のうちに八つ裂きにして食べることが、極く一般的な慣行であった。古代インドの女性たちは、無優華のつぼみを性の神として食べたのである。中国人は神《シエン》を食べることで、道《タオ》に近づけると信じている。エゼキエルは神の命令に親しみ、それと一つに融け合うため、なかに予言者の使命がしるされている手紙を食べた。そして、その手紙は彼には「甘いこと蜜のよう」な味がしたのであった。(エゼキエル、三の一―一三)

キリスト教にあっては、聖餐をいただくことによって、「聖なる聖体拝領」、すなわち魂と神との合一が実現することになる。「人の子の肉を食べず、また、その血を飲まなければ、あなたがたの内に命はない……。」(ヨハネ、六の五三―五七)「わたしたちが祝福する祝福の杯、それはキリストの血にあずかることではないか。わたしたちがさくパン、それはキリストのからだにあずかることではないか。パンが一つであるから、わたしたちは多くいても、一つのからだなのである。みんなの者が一つのパンを共にいただくからである」。(コリント人への第一の手紙、一〇の一六―一七)聖餐に関する固有の神秘主義は、キリスト教神秘主義が一般に最も隆盛をきわめた丁度同じ時代、すなわち一三世紀にはじめて形成された。聖餐の神秘的性格や聖餐にしばしば与りたいという希望もまた、神との距離を重んずる崇拝の愛の信者たちにおけるよりも、宗教的な融合衝動が特に烈しい人々の間において、当然より強い形で現われたのであった。聖餐の思想は方々で、象徴的な神の形象を食べるという一層粗野な民衆風俗のなかにまで入りこんだ(胡椒入りの菓子や供物の菓子は今日なおそれを想起させる)。本来キリスト教神秘主義の宗派に属する東方教会では、以前から聖餐の神秘的な面が強調されている。復活祭前の土曜日に歌われる聖バジリウスの祈禱文には、食神主義《テオパギー》に対する次のような告白が含まれている。「王のなかの王は、屠られて信者の食に供されるために来給う。」「聖体拝領後の感謝の祈り」の一つのなかで、死すべき運命を担った人間は、「おお、なんという実り多き神秘なるかな、どうして屑にも等しき私が神の身体やその血を拝領し、不滅の身になれようぞ」と呻吟している。ここでは聖体の秘蹟は太古から神と人間との融合をおおってきたあの神聖な戦慄の念を少しも失ってはいない。鞭身教徒の聖体礼拝は遂には血の恐怖にまで漬かってしまった。このロシアの宗派は、酒神ディオニュソス祭典の時代遅れの奇形の分枝として、以前から我々の関心を惹いていたのである。ディオニュソス崇拝におけると同様、鞭身教徒の場合にも、自然宗教および救済宗教の両方の要素が共存して作用している。鞭身教徒は聖体や聖血をいただくことによって自己の救済を図るため、一人の聖母が生んだ子供を屠り、その肉体を乾かし、砕いて粉にし、パンにまぜて焼き、それを宗徒に分ち与えるのを習慣とした。まだ温みのある子供の血によっても、この拝領の儀式がとりおこなわれた。鞭身教徒に関するモスクワ大裁判の証人の一人は、正式の宣誓のもとに次のように証言している。「人々は承知の上で、それらのパンをとって食べた。それらのパンから共通の感情が宗徒仲間全体にひろがった。そして、彼らのうちそれを口にするものは、あの集会からもはや脱退することはできない。」（グラス『ロシアの諸宗派』第一巻、四五〇頁）この証言のうち、どの点が事実でどの点が単なる噂にすぎないか、明らかではない。もしも、その証言通りであるとすれば、それは儀式的な食神主義《テオパギー》に対する人間の太古からの神秘的傾向を証明するものである。

性行為と食物に関する現象とは、このようにそれらが結びついている内的な意図に応じ、それぞれ違った性格を帯びる。そして、肉体的欲求や、貪食本能やまたは救済のモチーフによって規定されることもある。これに対応して、性の要素のなかにはそれぞれ、動物的発情やエロス的享楽欲やあるいは救済をもたらす抱擁が与えられている。食物の分野では、発情に相当するのが飢えを満たす行為であり、享楽欲に相当するのが食道楽であり、救済をもたらす抱擁に相当するのが神秘的・儀式的食事である。第一の場合には動物的・肉体的強制が、第二の場合には享楽への勝手気儘な意志が、第三の場合には救済への衝動がそれぞれ働いている。自然の制約と、外見上の自由の所持と、自己脱却による自由の追求の三つは互いに対応している。動物的、ルクルス〔紀元前一一七―五七。ローマの将軍で有名な富豪。豪奢な大の享楽家として有名〕的、および神秘主義的な性愛というものが存在するように、動物的、ルクルス的、神秘主義的な食事というものもありうる。その場合、神秘主義的な食事は、食事の他の形態よりもむしろはるかに神秘主義的性愛に近い関係にある。というのも、決定的な重要性を担っているのは、肉体上の現象ではなく、それを支えている内的意図なのである。これらの作用因子の位階の転換のなかにこそ、精神的なものを肉体的なものの抑圧とか改良とかと説明し、精神的なモチーフの卓越した改善能力を否定するフロイトおよび他の自然主義者たちの重大な誤りが横たわっている。もしフロイトが正しければ、――この儀式的な食事を前にしたとき――宗教的神秘主義を抑圧された性愛とみなすことができるように、それを抑圧された消化とみなすこともできる筈である。生殖器それ自体には、口や腸に優るような神聖さはかけらもないのである。がしかし、フロイトが正しいとはいえない。セックスと食物の現象の背後には、救済のモチーフが（宗教的性質をおびた）ひかえているのである。そしてそれは、両者のいずれをも雇い入れ、手伝わせる力を持っている。しかし、これによって救済のモチーフがそれに同化し一体となることはない。救済のモチーフは男と女の関係にも人間と物質（食物）の関係にもとりつくことのできるものであるから、宗教的な象徴性においては、性と食事の現象間での象徴や隠喩の転換も可能なのである。これらの機能はそれ自体、互いに関連し合ってはいない。救済のモチーフは両者を同じ一つの超自然的な目標に関係づけることによって、はじめてこの関連性と比較の可能性とを生み出すのであり、そうしたことができるのは、それが精神的な性質を持ち、統一に惹かれるその性向によって、物質世界の分裂の法則を克服するからに他ならない。

宗教的な融合の衝動は、一つの感覚的現象、すなわち模倣において、自己の力を十分に発揮する第三の可能性を持つ。奥儀に通じた者はその場合、神または神と生き写しの動物の動きをまね、神の面をつけるが、これらはともに、自己から脱却し、神の本性に融け込み、それを体得したいためである。この場合、我々は身振り狂言や面の神秘的な性質に行き当たる。身振り狂言師の心理体験は、神秘主義的法悦の副産物にすぎず、自分とは無縁な性質のなかへ入りこむことによる心理的な変身と変化《へんげ》の現象にすぎない。真似る者は真似られる対象へと乗り移って行く。もしも現代の俳優が自分の舞台の役に融け込んで、神秘的な統一にまで達しようと努めるなら、彼はそのとき自分では気づかずに世俗的な立場で神秘主義的自己脱却を再現しているのである。彼の内面の変化はその心の奥底において、あのディオニュソス的神格への神秘的な感入と一派通じているのである。

このように宗教的な融合の衝動は、感覚的および象徴的に自らを表現することのできる三つの関係、すなわち愛を抱く者とその恋人との連帯、食事をする者と食事との連帯、身振り狂言師と面との連帯の三つを担っている。そして、神は、順番に、愛を受けるもの、食べられるもの、真似られるもののそれぞれの役を引き受けるのである。

法悦は融合の陶酔である。それ故、その補助手段になりうるものとして酔いの妙薬、とりわけ酒を好む。女と酒、愛の陶酔と酒による陶酔、これは大昔からの名コンビではある。ディオニュソスが一人で、性と女と酒の神を兼ねていることは決して偶然ではない。酒によって惹き起こされる酔いも含めて、酔いには自我を打ち砕く力がある。素面《しらふ》の状態はものを引き離し、萎縮させるが、酔いはものを結び合わせ、ひろげる力を発揮する。神秘的な状態の特徴は——宗教においてもエロスの世界においても——常に一種の酔った状態であり、感覚の喪失であり、朦朧とした状態への意識の解体である。酒にはこうした状態へ駆り立てる力があるから、愛する者たちや敬虔な者たちは、それを神の真の贈り物として好むのである。アルコールによって性の感覚がかきたてられることは、最も古い心的な経験によって知られていた。しかし宗教的感覚、特に神秘主義的融合を求める衝動もまたアルコールによって煽られる。酒は、自我脱却を防ぐために個人的自覚によって加えられた歯止めを取り払ってしまう。それ故、酒はペルシアの神秘主義者たちのもとでは、敬虔さの促進剤として舞踏や歌とともに大いに尊ばれている。キリスト教の聖餐では、酒は救世主の血を意味する。人々が感じているよりもはるかにしばしば救済の自己脱却への衝動から発する飲酒癖は、酒の神聖な力に基因しているといってよい。人間は己れ自身から離れようと欲して飲み、そして遂に自己忘却に至るのである。

法悦的な感動のなかでは言葉は歌に、歩行は踊りへとたかまっていく。このようにして音楽の二つの基本要素であるメロディーとリズムとが生ずる。宗教的およびエロス的な融合を得ようと努める者は、踊りや音楽の神秘的性質ならびに神秘的可能性に通じている。それらが法悦の表現であるのみならず、法悦をかきたてるための手段であることも心得ている。このようにして踊りはエロス的および宗教的な融合への衝動の補足手段となる。踊りはそれが持つリズムのエネルギーによって魂を鼓舞し、己れの殻から外へ流れ出て、他の異質の実体と和して一者のなかへ流れ入ろうとする意志と力とを与えるものであることこそ、常に見られる踊りの特色である。踊ることの自我脱却と融合との力は、そのエロス的な面からすれば、ソロの踊りやグループでの踊りよりも、むしろペアでの踊りにおいて、一層際立っている。この力は大昔から宗教的神秘主義においてよく知られている。回教の修道僧は、その狂わんばかりの激しい旋回舞踏のなかに、ロシアの鞭身教徒はそのラデーニエ(原注)のなかに、それぞれ神と人間の融合を求めるのである。神秘主義者たちは、契約の箱の前でのダビデの踊りを神秘主義的自我脱却の試みであると解するのである。最初の聖霊降臨祭のとき、使徒たちは踊りによって聖霊をよび寄せたといわれている。宗教的な舞踏熱は一四世紀、黒死病流行の時代に民衆を襲った。それは常に、肉が踊っている間は魂は神と合一している、という神秘主義的確信なのである。それ故、ジャラール・ウッ・ディーン・ルーミー〔一二〇七―七三。ペルシア文学史上最高の神秘主義詩人。全六巻の膨大な詩集『精神的マスナヴィー』はペルシア語のコーランと呼ばれ、彼の名を不朽なものにした〕は「輪舞の力を知る者は神の内に住む。というのも、彼は愛がいかに身を殺す働きをするか（すなわち、自我脱却の働きをするか）を知っているからである」と告げている。

（原注）この語は本来、慎重、熱意という意味である。

音楽には呪術的な面と神秘的な面とがある。一度敬虔な気持で教会の鐘の音に聴きいった者には、それが敬虔な教区民をよび集めるのみならず、天空へとたちのぼり、いわば無理にでも神に聞き届けてもらおうとするものに感じられたことであろう。その響きの力強さには何か呪術的な、心を強いるものが含まれている。ヨーロッパ各地では雷雨、雷光、霰に対して、さらにインドではバッタの大群に対しても鐘が打ち鳴らされる。ヒルデスハイムの処女たちは、昔、キリスト昇天祭に亜麻が背高く育つようにと教会の鐘を鳴らした。宗教にあってはブラフマン（梵）およびカルメン（祝祭歌、本来魔法の歌）という語句が、エロスの世界においては海の精ジレーネたちの神話やあるいは禁厭師《まじないし》の歌によって誘拐を助長する未開民族の風習が、歌の神秘的な力を暗示している。「黄金のアフロディテの営みの際にかきたてられる鐘の調べ」が男女の愛の焰を燃えたたせ、この同衾のベットのまわりで窺っているデーセンたちを追い払うことができるようにと、シヴァとパールヴァティーの愛の褥には、娼家のベット同様、宝石の鈴がつけられている。ドイツのあちこちの土地では、新妻のベットの下に鈴を結びつける。これらはみな、愛の生活のなかで響くものが持つ神秘的な意味を示唆する諸例である。一般にオルフェウスや動物の伝説やハーメルンの笛吹きの伝説などは、音楽の呪術的・誘惑的要素を強調するものである。

音楽の真の本質を成すものは呪術ではなく、神秘主義である。それは一元的統一へ自己を解消しようと努める二元的性質である。音楽の緊張は三重の構造になっている。不協和音と和音間の緊張、メロディーとリズム間の緊張、および（和音内部の）対位法的緊張、すなわちいくつかの声の対位法（点対点）の三つである。リズムがメロディーの強勢のある部分とない部分を交互に捉える（すでにショーペンハウアーがこの現象を指摘している）ことによって、両者は互いにわかれ、そして再び和解する。多《ポリ》声音《フォニー》楽においてはいろいろな音声が互いに近づき合おうとし、そしてドラマチックな展開のなかで再び互いに離れ、最後には共通の最終和音のなかで互いに和合するのである。この和声学の基本法則は平行を排除することである（音程の五度平行と八度平行の禁止を思い起こせばよい）。音声は、——フーガー（遁走曲）の技法形式に典型的な形で現われるように——最終的な和解に達するまで真に敵意をむきだしにした形で導かれなければならない。これら三つのすべての緊張を止揚する最終和音は、やはり最初は同じく対極的な対立から形成される、あの神秘的な融合に対比されるのである。音楽の神秘主義的性質といえるように、神秘主義の対位法的性質ということもいえるのである。

音楽的なタイプの人が婦人の愛に惹かれ、エロス的タイプの人が音楽に惹かれることはよく知られている。「音楽以上に愛に対し我々を感じやすくさせるものはない」とは、スタンダールの真に正鵠をえた言ではある。ギリシア人の間では、音楽的なものとエロス的なものとは、ディオニュソス的な型として豊かな発展をとげたにすぎない。これに対しアポロ的なギリシア人は芸術の点では造形芸術を、エロス的な愛の点では同性愛を特に好んだ。アポロ的なギリシア人は均整を志向する人間であったから、どのような均整をも認めない音楽とはいかなる関係をも持ちえなかった。インド人の間でも音楽的対極性は少しも表現されえなかった。彼らの宗教やエロス精神と同様、彼らの音楽にも対位法的要素が欠けている。ヨーロッパ人の耳には単調《モノトニー》として感じられる音楽の単旋律《モノフォニー》は、普遍的同一性（超越的一元論）のインド的意識の一部を成すものである。真のエロス精神や真の神秘主義や真の音楽は、二元性を、しかも対等の資格を持った基本要素による二元性を要求する。エロスの世界においては男女両性の対等性、神秘主義においては神と人間の本質的同族性、音楽においては音声の同値性がそれである。男性が女性に、神が人間に、ソプラノがバスに対し、それぞれ優位を占めるようなことは決して許されない。――まさにキリスト教西洋文化圏において、対等の相手による男女の愛と音楽の対位法とがともに相平行して発展をとげたことは決して偶然ではなく、むしろそれは、音楽とエロス精神が無限に深い奥底で結びついていることを暗示しているのである。

　神秘主義者や恋する者たちはこれまで常に音楽を高く評価してきたが、それは音楽が魂の奥底を和らげ、緊張をほぐし、自我脱却の気持をかきたててくれるからである。音楽はその効果を発揮するために、人間の思考意識の狭さを頼みにするようなことはない。我々の内にある永遠なるものは、音楽のなかで、有限必滅の個人が持つ不十分な意思疎通の手段など用いず、我々のまわりや我々の頭上に存在する永遠なるものと、直接の、親しい対話を交わすのである。音楽は、愛する者の心の内へ、そして超越世界の無我の境地へ、耳を澄ましながら入って行くことのできる可能性を授けてくれる。音楽は言葉よりもはるかに誤解されることがない。言葉では容易に表わせないことを、音楽は見事に表現する。神秘主義者の法悦的な吐露も学問的な陳述ではなく、実にこの音楽の即興と同質のものではある。

法悦的感激は音楽的な気分をかもし、音楽的感動は神秘的な融合を助長する。ここには相互作用が成り立っている。洗練を加えられて音楽になる前から、すでに音自体に何か熱狂的要素が含まれている。それ故、性生活においても意味を持つわけである。発情期の動物（蛙、鹿、ライオン、馬）は、その興奮を外にあらわすためであれ、性的な誘いをかけるためであれ、とにかく叫び声をあげる。雄鶏は刻《とき》を告げる鳴き声を出し、雌鶏は産卵のあとグァグァ鳴く。発情期の鳥は特別な囀り方をする。性の焔に燃えた興奮は人間からさえ、官能の呻き声から歓声や歌声に及ぶ恍惚歓喜の音を引き出すのである。エロス的体験は音楽的に表現されることを特に求める（とりわけ民謡やオペラに見られる如く）。人間は「調べと愛の二重の幸福」を求めるのである（ゲーテ）。

エロス的感激と同様、宗教的感激も音楽的な気分をかもし出す。すでに未開の原始民族においても、宗教的感激は礼拝歌へと人の心を駆り立てるのである。燃えている炉のなかの三人の男（旧約ダニエル書、三参照）は、彼らの唱える祈りを合唱にまでたかめている。踊り狂うバッカスの巫女たちは、ディオニュソスの牡羊のまわりで歌いわめく（τραγῳδία 山羊の歌〔悲劇（トラゴディア）という語の原義〕）。モハメッドは質問にこたえて、天の啓示を得るときには時おり耳に鐘のような響きがきこえると述べた。一方、音楽は熱狂的な恍惚歓喜の表現であるばかりでなく、その状態を喚び起こし、それを鼓舞するための手段でもある。それ故、音楽を法悦的な融合の補助手段として利用しようとする宗教的風習は、原始的な祭典歌からロ短調ミサ曲に至るまで、各種のものが地球上全体にひろまった。神秘的融合をおしすすめるために、ロシアの鞭身教徒たちはギリシア大教会ではみられない集団合唱をおこなう。音楽ないしはその他の補助手段によって陶酔状況をかきたてることができるという可能性には、強引に法悦を得るために、奥儀に通じた者が独断的な術策手管をひねりだす危険が潜んでいる。そしてその場合には、力への意志と貪食本能とが強引に神秘主義のなかへ入ってきて、真の神秘主義よりもむしろ呪術的魔力による強制に近いものにそれをゆがめてしまう。真の神秘主義とは、常に愛を通して救済をもたらそうとする献身なのである。

貪食本能は救済への道の出発点のところに、融合衝動はその終着点のところに位置している。抱擁する男女の愛は最も親密で最も成熟したエロス的な種類の愛であり、神秘主義的敬虔さとは最も親密で最も成熟した宗教性である。男女の神秘的融合とは個人性からの脱却と、充実した全なるものへの昇華を直観的に体験する能力が我々にあることに対する一つの比喩である。人間と神との神秘的な融合は、愛の宗教の最も完成した形である。それは神と人間の関係において最大の信頼の念を表わす。最初の宗教的な感情の根源的戦慄からは無限に遠いところで。テレサは神秘的な陶酔の続いている間、自分は「大胆な態度で神と」言葉を交わしている——と自ら語っている。奥儀をきわめた者は神に極く親しい親近性を感ずるのである。だから、アウグスティヌスは、我々は「キリスト教徒であるのみならず、キリスト自身である」(christi non solum christiani) べきだと要求したのである。敬虔な魂のなかで、キリストのたびかさなる化身を信ずることが神秘主義者たちの特色である。すなわちキリストは一つの理想の姿であり、完全に神と合一した人間であるが、奥儀をきわめた敬虔な者は誰でも、キリストの救済行為を自分自身のなかで再現することができる。神格との関係においてこのような自己体験を得るためにこそ、宗教的人間は長い受難の道を歩んできたに違いないのである。神秘主義は常に一つの結着、すなわち完成の成熟度を表わすものである。神秘主義は常に宗教の絶頂期に現われる。神秘主義が体験され、語られる際のあの一致した態度こそ、神秘主義の位階の高さを証明するものである。神秘主義的諸体験は、殆どすべての文化や宗教において完全な一致がみられるほど、互いによく似かよっている。これは神秘主義者が全一なものに、全の精神に最も近いことに起因している。超越的な問題においては、一致は決して通俗性のしるしではなく、真理の保証なのである。神秘主義者は、自己の宗教的諸体験をドグマのなかにでなく象徴のなかに、反省のなかにではなく直観のなかに、概念としてではなく表象として保持している。神秘主義は比喩の儀式を好むドグマなき敬虔性である。ドグマは引き離す作用をする。それはいろいろな宗教のでくわす危険性である。宗教的体験を言葉のなかに閉じ込めようとする試みがなされるなら、そこには誤解と分離が始まるのである。

神秘的融合、エロス的融合、および宗教的融合のなかで、救済のモチーフは世界目標、すなわち神と人間の再融合を先取しているのである。この点にこそ、「神秘な合一」(unio mystica) の形而上的な意義がある。神秘主義的世界像においては、救済をもたらす男女の愛の忘我陶酔の行為も小規模な宇宙的和解(小宇宙的和解)である。宇宙のどこか目につかぬところで、人間と世界との間の亀裂がその口を閉ざすのである。神秘主義的宗教性の法悦は、次の段階、すなわち個々の魂と神との和解を意味するものである。これに続いて次に第三の、しかも最高の段階、すなわち世界と神との和解がおとずれる。従ってあらゆる神秘的な愛こそ、エロス的な愛も含めて、世界現象の最終目標を目指すものである。

救済のために愛を抱く者は贖罪ではなく、神格のなかへの没入こそ、救済の目標であると見做すのである。「罪を免れたいのではなく、神でありたいと願う熱意」(*Η σπουδὴ οὐκ ἔξω ἁμαρτίας εἶναι ἀλλὰ θεὸν* εἶναι, プロティノス）死の宿命を負った人間も救済のモチーフにとりつかれると、崇拝の愛の熱狂にあるときのように、単に神を観るだけではなく、融合の歓喜のなかで自我脱却の状態であること、すなわち「神である」ことができるのである。神秘主義的形而上学にとっては、人間の内部での神の誕生こそ、人間の達成しうる最高のものであり、それに達したこの至福の瞬間に森羅万象一切の真意が成就するのである。個人の生の最高の体験と世界目的とが触れ合い、積雲が裂け、我々は事物の神聖な根源へ最も深い理解を持った感激の目差しを投げかけるのである。

第六章　退化の諸形態

病理学的な考察は、一層深い洞察を加えようとするあらゆる心理学的試みにとって極めて有益なものである。正常と異常とを分けている流動的な境界線を一歩踏み越えると、異常なものに対してだけではなく、正常なものに対しても心眼は鋭くとぎすまされるのである。健康な人にあってはその素地のなかに僅かにその徴候が認められるにすぎないものが、病人においては異様な形ではっきりと外部に現われる。病理学という鏡には、心の特性が拡大されかつ同時に歪められて映し出される。この鏡の操作を心得ているものは、健康体におけるよりもずっとはっきりと、その鏡のなかに心的諸現象の本質が映し出されているのを認めるのである。宗教とエロス精神との関係も健康な魂よりも病んでいる魂のなかに一層際立って現われる。そこでフランスの精神病理学では、まさしくエロス的・宗教的精神錯乱という言葉がいつも使われるのである。——我々は、精神的に健康なものと精神的に病的なものとが、本質的に異なってはいないという根本的な確信から出発している。健康な要素も極端に亢進したり、それをおさえようとする抑制力に圧迫されたり、調整の働きをする反対の力が奪われたりすると、病的となる。精神病はその性質からみて、精神上の均衡障害であり、精神的諸要素の転位であって、決してその変質ではない。

性愛と宗教愛のなかでこそ、絶対的なものが人間の心に触れるのである。そして有限必滅の人間は、超自然的なものとの出会いによって、そのなかへ突き落とされる烈しい動揺と狼狽とに耐えることができず、ものに憑かれたように茫然として、精神の均衡を失い、病的な奈落のなかへ転落してしまうという危険が、すでにこの愛の絶対的な性格に因って最初から当然存在しているわけである。絶対的なものは知覚しうる世界の縁へ、しかし同時にまた有限な意識の縁へ駆り立てる働きをする。性的熱狂と宗教的熱狂とは最初からともに変則へと向かうものであって、すでにプラトンはこの点を見抜いていた。彼は恋慕を一種の狂気と呼び、他方では狂気を神の啓示として称えた。

エロス精神におけるこの狂気の最も穏やかな形態は嫉妬である。宗教においてそれに当たるのが狂信(宗教的ファナティシズム)である。嫉妬と狂信とは熱狂の歪んだ形である。それはエロスと宗教の排他性の病的な形態である。嫉妬深い者は、自分から恋人を引き離そうとしたり、自分と争って恋人を奪おうとする人間に対し、戦いを挑む。狂信者は、自分の神を軽視するすべての人間を敵とみなして戦う。愛される者の世界には、愛する者はただ一人しか存在すべきではない——と嫉妬深い者は要求する。世界には唯一の神しか存在すべきではない——と狂信者は要求する。嫉妬にも狂信にもその前提として、一つのものに集中するということがなければならない。嫉妬は一なる愛がなければ現われえないし、狂信もまた唯一の神に対する信仰がなければ現われてこない。一夫多妻の状態においてはいかなる嫉妬も生じることはないし、多神教においてはいかなる狂信も生じないのである。未開民族が嫉妬深いことは極く稀れなことであり、しかも、宗教的な非寛容の態度において特に目立つということは決してない。

排他性への衝動は、その人を犯罪に駆り立てるほど、強烈なものにふくれあがることが有りうる。エロス精神では嫉妬による殺人に及び、宗教にあっては聖戦や神の御名においての大量虐殺に及ぶ。嫉妬と狂信は、常にかつ必然的に残忍な行為に走る素地を含んでおり、この場合に我々は、宗教やエロスの本質自体のなかにその動因が与えられている、あの残忍性の第一の形態に出くわすのである。手の届かない魂の奥底では、力への意志と一脈相通じているか、ないしは通じうるあの排他性への衝動を、力の残忍な行使にまで高めようとする性向は、女よりも男の方がはるかに強いのである。それ故、嫉妬と狂信は男性の魂に含まれている特別な危険性ということになる。嫉妬を扱った文学の古典――シェイクスピアの『オセロー』、レオ・トルストイの『クロイツェルソナタ』、アルツィバーシェフ〔一八七八―一九二七。ペシミステックなエロス的要素を持った作家で、人生の価値を否定する非道徳主義の彼の基本思想はその代表作『サニン』に最もよくあらわれている〕のドラマ『嫉妬』――において、嫉妬から兇行に及ぶのは常に男性であるし、また宗教裁判官といったタイプの、宗教史上、手を血で染めた狂信者たちは例外なく男性であった。

エロス的な愛と宗教的な愛には、たとえそれが緊密な関係でなくても、およそ恋人や神格と関係するものをすべて高貴なものにする性向があることは、別の箇所ですでに強調した通りである。こうした関連において、我々はすでに呪物崇拝という言葉を漏らしたが、しかしそれによって病的なものを言い表わしたわけではなかった。というのも、恋人の二、三の際立った魅力に注意を集中したり、恋人の周りのいろいろな対象にまでその愛をひろげたり、あるいは聖遺物を自分の宗教的崇拝のなかへ含めたりしているぐらいでは、その人には精神病のどのような徴候も認められない。恋する男性に対して、恋人自身よりもむしろ肉体の部分的魅力（目、声、髪等）や、または物的対象（恋人の靴）が一層強く作用するとき、性的な呪物崇拝ははじめて病的なものとなる。あるいは人間全体に代って、部分だけが作用する場合にはまさに病的であり、さらに特定の個人に対する関係がもはや認められないとき（どんな婦人靴も呪物となる）には、最終的に病的なのである。肉体の部分的魅力や、特定の事物に対する病的な関心の集中には、常にそれを説明しうる個人的な理由が存在する。すべての性的な呪物崇拝者の生活には、唯一の印象を官能的な快楽の感情で満たすように彼に仕向けた出来事があったに違いない。これは宗教的な呪物崇拝に関してもいえることである。ただ後者の場合には、病的な方向を強要するのは個人の体験ではなく種族全体の体験である点が異なるのである。男根崇拝も呪物崇拝の性格を帯びることがありうる。すなわちそれは、宗教的な神格の崇拝によって意識的に肉体の一部に限るという制約が加えられている場合において、要するに、信者によって男根が絶対的な創造力の象徴としてではなく、男根は男根として崇められる場合においてである。その場合に限って、呪物崇拝といえるのである。というのも、呪物は決して比喩ではなく、常に物でしかないから。呪物には、呪物それ自体としての存在以上の意味はない。色どりを加えられて脚色された呪物崇拝は、性愛および宗教愛のなかに働いている絶対的な理想化への衝動の倒錯ということによって説明がつく。

次のような退化の形態——エロス的ニヒリズムと宗教的ニヒリズム——は、崇拝の愛の病理学の範疇に属する。崇拝の愛は、愛の念を抱く者と崇拝を受ける対象との間隔を極度にひろげようとする危険を孕んでいる。その場合、愛の念を抱く者は自分が求めるものをもはや見出せないが、しかしそれを忘れることはできない。こうして、愛を求める者と神を求める者の悲劇的な基本タイプが成立する。その例として今、二人の名前を挙げるが、両者はおそらくこれまで一度も対比されたことがなかった。すなわちそれはドン・ファンとニーチェである。ドン・ファンは決してエロスの道の天才ではなく、エロス的ニヒリストであり、ニーチェは聖者ではなく、宗教的ニヒリストである。その場合、ティルソ・デ・モリーナ〔本名ガブリエル・テーリエス、一五七一―一六四八。カルデロンと並ぶスペインのバロック文学の最もすぐれた劇作家。『ドン・ファン、またはセヴィリアの色事師と石客』も代表作の一つである〕の劇物語『セヴィリアの色事師』として世界文学のなかに登場した最も古いドン・ファン・テノリオのことを念頭においているのではない。また、良心を欠いた女たらしとして描かれる通俗的な、おきまりのドン・ファンのことを考えているのでもない。我々がいま思い浮かべるのは、ドイツではE・T・A・ホフマン〔一七七六―一八二二。ドイツロマン派の代表的な作家。怪奇的要素を持つ多くの小説を書き、『ドン・ファン』もそのうちの一つである〕をもって始まり、フランスではアルフレッド・ド・ミュセ〔一八一〇―五七。フランスの作家。早熟の天才で、ジョルジュ・サンドとの恋は有名。その体験を悲しみに満ちた告白詩にうたった他心の孤独、内面の淋しさをテーマにした感傷的な作品を書いた〕をもって始まる、一九世紀および二〇世紀の深い心理的な解釈と特色とを携えたドン・ファン像である。それ以来ドン・ファンは、もはや『石の客《まろうど》』の復讐に挑戦する単なる大の無法者でも、また冷笑的な女泣かせでもなく、一人の悲劇的な人物であり、その不誠実さと冷酷さはまさに彼が理想の女性を求めてやまないことに起因する一人の報いられることなく苦闘する人間である。こうしたドン・ファンはファウスト的性格を担っている。彼は崇拝の愛の態度をもって愛する。彼は心のなかに密かに神聖な女性の理想像を抱いていて、それを現実のあらゆる女たちに求め、結局どこにも見つけることができない。しかも彼が一番強く惹かれるのは、最も清純な女性であり、マドンナの一番近い近親者である尼僧なのである。彼は女性を愛する男性ではなく、女性に愛され、女性の方がその虜になるような男性である。彼が女性たちに期待するものを女性が持っていないために、彼は嫌悪の念を抱きながら彼女たちにみきりをつけ、背を向けてしまう。彼女たちは、彼の溢れるばかりの旺盛な空想力が柔らかな輪郭をもって彼の心のなかに描き込んでいる像に比べ、あまりにも見劣りがするので、彼は彼女たちにその復讐を企てるのである(フェルシャアン・マルフィーユは彼の一一巻からなる『ドン・ファンの回想録』一八四七、パリ、のなかでドン・ファンの愛の無法行為の根源として空想力を指摘した)。ドン・ファンは真に悲劇的な性質の持主である。彼の憧れの像の色あせた魔法の光は、とめどもなくさまよって次々と女性に触れはするが、その憧れの心像は一度として一つのものにとどまることができない。そして、その像と外部にあらわれた姿とは、繰り返し出会っては失望し、憎々しく思いながら再び別れ去るのである。これこそ、最も深い意味における「不幸な愛」ではある。ここで問題なのは、報いられない愛着の不運な個々の事例ではなく、愛を抱く者が彼の愛の行為そのものの限界にまで達していることである。彼は苦痛を覚えながら、自分のエロス的な憧れが充たされえないことを悟る。それ故にドン・ファンはヴェルターよりもずっと不幸である。ヴェルターではなく彼こそ、愛の大いなる受難者である。

両極端はまた相通じ合うことがあるように、悲劇的な愛の探求者も恥知らずな好色漢と混同されやすい。一方の男は大変高い愛の理想を抱いていて、いかなる女性においてもそれが実現している姿を見出すことができず、それ故、多くの女性のなかにあたら無駄にそれを追い求めている。これに対し、もう一方の男の理想は極く通俗的なものであるから、彼は多くのもしくはすべての女性のなかにそれを見出すのである。高貴なものにも賤しいものにも、ともに男たちをして、無数の女のしりを追いまわすように仕向ける力がある。最も高貴な種類の愛は最も低俗な愛に変ずる。しかし次にこの愛は、急に破壊の意志に変貌する。この場合に我々は、エロスの残忍性の第二の形態に遭遇するわけである。ドン・ファン型の愛の探求者においては、彼が一人の女性をじろじろと吟味し始めるや否や、いつも彼の心の内部から、これもその唯一人の女《ひと》ではないぞ、という声がひびいてくるのである。そして彼は満たされぬ崇拝の衝動の故に女性憎悪者になり、溢れるばかりの愛の故に女性の敵となる。エロスの道の幸運な大家ともいうべきカザノヴァには、あらゆる女性が理想の女に見えるのである。ヴェルターはシャルロッテを理想の女性だと思っている。ドン・ファンはどんな女性をも理想の女だとは思わない。それ故、彼はあらゆる女性を侮辱し、不幸に突き落としたいばかりに、彼女たちを追いかけるのである。再三にわたって裏切られた彼の愛の憧れは、彼を復讐の執念に燃える人間に作り上げ、しかもその復讐心は彼をエロスの道の征服者に仕立て上げるのである。彼は崇拝することができないから、相手を奴隷にし始める。これが崇拝する愛のもつ逆説である。道を誤った崇拝の衝動は、もはや力の陶酔のなかでしか、そのエネルギーを発散させえない。ドン・ファンは見間違えられる危険が生ずるほど、彼の正反対のタイプ、すなわち最も低俗な種類の愛を持った人間、所有本能と貪食本能とによって形成されている人間に近づくのである。このニヒリスト的なエロス精神の破壊的悪魔性に抗して、告発と怒りの態度をもって立ちあがるものこそ犠牲に殉ずる人々である。これは特にレーナウ〔一八〇二−五〇。ビーダーマイアー期のドイツの詩人。彼の性格の特徴である焦燥感、人生に対する無力感は彼のメランコリックな代表作『葦の歌』によくあらわれている。その『ドン・ファン』は断片にとどまった〕のドン・ファン劇やボードレールの『地獄のドン・ファン』の詩のなかで強調されているモチーフである。リットナー〔一八七三−一九二一。オーストリア・ポーランド系の作家。メランコリックな気分に支配された新ロマン派的ドラマ、空想にとんだ長篇や自然主義的要素のある短篇、さらにはエロス的な色彩の濃い詩などを書いた〕のあるドン・ファン劇では、復讐心に燃えた女たちが魔法使いの服装をして、彼女たちの、刺し殺された虐待者の死体のまわりに群がるのである。

女性に関するドン・ファンの場合と全く同じなのが、神々に関するニーチェの場合である。限界一杯までドン・ファンはエロス精神を、ニーチェは宗教性を背負い込んでいる。彼は、「自分の心の奥底で厳粛に祭壇を奉った未知なる神」に叫びかけるのである。彼は永遠なる者の前で跪き、それを崇拝したいと心から憧れている。彼には神に対する崇拝の愛の基本的な姿勢がそなわっている。彼は決して神秘的な方向を目指す性質の持ち主ではなく、徹底的な人格神論的感覚を持った性質の人間である。しかし彼の心の目は決して絶対者を見上げようとはしない。それが彼の宿命である。未知なる神は彼の目から姿を消して現われない。彼は傷ついて、次のような呻吟の叫びをあげる。「私はブルクハルト〔一八一八−九七。スイスの文化史の大家〕やテーヌ〔一八二八−九三。フランスの哲学者批評家。実証主義の代表的思想家〕とともに、自分を最も徹底したニヒリストの一人だと思っている。勿論私自身、逃げ道やそこを抜けさえすれば何かに達しうるそうした穴を見つけることにまだ決して絶望してはいないのだが。」（ローデ〔エルヴィン・ローデ、一八四五−九八。ドイツの古典文献学者。ニーチェとの友情関係はよく知られ、『フリードリヒ・ニーチェ、E・ローデ書簡集』は一九二三年に刊行されている〕宛、一八八七年五月二三日付の手紙）ドン・ファンが彼のマドンナへの愛を娼婦たちによって裏切ったように、ニーチェも絶望して、彼の神に対する熱い憧れの念を偶像によって裏切るのである。それは、まず「優れた人々」、すなわち失われた存在の意味を回復させるべき「未来の新しい指導者」であり、次には超人の理想像となり、そして権力への意志、永遠の回帰というディオニュソスの熱狂的賛歌の定式において、彼が神として崇める生そのものとなり、最後、彼の思想の、色あせ力つきた最終点では、風土の神話となるのである。このような偶像のどれ一つとして、彼の期待に耐えうることができない。すべてがその期待を裏切り、彼の目の前で消えうせて無に帰してしまう。ドン・ファンが次々と女性を追い求めるように、彼は次々と幻を追い求める。それは、両者がともに——それぞれまったく別の世界に——求めている絶対的価値を見出すことができないためである。ドン・ファンのエロス的な崇拝の衝動がすぐに破壊的な女性の奴隷化に変るように、ニーチェの生来の敬虔さもすぐに狂信的な神の否定に変るのである。ドン・ファンの女性憎悪に当たるのがニーチェの怒りの無神論である。ニーチェは神を見出せぬことに対する復讐から神を否定する。同じようにドン・ファンも、自分が自分の心のすべての糸によって神聖な女性的なるものに繋ぎとめられているにもかかわらず、それを否定したのであった。ドン・ファンはエロス的ニヒリストの典型であり、ニーチェは宗教的ニヒリストの典型である。両者においては満たされぬ憧れが、結局、力への陶酔として生命をまっとうし、燃えつきるのである。ドン・ファンがエロスの道において女性征服者になるように、ニーチェは哲学において権力の祭司となる。両者とも、自分の根本的な衝動に反して、互いにそのようなものになるのである。彼らの力への本能は、それが神格であろうと一人の女性であろうと、とにかく最高の価値の前で僕《しもべ》の心をもって平伏したいという、常軌を逸した衝動に他ならない。彼らは、愛の心を持つ者ではありえないから、一人は行動において、もう一人は思想において、それぞれ他を征服する破壊者になるのである。彼らのニヒリズムは崇拝の愛の退化の形態であり、崇拝の愛自身とまったく同様に、宗教にもエロス精神にもともに一致して現われねばならなかった著しい特徴を持つ病的現象である。

同じことがマゾヒズムについてもいえる。精神病学の教科書や論文には、性のマゾヒズムに関する細かい観察が無数に載っている。しかしまた、いろいろな歴史的な例も伝わっている。すなわち、ウルリヒ・フォン・リヒテンシュタイン〔一一八一―一二七六。中世ミンネの歌い手で叙事詩人でもあった。ルードルフ皇帝の高官として詩人・役人両面にて活躍。『女性読本』を書く〕やピエール・ヴィダル〔一一七五頃―一二一〇頃。プロヴァンスのトルバドゥールであった〕やフランスのガロア兄弟団などがその例である。文学上の最も有名な事例となっているのがアベ・プレヴォー〔一六九七―一七六三。副修道院長でありながら、しばしば恋愛事件に身を投じ、また多数の恋愛小説を書いた〕の書いた『マノン・レスコー』である。maîtresse（女主人）の本来の意味も、古代の domina と同じく、男のマゾヒスト的性向を示唆するものである。これらすべての退化の形態に対応するものは宗教の領域にも存在する。精神病学の文献は、セックスに関する例よりも、はるかに宗教に関する例に乏しい。がそれは、ヨーロッパにおいて宗教が衰退したときにはじめて精神病学が起こったという事情から説明されなければならない。その代りに宗教史は、その厖大な資料によって十分それを補っている。鞭打（難行苦行、鞭打苦行）は広く一般に及んだ宗教上の風習である。フラヂェランティスム〔鞭打苦行派〕という表現は実に宗教の世界から出たものである。それは本来、一三世紀から一五世紀に至る偉大な鞭打修道僧の遍歴をいい表わすものであった。この遍歴に参加した者たちは、コリント人への第一の手紙の九章二七節をその根拠として引き合いに出した。こうしたことによって、今日我々は鞭打苦行の歴史的ならびに精神病学的な概念を持ちあわせているのである。歴史的な概念は宗教的倒錯に、精神病学的な概念はセックスの倒錯にそれぞれ関係し、ここにもまた宗教的用語とエロス的用語との間の転換の例が認められる。

ヘブライの宗教は「民のうちから断たれる」（レビ記二三の二七―二九）刑を以て、贖いの日の禁欲苦行の規則を定めた。瀉血（舌と耳に穴をあける）は、曾てアステカ族において好んで行なわれた犠牲と崇拝の形態であって、王たちすらそれを行なったのである。血を流す鞭打者の祭りは、アイサワやシャイク・ルファイの宗派でも行なわれる。ロシアの画家ヴェレシュチャギン〔一八四二―一九〇四。ロシアの戦争の絵を特に好んで描いた写実的な画家〕をして、恐怖を催す彼の絵の一つを描くまでに感激させたシイート派のモハレム祭も、残忍な自虐行為によって一頭地を抜くものである。中世のキリスト教神秘主義は、まさに肉体の憎悪にまで進んだ自虐による苦行の綱要ではある。ハインリヒ・ゾイゼはなんという呻き声をあげながら、拷問から次の拷問へと身をひきずっていったことであろうか（彼の自伝一七―一九参照）。一五八〇年頃に、ロレンスのカルメル会の尼僧であったマリア・マグダレーナ・ダ・パッツィ〔一五六六―一六〇七。生涯をフロレンスで送り、カトリック神秘主義の歴史にとって重要な著書をあらわす。一六六九年より聖女に叙せられている〕は、すべての尼僧たちが居合わせているなかで、尼僧院長によって鞭で打たれることを自分の最大の喜びと感じた。その際彼女の口からは、「もう十分です。私を焼きつくすこの焰をこれ以上強くしないでください。私が願っているのはこのような種類の死ではありません。それはあふれるばかりの喜びや幸せが伴っているものです」というような言葉が漏れた。足で踏みつけられたいという宗教的欲求――ツルゲーネフ〔一八一八―八三。ロシアの作家。写実的な自然描写と鋭敏な心理観察をもって十九世紀中葉のロシアのあらゆる社会問題をテーマにした作品を書いた〕は彼の『奇妙な物語』のなかでこうした二、三の例を書いている――は、セックスに関する靴の呪物崇拝との比較を示唆するものである。糞食すら宗教生活のなかに己れに見合った相棒を見出すのである。自虐の苦行を行なうために、アントワネット・ブリニョン・デ・ラ・ポルテ〔一六一六―八〇。狂信的女性神秘主義者。ハンブルクで神秘主義者のポワレーと一緒になり、各地をめぐり客死。十九巻に及ぶ宗教上の著作がある〕は食べ物に排泄物をまぜ、マリア・アラコックは自己に「禁欲苦行を課すために」、病人の喀血、喀痰を舐め、膿腫で形の歪んだ彼らの足の指を吸ったのである。

マゾヒズムおよびそれが性生活ならびに宗教生活に一致して現われる現象とは、自然主義的な立場からは説明することができない。特にフランスの医学や精神病学に見られるような、自然主義的な解釈の試みは退けられねばならない。マゾヒズムは鞭打の反作用から成立したものではない。鞭打は、それ以外のものはすべてそれに付随しているといったような、事柄の核心を成すものではないのである。肉体を打つという機械的な刺戟ではなく、辱めを受けたという思いこそが、マゾヒストの官能的快楽をもたらすのである。臀部が性感帯であるとの説は、恐らくその通りであろう。しかしマゾヒストたちは臀部ばかりではなく、背中をも打つのである（一三世紀の宗教的鞭打苦行者のように）。しかも多くの人は、一般に肉体的な懲らしめという点はすべて無視するのである（靴の呪物崇拝者、糞食者）。しばしば見られる「観念的マゾヒズム」――空想における忍苦――は、機械的な原因なしに現われるものである。このような多数の例においてマゾヒストは、苦痛を受けずに屈辱を感ずる状態を求めている。そして彼が虐待されたいと欲する場合、彼は苦痛の甘受を自分の肉体に対する直接の効果というよりも、むしろ自分の屈従の象徴的表出とみなし、またそれを請い求めるのである。こうした宗教的マゾヒズムを説明しえない最たるものこそ、自然主義的なものの見方である。自然主義的な見方は、たとえば宗教的なマゾヒストは性的快感を刺戟するためにただ自分で自分を責めたり、人に責めをたのんだりするのだ、というような極端な歪んだ見解にならざるをえない。そうなれば、宗教的マゾヒズムは決して宗教的な退化の現象ではなく、性的な退化の現象になってしまう。宗教的マゾヒズムは一般にもそんなものではないし、中世の鞭打苦行の歴史的な事例においても絶対にそんなものではなかったのである。

崇拝の愛は愛する対象を偉大にし、愛を抱く者を矮小化しようとするのが、その性格上の特徴である。何かを崇拝するということは、それを自分よりも上へ持ち上げることである。崇拝するものの前に自らぬかずくことはただ消極的な意味を持つにすぎない。崇拝するということには、その消極的な面として、完全に自己を滅却したいという衝動に及ぶほどの、自己卑下の願いと意志とが含まれている。この衝動からマゾヒズムが生まれてくるのである。厳密に解釈すれば、マゾヒズムは性的なものの病理学の範疇に属するのではなく、宗教的なものの病理学の範疇に属するのである。マゾヒズムは崇拝の（神の、ないしは男女両性の）愛の退化の一形態であり、その愛のなかに隠れた胚芽として眠っているものである。愛の念を抱く主体の自己破壊への萌芽は、この種の愛自体のなかに含まれている。愛の念を抱く者がその崇拝する対象を見失い、感情の後に残った重みを一人で担えば担うほど、この愛のマゾヒスト的な性向は増々強く現われてくる。もはや客体の価値を高めることではなく、主体の価値を引き下げることが、この場合、愛を抱く者の唯一の目標となる。その崇拝の衝動は——ドン・ファンやニーチェ型の場合のように——真のニヒリスト的な感情に急変するが、マゾヒズムにおいて、破壊をもたらすものは——ドン・ファンの場合とは違って——決して力への本能と絡み合っているのではなく、また外部へ向けて破壊力を揮うのでもなく、全力を集中してその愛の念を抱く個人に立ち向かうものである。これが、愛の念を抱く者自身に向けられた、エロスと宗教の残忍性の第三の形態である。

このような見地（精神科学的心理学の）からマゾヒズムを考察する場合にのみ、なぜそれが崇拝する愛の退化の形態として、この崇拝の愛自身と全く同じように宗教とエロス精神に一致して現われなければならなかったのか、またなぜ女性にではなく、殊に男性に顕著なのかが明らかになる。というのも、崇拝の愛の特徴を述べた際に強調したごとく、宗教の場合にもエロス精神の場合にも、崇拝の（人格神論的）姿勢は、しばしば男性にこそ適したものであるからに他ならない。崇拝は性本能と融合して崇拝するエロス精神になりうるし、宗教感情と融合して崇拝する信仰心になりうる。そして両者の場合ともマゾヒズムに退化することがありうるのである。マゾヒズムは、女性よりもはるかに頻繁かつ強烈に男性の身を焦がす絶対的な救済の欲求の疾病として現われる。すなわち、その自己保存本能である最も本然的な本能にさえ抵抗し、性の感覚すら自己のために強引に雇い入れ、本来その感覚に具わっていない方向を指示しうるような欲求である。

宗教的なマゾヒズムは道徳的な衣の下へ隠れたがるものである。その場合、信者にとっては自己を滅却したいという自分の衝動は、高められた罪の感情および懺悔の要求として意識される。すなわち彼は、難行苦行の行為に関し、それが罪の重みをはっきりと和らげる点を高く評価するのである。真のマゾヒスト的自己矮小化の衝動は、このような懺悔の行為のなかで十分にその力を使い果たすことができるのか、それとも難行苦行はただ贖罪の目的のための手段としてしか役に立たないのかは、しばしば決定し難いことになろう。

マゾヒスト的欲望がそれを目指して突進するところの、微かにかすんで見える最終目標は、完全な自己止揚であり、自己抹殺である。クラフト＝エービング〔一八四〇―一九〇二。精神病医で、シュトラースブルク、ウィーンの教授を勤め、神経学、精神病学、犯罪学の分野にて活躍、性生活の現代的な心理、病理学の基礎をきずいた〕（『性の精神病』、一一八頁、考察の六二）は、女たちによって切りきざまれ、遂には殺されると想像することで性的快感がかきたてられるある男性の例を伝えている。金持のマゾヒストは、横柄尊大な女たちから屈辱を受け、死の判決を言い渡されるようなすべての舞台場面の上演を企てる（フォーレル〔一八四八―一九三一。スイスの精神病医兼昆虫学者〕『性の問題』、二六八頁）。ボードレールは自分の死体が絞首台に吊され、鳥に喰いちぎられている光景が目に浮かぶという想念に酔ったのである（『悪の華』、『キテラへの旅』）。宗教においては、マゾヒストの自己滅却への衝動はしばしば（たとえばフランチェスコ〔アシジの聖フランチェスコ、一一八二―一二二六。キリストを内的に体験し、キリスト自身の精神を体現した改革運動の提唱者で、徹底した貧困と献身の生活を送った〕）死の殉教への願いとなって現われるのである。神の御前で消滅し、無に帰したいというその点にこそ、喜びに満ちた救済の力がある。その際、崇拝する存在と融合するためには自己滅却が必要である、という考え方が支配しているなら、そこにはまた神秘的マゾヒズムの変種が認められるのである。愛の念を抱く者は、自分の個性がどれほど強く自分の神秘的合一を妨げるものであるかを痛感する。だから、個性を打ち砕きたいという抗し難い衝動が生まれてくる。この融合の本能に内在している自我脱却の傾向は、ニヒリスティックな面が強調されすぎて、最後には肉体の嫌悪および自己抹殺への意志として作用する。この現象も性生活と宗教生活の両者に一致して現われるものである。

特にこれに属するのが、鎖につながれるとか、あるいは何か他の方法で抵抗力を奪われるとかといった想像を持たずには、性行為をなすことのできない愛を抱く者の諸例である。彼が自我脱却を果たすためには後押しの助けが必要である。ジュルツが『ウイーンの医学週報』の一八六九年の四九号に報告している例はこれとよく似かよっている。すなわち、二十八歳のある男性は人為的に立腹させられたときにしか、自分の妻と性の交わりをすることができないという。個人の意識をくもらせるその怒りは、彼の自己脱却のために、己れが無力であるという思いと同じ効果を発揮するのである。ゴットフリート・フォン・シュトラースブルクがその叙事詩のなかで詠っているような、二人つれだっての殉愛死も、愛する二人は互いに現世的な個性を自害において止揚するときにしか、完全に一つになりえないという考えに支配されている。

神秘的マゾヒズムは、性生活よりも宗教生活のなかに一層頻繁に現われる。無数の民族や宗教が法悦的な自己加害の行為をともなった忘我陶酔の儀式に通じている。神格との融合を完全に味わいつくすために自我を捨て去ってしまいたいとは、神秘主義的感情を持った人間のしばしば口にする願いである。苦しみのなかで自分を矮小化したいという彼らの憧れは、神格との合一に対するヴェールを被た憧れなのである。苦難に対する神秘主義的熱望を証明するものは多数存在する。「神秘主義者の魂は陶酔をもたらす慰めの一つを体験したあとでは、特別の苦しみ、すなわち、いくら苦しんでも苦しみすぎることはないという苦しみに襲われるのである」、とヨーハン・フォン・クロイツは書いている。マルグリット＝マリーは「苦しみだけが人生を堪えうることのできるものにしてくれるのです」という文を、自分の手紙のなかで何回も好んで用いている。テレサの自伝（第十九章）には次のような箇所がある。「魂はあのような恩寵を受けたあと、強い勇気に満たされて、たとえいまこの瞬間に神の御ためにこの肉体がばらばらに引き裂かれようとも、魂はやはりこの上もなく生き生きとした喜びしか感じないほどです。」エリーザベト・フォン・ゲントンは鞭で打たれると、狂乱の陶酔に陥った。そして彼女は、自分の理想の人と結婚しているという妄想のなかで、感極まって「おお愛よ、そして永遠なる愛よ、愛よ、おお汝ら生きとし生けるものよ、さあ皆、私に叫びかけておくれ、愛、愛と」と叫んだ。ここでは明らかに、理想の存在と一つに融け合うのだという、鞭打によって高められた感情が、この虐待を受ける者の意識を完全に埋めてしまっている。拷問をうけて死に追いやられる殉教者の幸福感も、これと同じように説明することができる。今やっと神と一つになれるという強い喜びの思いで意識は完全に満たされ、その結果、肉体の苦痛はもはや妨げとしてではなく、救済の手段として作用する。そして殉教者の神秘な殉愛死という風にいえるのである。

犠牲を捧げる宗教的風習の成立は一つの著しいマゾヒスト的性向に負うものである。自己の崇拝の衝動から自己卑下や自虐への意志が突然現われると、人間は犠牲を捧げる行為に及ぶ。彼は自分の財産（たとえば遊牧民族の動物の犠牲における）や身内の者の生命（たとえばユダヤ人の長子の犠牲における）を差し出したり、自分の無疵の肉体の美しさ（鞭打苦行者の宗教的な自己加害行為における）や、最も極端な場合には、自分自身の生命すら（たとえばロシアの焼身自殺宗徒サモソジェニェにおけるように）を投げ出すのである。犠牲を捧げる者の心の内には宗教的な自己矮小化への衝動が働いている。犠牲を特徴づけるものは崇拝現象の消極的な面が勝ちすぎていることである。昔のアステカ族は、自分たちがそうしなければ、太陽はその恵み豊かな光度をいつまでも保っていることができないと信じて、太陽のために人間を犠牲として捧げたが、そのとき彼らは、殆どの民族にとって無縁ではない太陽崇拝をマゾヒスト的なものとして理解していたのである。人間は、人間が犠牲として捧げることのできる最高のものであるから、マゾヒスト的な型の人間は人身御供を敬神の最も素晴らしい形態として崇めるのである。彼は、自分と近い関係にあって、愛情によって結ばれ、その死はきっと自分の心をしめつけるような人間を犠牲に捧げる。犠牲を捧げる者の本来の心情状態、心をかきむしるような自己の無価値性の体験、神の御前でのおののき、これらを示す古典的な例がアブラハムなのである。今日に至るまで真の犠牲には、その前提として、我々が犠牲として捧げるものを愛していること、そして我々がどんなことかあっても大切に持っていたいと願う、まさにそのものを捧げるということがなければならない。犠牲を捧げる者が、自分とはかかわりのない他人（たとえば戦争の捕虜）を神のために殺すなら、その犠牲のマゾヒスト的な性質は失われてしまう。しかしそのときでも、間接的な形で、すなわち、犠牲を捧げる者がその犠牲と一体になっていると感じ、その犠牲の苦しみをともに味わうことによって、そのマゾヒスト的な欲求は満たされうる。極めて念入りな責めを加えて犠牲を殺すという風習に関しては、多くの場合、犠牲を捧げる者の、むごい自虐への欲求にその原因が求められねばならないであろう。このような欲求は、犠牲を捧げる者だけがその犠牲と一体となっているばかりでなく、犠牲となるものも崇拝の対象である神格と一体になっているときに最も強いものとなる。オシリス、タムズ、シペ、あるいはディオニユソスのいずれの名をもって呼ばれようとも、とにかく、キリスト教のなかへ持ち込まれた、苦しみを受け、切りきざまれた神に対する信仰は、ここから形成されているのである。そしてこの信仰は、神の受難の共同体験や追体験のなかで、最後には己れの自我を抹消してしまうような烈しい苦痛を感じたいという、人間の心の奥に横たわる憧れから発している。中世のキリスト教徒は、救済をもたらす自虐への飽くことのない欲求をよく心得ていた。彼はキリストのまねびを彼の拷問の追体験にまでひろげ、突如として聖痕印刻が現われるまで神の苦痛の感情に浸ったのである。血の幻想――グリューネヴァルト〔一四七〇頃―一五二八。デューラーと並ぶ宗教改革時代のドイツ最大の画家。強烈な表現力、豊かなる空想力、宗教的情熱のあふれた作品を描いた。最大の傑作は、キリスト磔刑の像を描いた『イーゼンハイムの祭壇』（一一五五）である〕のキリスト磔刑の画像において不朽の芸術作品にみがき上げられた――は、人身御供が異端者および魔女の火刑として復活するまで、マゾヒスト的自虐本能に対し実際の人身御供の代役を果たしたのである。

宗教的マゾヒズムと特に犠牲の風習とが多数の民族や宗教に伝播したことは、マゾヒスト的な感情が、宗教的な体験や観念のなかに余りにも深く根差していることの、再確認された証拠である。その感情は、ある特定の宗教的――性的ではなく――態度の倒錯として現われ、宗教的な隔世遺伝のいろいろな特徴を示す。それは根源的戦慄の、すなわち最初の宗教的感動の見極め難い鬼神性を再生させるものである。根源的戦慄の影響力が、神秘的宗教性におけるよりも、すでに(健康な)崇拝の愛のなかにはるかに強く作用しているなら、その戦慄は、マゾヒズムの側に向けられた崇拝と犠牲の形態として、すべてを支配する雰囲気の力となる。マゾヒスト的自己卑下の畏怖の念は、宗教の始まりの、心の不安をかきたてるあの魂の震憾と相通ずるものである。他の生活分野でと同様に、宗教においても病的要素は、のちの人間社会が達成した文化の成果をその人間から奪い取って、その人を人間の（存在論ないしは系統発生論でいう）根源の心情状態にしてしまうのである。それ故、精神的には馬鹿と子供と未開人とは互いに似ているわけである。

マゾヒストと対蹠をなすのがサディズムであり、エロスと宗教の残忍性の第四の形態である。それは、力の本能と貪食本能ないしは融合衝動から（貪食本能との病的な結びつきによって）発生しうるのであり、この場合も宗教およびエロス精神の両方に共通して現われる。セックスに関する貪食本能の狙いは、その欲する対象を無力にし、それを無慈悲にも欲望を抱く者の楽しみにゆだねようとすることである。マゾヒズムが終始一貫して自己抹殺を目指すように、サディズムは自己の欲する対象の抹殺を目指す。サディズムが貪食本能から現われてくるものである限り、貪食本能と同様、それは典型的に男性的な特性であり、それ故、女性よりは男性においてはるかにしばしば目につくものである。すでに動物の世界においても、貪食に対する欲望は猛獣と有袋獣との関係と同様の雌雄の性関係を形成する。貪食本能のこうした強奪殺戮の性格は、人間の内部では大抵弱められ穏やかなものになって保持されているが、サディストにおいて、突然それがあらわに外へ現われるのである。性の分野において、行為の最中に噛んだり抓ったりすることは、最も無邪気なサディスト的表現である。性行為に苦痛の喜びが伴うばかりでなく、それが性の目標を形成するとき、はじめてサディスト的性癖は病的なものとなる。そうなるとその性癖は、他の部分を傷つけることに快感を覚えるまでに亢進し、遂には淫楽殺人や、さらに血に対する飢えや、犠牲となった者の血を絞り、食いつくす行為にまで及ぶのである。

貪食本能はその本来の性質からして残忍なものである。残忍性に対するその関係は二重の現われ方をする。すなわち、官能的快感によって残忍になる点と、残忍性によって官能的快感を求めるようになる点とにそれが現われるのである。ただの絵にすぎないものでも、その戦いの場面を見ただけで、性的な欲望がかきたてられるという例が観察されている。（クラフト＝エービング、前掲書、六八頁、注四）ロンブローソ〔一八三六―一九〇九。イタリアの医者、人類学者。犯非は犯罪者に生まれついているその人間の生理的・心理的な性質の必然の結果だという極めて疑問の多い説を立てて論議をよんだ〕は、鶏や鳩を殺すと射精が起こる男のことを報告している。幾人かのサディストは、生身の女の体に武器が突き刺さるのを感じなければ勃起しない。他のある者たちは、苦しめられ死にかけている動物を見る（性的理由による屠殺場の訪問）と、その性欲を満たすことができるのである。アステカ族のような二、三の民族においては、まさに拷問の限りをつくした人身御供にも常に付随しているあの性的・忘我的恍惚こそ、官能的快楽と残忍性との隠れた繋がりを明るみに引き出すものである。

単純なサディズムとならんで、融合の衝動と貪食本能とがその内部で縺れ合った神秘的なサディズムも存在する。人間が恋の相手と一つになろうと欲するとき、その合一を妨げているのは自分だと感じ、また相手もだと感じることがありうる。それによって、各々、神秘的マゾヒズムが生じたり、神秘的サディズムが生じたりする。どうしても完全な融合に達することができず、いつも自己の個性の一部が残っていることに対する激しい怒りが、サディスト的素質を持つ人間において、その力の本能と貪食本能をかきたて、その結果、男女の愛は抱擁と格闘という二つの性格を同時に帯びることになる。抱擁において自我の死が実現するためには、まず汝の死が見とどけられねばならないし、汝を死に至らしめなければならない。このような心理状態は、常に、愛の念を抱く者の心のなかの異様な緊張を示唆している。もしサディズムが例外として女性にとりついたときは、融合に惹かれるという女性的な性向に従って、普通、それは――ゲーテのコリントの花嫁のごとく――たとえば愛する男と一つであることを感じるために、彼の心臓の血を舐めようとする吸血鬼の所業（ヴァンピリズム）にみられるような、神秘的サディズムの形態をとる。すでにラーミエたち〔子供の生血を吸う女怪〕やモルモ族〔ラミア、ゴルゴ、ゲロ、エピアルテスなどの怪物の類〕に関する古代の伝説は、のちのバルカン半島のスラブ人のヴァンパイア伝説の場合と全く同様に、女の神秘的な血に対する飢えに通じたものである。クライスト〔ハインリヒ・フォン・クライスト、一七七七―一八一一。ドイツの劇作家。文学史ではロマン派に属する。プロイセンの将校として解放戦争にも参加したが、若くして自殺を遂げた。彼の作品には、彼自身の激しい性格を反映してか、戯曲『ペンテジレーア』の同名の女主人公にみられるごとく、強烈な個性をもった人物が多く登場する〕こそ、彼の作中人物ペンテジレーアの姿において、こうした神秘的な女性サディストの最も完璧な文学的形象化を成し遂げたのであった。彼女は熱い口づけのなかで愛する男性と融け合おうと欲し、感情の横溢のうちに彼を引き裂いてしまう。これこそ、神秘的サディズムを特徴づける、融合衝動と貪食本能との病的な結びつきである。陶酔と狂気からさめた彼女が自己の凶行に気づく最後の場の詩句は、それとなくこのことをいっているのである。

> それなら、それは間違いだったのだ。口づけと咬みつくこと、
> それは互いに韻が合う。そして本当に心から愛する者にとっては、
> 一方をもう一方のものと思うこともありうるのだ……
> しかし今、おん身にはっきりいおう、私が何をいおうとしたかを。

わがいとしき人よ、これ（口づけ）がそれだったのだ。そして、ただそれだけだったのだ。

宗教にもサディズムの両形態が現われる。未開民族にあっては、彼らが自分たちの神々の像を鞭で打つことも観察された。また、他の民族では、彼らが自分たちの神の化身だとみなす人間を虐殺する。すなわち、彼らは神を殺すのである。神秘的魔力に含まれる強制力の、必然的な最終結果としての儀式上の淫楽殺人である。このように、アステカ族は未曾有の苦しみを加えて、ミクスコナートルやイラマテクトリーを犠牲に捧げたのであった。イラマテクトリー、すなわち「老いた女神」を演ずる女は心臓をえぐりとられて殺され、それから首をはねられた。そして新たに女神をつとめる者が、血のしたたるその首を手にして舞ったのであった。果たして犠牲を捧げる者がその犠牲のなかに表象されている神に責めの苦しみを与え、その結果、この神の苦痛をともに感じて自分自身をも苦しめようとするのか（マゾヒズム）、あるいは、自分とかかわりのない他人の拷問に酔うように、神の苦しみに酔っているのか（サディズム）を、このような儀式から察知することは勿論不可能に近い。悪魔崇拝《サタニズム》はこれほど多くの困難な心理学的問題を提起するものではない。悪魔崇拝は、ミサという出来事を嘲り、ひいては神自身を嘲るように決められた催しである、あの中世の悪魔のミサにおいて爆発した、神に対するサディスト的な憎悪である。このような目的のために、人々は性以上に唾棄すべき、けがらわしいものはないというキリスト教的・禁欲主義的な価値判断から出発して、ミサに対するパロディーを性の暴力行為と結びつけたのである。サディスト的な神に対する憎悪は哲学にまで影響を及ぼし、哲学の内部に、観念的サディズムの一種として熱烈な神の否定ないしは呪詛を、すなわち怒りの無神論を生み出すのである。――宗教的マゾヒズムは突然神に対するサディスト的憎悪に変ずることがある。そしてこの苦々しい例はロシアやスペインの精神史のなかにみられる。しかしまたこの反対も起こりうる。すなわち神に対する激怒に狂う憎悪からマゾヒスト的な悔恨への移行（特に後悔の過程において）がそれである。

神の代りを勤めるその似姿を食べ、それによって一つになるために、敬虔な者がそれを打ち砕くとき、彼は宗教の世界において神秘的サディズムを実現しているわけである。エロス精神におけると同様、宗教においても女性的性格は特にそうしたサディズムに魅力を感ずるものである。狂乱のバッカスの巫女たちは、神を自分の身体のなかへ摂取するため、ディオニュソスの聖なる牡山羊を――クレタ島では雄牛さえまるごと――引き裂き、その肉やあるいは血を呑み込んだのであった。性的ヴァンピリズムと並んで宗教的ヴァンピリズムも存在する。すなわち、神秘的な融合を意図しその気分に浸って、神聖な犠牲の血をむさぼり吸う行為である。アステカ族がクヴィノアの種でつくられた種族神ウイチロポホトリーの像をうやうやしく犠牲に捧げて食べたり、あるいはディオニュソスの巫女たちが蛇を絞め殺し、それをばらばらにさいて食べたりしたとき、それらは一つの神秘的・サディスト的行為であった。キリスト教の聖餐式の用語も、このサディスト的な表現をとり入れている。たとえば、世の小羊が屠られ、食事として信者たちに出される、といった表現がそれである。儀式として神を食べる食神主義《テオパギー》の広く伝播した考え方全体が、その血なまぐさい象徴性のなかに何かサディスト的なものを担っているのである。この考え方の本質そのものに、残忍な風習や儀式へ誘い込む要素がある。

単純なサディズムは、エロス精神においては貪食本能から、宗教においては神々を支配したいという呪術的意志から、すなわち両者の場合とも、力への度を越えた衝動から発している。エロス的あるいは宗教的な融合の衝動が暴力的となり、愛による合一を恵み与えられる代りに、それを無理に手に入れようとするとき、神秘的サディズムが生じる。だから常にそれは、サディスト的な色合を性愛や宗教愛のなかへ持ち込み、最も恐ろしい倒錯の源泉にしようとする力の本能なのである。もし仮に宗教とエロス精神とが純粋なままでいつまでも保たれていなければならないとすれば、魂はこの力の本能から離れなければならない。力の本能はエロス的ならびに宗教的感性の不倶戴天の仇敵なのである。

第七章　死と悲劇精神

不可思議なきずなが、神秘主義的なるものとエロス的なるものとを悲劇的なるものと死とに結びつけている。

神秘主義の法悦は、死であって同時に復活である。すなわち、魂のなかの自我は打ち砕かれ、永遠なるものが解き放たれるのである。「死して、生《な》れよ。」これが常に神秘主義の過程に対する最も簡潔な定式なのだ。ヤーコプ・ベーメ〔一五七五―一六二四。ドイツの神秘主義者。ヘーゲル、シェリング等多くの哲学者に影響を与えた〕はこう断定している。自分と比較しうるのは、「死のただなかにあっていのちが生まれた人だけだ。そして、これは死からの蘇りに比されるべきものである。」ギュイヨン夫人〔一六四八―一七一七。フランスの神秘主義者。静寂主義（キュイエチスム）の代表者の一人〕は神秘な死（mort mystique）ということをいっており、テレサは次のようなことを確認している。「深い失神状態に陥ると、誰でも死んだように見えるものだ。それと同じように、神様が一つの心を引き上げて、御自分と一つになさるときには、心の持っている一切の能力の自然のままの働きを止めておしまいになる。心は、神様と一つになっている間は、何も見えず、聞こえず、何も分りはしない。」不死のものは、死すべきものと遭遇すると、死すべきものから確かさを奪ってしまう。こういう事柄には神秘主義者の言葉がぴったり合う。神秘主義者は法悦の状態を抹殺 (mortificatio) と絶滅 (annihilatio) という言葉で言い表わすのである。ゾイゼによれば、法悦の状態では人間は「形もなく、姿もない。」神秘主義者は、神秘主義的な体験を述べるのには、言葉は不十分だということがいつもよくわかっている。「それを経験したときは明瞭だったのだが、言葉にするとそれほど明瞭ではなくなってしまった」(Illud licuit experiri, sed minime loqui) とベルナール・ド・クレールヴォーはいっている。それだから、神秘主義の母国語は、言葉で表わしえぬことを表現するための誤解の起こりようのない方法である沈黙なのだ。だが沈黙は死の言葉でもある。言葉に対する態度に、神秘主義はその死に向かう傾向を投影しているのである。

神秘主義の法悦はその忘我の境地を死から借りてくる。法悦は、神秘主義が死において探し求め、また死から期待しているもの、すなわち、神的な全一のなかへ完全に決定的に入るということの——つかの間に凝縮された——先取りなのである。「私は死の門のなかに足を踏み入れた。位高き神々と、位低き神々に近づき、目のあたりに拝した。」イシス秘教徒であるアプレイウス〔一二三—? ローマの文学者。小説『メタモルフォーセス』(『黄金のろば』の名で知られている)の作者。思想的には折衷的プラトン主義者〕は自分の神秘な死の体験をこのように述べている。彼は法悦の陶酔状態で、自己の死の彼岸にある解脱の境地を、ヨハネ書にいう永遠のいのち (ζωὴ αἰώνιος) を体験したのである。法悦の状態にある神秘主義者は、彼が、死後は永遠にこうあるのだ、と思っているもの、すなわち、完全に魂だけとなり、神と合一した肉体のない存在にしばらくの間なっているのだ。魂の神聖な本性と魂の不滅とに対する信仰は、この体験に根差しているのである。法悦の状態にあって神秘主義者の身内を駈け抜けるのは、単に、永遠の生にいつかは到達するのだ、という確信だけではなく、今この瞬間に永遠の生を所有しているのだ、という絶対の確信である。すでにオルフェウス教徒は、人間のなかには神が生きている、と信じていたが、ただ、人間は死によってはじめて肉体から自由になる、と思っていたのである。「死後にお前は神となるであろう。」理の当然として、オルフェウス教徒は、神秘的合一というものを死の彼方にある生に移してしまったのである。

神秘主義者たちは、生きている間は「神秘的合一」は永続せず、この合一の後には旱《ひでり》(siccitas)、すなわち、しらけた覚醒が、救いようのない孤独、荒涼とした気持がやってくることを幾度となく嘆じている。そこから、完全に魂となり、完全にそして永遠に神となるか、あるいは神において存在するために肉体の束縛を脱したいという激しい願望が生まれてくる。この願望が高まっていくとついには、神秘的な聖化と考えられている死、すなわち宗教的な動機からの自由意志による死となる。信仰篤いインド人は、神像を戴せた車の車輪に押しつぶされるために車の前に身を投げ出す。狂信的なロシア人は——一七世紀のことだが——サモサジェニイエの運動に従って、群をなして焼身自殺を遂げた。フランチェスコは、神と完全に一つになるために、殉教の死を祈願した。これらの人たちに共通しているのは、死が個体化の呪いをはじめて完全に解いてくれるのだ、という確信である。彼らが死を切望したのは、生を憎んだからではなく、不死を渇望したからであった。彼らは、より高い生に到るためには通らねばならぬ突破口として、死を求めたのだ。彼らには、永遠とは時間の継続ではなく、時間の破棄だと思えたのである。神秘主義の死への憧れと、絶望からの自殺との間には、雲泥の差がある。死を渇望する秘教徒が、自我を苦痛のなかで解消しようとするのにたいして、絶望から自殺する者は、死によって自我を苦痛から救おうとする。絶望している者は、自分が憎しみ恐れるものだけを見る。これに対して、すすんで死ぬ秘教徒は、彼の切望しているもの、すなわち、神にしっかりと目を向けている。神秘な死への憧れは、悲哀の色ではなく、終末論の色彩を帯びている。この人たちは、終りのない生のために生の終りを渇望するのだ。彼らは、肉体の破滅によって魂の救済を求めているのである。

神秘主義と同様エロス精神も、人間という狭い空間から脱出しようと努めている。エロス精神にも死と苦痛はあるのだ。

愛が目覚めたところ、蒙昧な暴君、自我は死ぬ。

ジャラール・ウッ・ディーン・ルーミー

「愛はその本性からして苦痛である。……愛は殺す。」というのがこのペルシアの神秘主義者のもう一つの深遠な言葉である。しかも愛は、欲望の対象を殺す貪食本能とは反対に、愛を抱く者を殺すのである。「愛、それは私を砕く」とハーフィズ〔一三二六頃―一八九。ペルシア四大詩人の一人で神秘主義者〕はうめいている。責めさいなまれて、愛を抱く魂は、個であることに別れを告げる苦痛に、自我脱却の苦痛に、身もだえするのである。なぜなら、愛するとは、生の重心を自己の我から取り出して、他者の我に移すことだからである。エロス的でもありまた神秘主義的でもある苦痛にたいする欲求において、人間は自己の存在の限界に突き当たる。愕然として人間は自己の存在のもろさに気づくのである。満ち満ちた全一を切望して人間は死を追い求める。

全一のなかに入るためには、死を通り抜けなくてはならぬからである。

焔に焼かれて死ぬことを切望する
生き物を私は称えよう……

闇の陰の中に
お前はもう捕われてはいない。
より高いまぐわいへと
新しい欲求がお前をさらっていく……。

そして終りに、光にこがれて、
蝶よ、お前は灰となったのだ。

このゲーテの詩句〔『西東詩集』（一八一九）のなかの『至福の憧れ』からの抜萃〕は、エロス的な愛の抱く死に対する喜びにあふれた憧れというものを解きあかしている。死と愛はない交ぜになっているのだ。レオパルディ〔一七九八―一八三七。イタリアの大詩人。その詩の基調は世界苦である〕は死と愛を双子の兄弟としてほめ称えている。ギリシア人は「エロスは死なり（ἔρως θάνατος）」ということをいっている。ジャラール・ウッ・ディーン・ルーミーは、リュッカート〔一七八八―一八六六。ドイツの後期ローマン派の詩人。天才的な語学の達人でペルシアの詩等を訳し、オリエントの詩を形式・内容ともに西欧に移植しようと努めた）によって独訳された次のような美しい数行の詩を作っている。

生は死におののく。
そのように心は愛におののく、
死におびやかされてでもいるかのように。

本当の愛というものは、二つであることの呪いを死がはじめて解いてくれるのだ、ということを知っている。部分の死なくして全一はない。生は、自己を捨てることによってしか成就されないのである。愛は、収縮して円になろうとむなしい試みを続けている楕円形の力の場に似ている。二つの焦点が重なって一つの焦点になることに成功することは決してない。――死に至らぬかぎりは。愛は死においてしか完成しないというこのエロスの本質に対する悲劇的な認識から、殉愛死という神秘な教えが生まれたのであるが、このケルト民族の思想に、ゴットフリート・フォン・シュトラースブルクは『トリスタンとイゾルデ』によって永遠に価値を失わぬ形を与えたのである。愛し合うものたちは（ハインリッヒ・フォン・クライストとヘンリエッテ・フォーゲル（クライストとベルリンのヴァンゼー湖畔で心中した人妻）のように）一緒に死ぬというだけでなく、つまり並んで死ぬだけでなく、いわば死んで一つとなるのである。恋人たちは、これほどまでにいやし難い恋心を生はもはや支ええぬが故に死ぬのである。また、こがれる心が鎮められないのは、個別化を行なうものである肉体が息づいている限りは、個的な人間存在の一部は常に残っており、愛の神秘的合一の邪魔となっているからなのである。ジャコーポネ・ダ・トーディ〔一二二九年頃—一三〇六。イタリアの詩人。フランシスコ会士。教会の世俗化を攻撃して破門された〕は、余りにも強い愛のゆえに心臓がはり裂けてしまった、と伝説は伝えている。愛は、全に達しようとする愛は、部分の世界にしがみついている心臓を殺してしまうのだ。死がはじめて孤独を完全に克服することができるのである。「あちら（あの世）では、恐らく私達のこがれは完全にいやされることでしょう」という言葉がシュレーゲル〔フリードリヒ・フォン・シュレーゲル。一七七二—一八二九。ドイツ・ローマン派の文芸理論家〕の『ルツィンデ』〔手紙、覚え書き、感想、自伝的断章等からなる実験的小説。若い画家ユーリウスが多くの恋愛経験ののちに女流画家ルツィンデによってはじめて霊肉一致の恋愛を知るというもの。一七九九年の作〕にある。レーナウはゾフィー・レーヴェンタール〔レーナウの友人の妻で彼の不幸な恋の相手〕への手紙で同じような希望を表明している。神秘主義の法悦と同じように、抱擁の愛の陶酔も死をいくらか含んでいるのである。性の陶酔は、死においてはじめて最終的な成就に達するあの愛し合う者たちの完全な融合を先取している。二人の死すべき存在が、愛の営みにおけるほど相寄ることは決してないし、自我脱却の理想にこれほど近づくこともない。終末論的な傾向を帯びているので、愛は死をいくらか含んでいるのであり、それゆえに、死もまた愛をいくらか含むことができるのである。ゲルマン神話が戦士に、討死をヴァルキューレ〔戦いでたおれるべき戦士を定め、また戦死者のなかから主神ヴォーダンの酒宴に列すべき者を選ぶ女神たち〕の口づけとして体験させるとき、死の有するこのエロス的で陶酔的な性格を巧妙に言い表わしているのである。

神秘主義者と同様、エロスによって心を動かされている人も死に終りを求めてはいない。彼は死を新しい生の始まりとして求めているのである。だから、愛は忘我陶酔の状態にあるとき、神秘主義が法悦にあるときに感ずるのと同じ不死感を抱くのである。性愛もまた永遠の生を信じて疑わない。この点に性愛の絶対性が現われているのである。感性が超感性的なものに襲われるとき、戦慄が生まれるが、これは神にたいする恐れから生まれる戦慄に比することのできるものである。人間は古い時代に恋愛感情を不滅性と結びつけることに成功した。このことは二つの相反する方向に向かって行なわれる。自然宗教の信徒は、生を肯定する熱い血のかよった気持で一杯だから、同じ物の永劫回帰を望む。彼は死と生殖、死と性を結びつける。彼にとっては、死は再生の要因である。これに対して、救済の宗教の信徒は、はかない現世の生を越えようと努めて、死を通って高められた生の形態に昇ってゆくことを希望している。彼は死を自我脱却と結びつけ、全一へ入ることと結びつける。彼にとっては死は救済の要因である。永遠という理念を、自然宗教は生の根源と結び合わせ、救済の宗教は生の目標と結び合わせる。不断の創造というのは、女性の考える不滅観であり、女性の宗教である創造の歓喜の宗教の不滅観である。在ったものは再び在らねばならぬ。もとのまま少しも変わらず、永遠に続くのだ。この不滅性の理念には終末論的で救済的な傾向が欠けている。すなわち生は、自己を新たに生み出してゆく無尽蔵な力という点で永遠であるものと考えられているのである。この生で永遠なる面は、これに備わっている新しい同一の生を生み出す力であって、新しいより高い生を生み出す力ではないのである。

　さまざまな民族の神話は、うむことなく死と愛の結びつきや、死と性の結びつきをきわめて魅力のあるイメージで描いている。ディオニュソスは狂気に近いほど奔放であり、その上死と破滅をもたらす無気味な破壊的な魔神《デーモン》である。豊穣と女性の神であり、はち切れるばかりに満ちた豊かな生である神——この神が冥界のザグレウスの名を持っているのだ。実りを与える神デメテルの娘コーレは、死者の国の王プルトンと夫婦になっている。ヘカテは誕生にも埋葬にも、つまり魂と肉体が結びつく場にも、魂が肉体から離れる場にもたずさわっている。冥界の門の前には、そこにディオニュソス自身が立てたといわれる巨大な男根《ファロス》が聳えている。――死と性が仲良く隣合っているわけである。イシュタルとアナイティスは豊穣の女神としてあがめられているが、また戦いと死の女神でもある。シヴァは生殖の神であるとともに死者の魂の神でもあり、恐怖の神でもある。同じように、シヴァの息子であるスカンダは男根のイメージでとらえられた性の守護神であると同時に死者の守護神でもある。物の生成を司る神であるヴェヌスは死の女神リビティナ〔古代ローマの埋葬の神。プルタークはヴェヌスと同一視している〕でもある。プリアポスは性の神であり、また「抜身をおっ立てた」(pene destricto) 墓の守護者である。それで、あるローマの墓碑銘では、この神は死と生の住む所 (mortis et vitae locus) と呼ばれている。赤色はインドで死の色であり、死者の神ヤマ〔閻魔〕の色であるが、また同時に――他のところでも見られるところだが――愛と生殖と豊穣との色であり、これらの事柄の守護神の色である。男根の形を墓の飾りにすることはギリシア、ローマでは広く行なわれている。墓所に建てられている柱 (stēle) は男根の形をしている。エトルリアの南部で発見された墓の入口では石の門の柱の上部が女性の性器に象られていた。墓所にある石の花瓶はしばしば強烈な官能的な図、たとえば、創造の快楽に耽っている神のお伽をする翼のある女の精たちの図で飾られている。死の陰気に対抗して、アフロディテの満ち溢れるばかりの愛が注ぎつくされるのである。これが死に立ち向う女性の武器である。トーテミズムにおいては、幼児と屍骸すなわち、生まれたばかりの者と死んだばかりの者はタブーである。誕生と死は、人間を犯し難い霊気で包むという点で相通ずるところがあるのである。母親になりたいと思うアルゴンキン族〔アメリカインディアンの一部族〕の女は、臨終の迫っている人のところに押しかけていくが、これは肉体から飛び立った魂をつかまえて、その魂をみごもれるかもしれないという期待からなのである。インドの女性は子供を得るために、絞首刑に処せられた者の下で水浴するか、絞首台に使われた木材を使う。（クルック『民間信仰と民間伝承』第一巻、二二六頁）。大昔から占星術は誕生と死を結びつけてきた。火星は第一宮（誕生）と第八宮（死）〔この二つの「宮」はラテン語の domus に当たり、天球を十二等分した一つ一つの球面を指し、次の「宮」signum とは異なるのだが普通の辞書の訳語に従った〕を支配しているし、天蠍宮は誕生と男女のことと死とに関係している。いま挙げた現象のすべてに共通していることは、死と誕生と生殖の行為とは同一の事象の二つの面であるという考えである。仏陀も死と誕生の結びつきを認めていた。ただし仏陀は死を救済の一つの型と断定して、自然宗教と対立した。生が同じ形を取り、不壊のまま永劫に回帰するということは、仏陀にとっては、まさしく生の最も恐ろしい面だったのである。

死神が大車輪で、多くの人を倒していくところでは、死神の回りには恐怖の雲もかかっているが、淫蕩の靄もかかっている。多く犠牲を出した大戦争の後には、欲望の野放図な爆発がやってくる。猖獗《しょうけつ》を極める疫病のさなかに激しい欲情がどっと燃え上がる。社会のきずなは緩み、紀律や道徳への顧慮は失われる。狂ったような舞踏熱が男を女に、女を男にけしかけ、自分でも説明のつかない、欲情の陶酔のなかに突き落とす。大量に抹殺された生命が生きている者のなかに逆流してくるというのが、この奇妙な現象の深い理由である。歴史を繙けばこのような現象の記録に出会うだろう。プーシキン〔一七九九―一八三七。近世ロシア文学の確立者、戯曲としては『ボリス・ゴドゥノーフ』がある〕はこれを戯曲に描いた。最近の最も著しい例はロシアのボルシェヴィズムの性に関する無拘束であろう。これは単に新しい性に関する理論の結果というだけのものではない。この理論そのものに形而上学的背景があるのだ。おびただしく殺された生命は、世界への帰路を探し求め、男女を欲情的にし、性の渇望に制限を加えるものなら、法の指令でも道徳や判断力でも取り除くように説き伏せる。例によってこの場合も、外から強いられた行動の変化を理性を納得させるにたる根拠をあげて説明することは、この人たちには骨の折れることではない。しかしこの人たちは、ついにあらゆる束縛から自由になったのだ、今は何者にも支配されず、思う存分性の快楽を味わっているのだと思いこんでいる間に、それとは気づかずに自然の強力な意志を実現しているのであり、考えうる限り最もしいたげられた奴隷状態におちいって自然の意志に服しているのである。この男女が恋に狂って相手に襲いかかるのは、沢山死んだから沢山生まれなくてはならん、と自然が命ずるからである。

誕生と死とはつながり合っているから、多くの死は大きな産出力を意味する。ゲーテは、自然ができるかぎり幾度でも新しく生まれ変るために、できるかぎり多くの死をもたらそうとするという隠された意図さえも持っていることにしている。死が頻繁であることは、生の強壮度を保証するものだというのである。インカのアステカ族〔メキシコの原住民〕においては、この確信は、信仰にまで強まっている。アステカ族は神々に扮した演者を、演者が扮する神々を若返らせるために殺したのである。血は流されたが、死のためではなく生のために流されたのだ。流れる犠牲の血の小川を前にしたときにこそ、マヤの人たちは生の力がみなぎるのを覚え、青春のみずみずしさを覚えたのである。レオ・フロベニウス〔一八七三―一九三八。ドイツの民族学者。探険旅行家〕によると家父長制的な文化を持った原始社会のあるものにおいては、死んだ老人は陽気に埋葬されたという。部族の全員は、新しい生命が生まれることが可能となったことに歓喜したのである。死の有する若返りの力がこれ程強く感じられる場合には、自然宗教と救済宗教は境を接することになる。なぜなら、若返り、すなわち、衰えた生を新しい生によって取り替えることは単なる同一物の回帰を越えたものだからである。

悲劇的なるものは、神秘主義的なるものと一脈相通ずるところがあるというだけでなく、神秘主義的なるものから生まれたのである。悲劇的なるものは、神秘主義と同様に、女性の本性の深奥から湧き出てくる。ディオニュソスは女性の神であり、ギリシアにおけるエロスの魔神であるが、密儀の保護者であり、悲劇の父なる神である。——これはエロスと神秘主義と悲劇の結びつきに対する神話の意味深い暗示である。

本来はディオニュソスの祭りは創造の歓喜を礼賛するものであった。後になってそのなかに救済のモチーフが侵入してきたのである。それからはディオニュソス秘教徒の目的は神を見ること（Epopsie）である。ここから、法悦の状態にあって見た像を肉体を備えたものとして目の前に置きたい、という願いまではもう一歩である。神の幻を肉体化しようとする企てから、アッティカの戯曲は生まれた。一番古い時代にはディオニュソスは唯一の劇の主人公であったし、またエウリピデス〔前四八四頃―四〇六。ギリシア三大悲劇詩人の一人〕までは常にそうだったのである。プロメテウス〔アイスキュロスの『縛られたプロメテウス』の主人公〕、オイディプス〔ソポクレスの『オイディプス王』の主人公〕など、ギリシア劇の有名な登場人物たちは、このただ一人の根源的主人公の仮面にすぎない。これら登場人物たちすべての背後に、同じ超越的存在が隠れているということが、しばしば奇異の念を抱かせる劇中人物たちの類型的な理念性の原因なのである。劇中人物たちは同一の神の化身である。役者というものをアテネに導入したのはテスピス〔ギリシア悲劇の創始者と考えられている。半ば伝説的詩人。前六世紀後半の人〕だということになっているが、役者とはまさしくこの同一の神を演ずる役目だったのである。テスピスによって戯曲は——詩的幻像の形を取ったにすぎなかったとはいいながら——ディオニュソス神の肉化を実現して、人間の心の底深くに潜んでいる、神が天降り人間の姿を取ってくださいますように、という切なる願いをかなえたのである。こういう具合に考えると、アッティカの戯曲の根本理念と福音書の間に注目すべき関連が現われてくるのである。

　ギリシアの最古の宗教劇は——著しくよく似た形を取って全世界に散在している他の陶酔乱舞風の植物神の祭と一致しているのだが、——ディオニュソスの神話、すなわち、豊饒の神は自然が秋に死ぬように死に、自然が春に復活するように復活する、という神話を演ずるものであった。従って役者が演じて見せるのは、死と復活という根源的体験を神話の衣に包んだだけのことである。それで、上演のすべてにつきものとなっているのは、悲しみが歓喜に解消すること、新しく生まれ変わるための破滅を描くことなのである。全体の力点は復活の喜びに、復活した生の勝利の喜びに置かれている。アステカ族においては年老いた神シペは死に若い春の神がよみがえる。エジプトのオシリス、バビロニアのタムズ、シリアのアッティスは苦痛に満ちた殺され方をした後によみがえる。デメテルの娘コーレは黄泉の国に連れ去られ、それから光の国に帰ってくる。（エレウシスの密儀ではこの神話が演ぜられる。）子供の姿のディオニュソス・ザグレウスは巨人のタイタン族に引き裂かれ、ゼウスによってよみがえらされる。（これがディオニュソスの祭における最も古い祭儀のパントマイムである。）いずれの場合でも「ディオニュソス的体験」は同じものであり、そして——まことに奇妙なことだが——キリスト教の復活の思想と一脈相通ずるものがある。またしても、ディオニュソス的神々からキリストへと細い結びの糸がのびているのである。

しかしディオニュソスの神話は、自然界の出来事にのっとっているだけではないのであって、精神的な面も持っているのである。この神話は「死して生《な》れよ」という神秘主義的法悦の体験を一連の具象的なイメージに映し取ったものだ。この神話は、いわばディオニュソスの祭の釈義である。これは、言葉に言い表わせぬことを比喩で表現しているのだ。ディオニュソスの神話のこの特性は、本当の悲劇作者のうちには生き続けてきた。悲劇作者は、感性的世界が仮借ない法則に従って破局に向かって突き進んでいき、その破局においてついに打ち消される様を描いて、超感性的なものへの展望を開くのである。悲劇作者は、神秘主義あるいはエロスによって動かされている個々の人間と同様に、宇宙全体も自我脱却に向かって突き進んでいるのだ、ということを教える。人間の心の内で演じられることは、外なる世界全体においても演じられているのだ。世界の移り変りの終結である、生々流転からの法悦に満ちた脱却――これが悲劇精神の真髄であり、これに対する一番簡潔な定式は、「破滅を通して救済へ」である。ある神の恵みを受けた人間のなかで、「死して生まれよ」の体験が戯曲を創造する才能と結び合うとき、神話《ミュトス》（戯曲のプロット）がかたちづくられるのである。神話は、劇として上演されれば、観客の心のなかに再び神話の体験を喚び起こす。心を揺り動かされた観客として悲劇の展開を追う人は、神話の空気のなかに移し入れられる。神話的で悲劇的な世界法則が、外界の物の姿を取って目に見えるようになるとき、思いもかけず心も世界法則とそのリズムに従うのである。結局は悲劇を観る者の胸にも、曲折した回り道を通ってではあるが、かつて能動的に参与する秘教徒の胸に喚び起こされたのと同じ気持が喚び起こされるのである。ただし、この気持は同じ強さを持ってはいない。というのは、神話の上演をただ観ているのか、それとも秘教の祭儀に参与するのか、ということは次第に相違を生み出していくからである。戯曲の内容は、自然の運行に対応するだけではなく、神秘主義的でエロス的な経験にも対応するのである。すなわち、秋から春へという自然の移り変わりと、人から神へという神秘主義的な変身と、二人であることから一体へというエロス的な高まりと、破滅から神聖化へという悲劇における変容とは、相互に関連し合っている。同じ力が外の世界と内の世界を動かしているのである。

悲劇的なるものの本質からカタルシスを切り離すことはできない。カタルシスは、観客が、知覚できる世界の一部が崩壊するのを見て、この世界の背後にある永遠の力をおぼろげながら感じさせられるときに、観客の心に生まれるものである。悲劇の作者は、不完全で迷妄に満ちた世界を我々に観せることによって、この世界を超越したいという我々の望みを勢いづけるのである。悲劇精神を感ずることのできる人は、目に見えるものが死ぬのを見て、その背後に目に見えぬものをそれだけ一層強く感じ取りたい、という渇望にとりつかれることが時々ある。これは「浄化」に対する悲劇精神の切望であって、復活の予感と快感を内に含む深刻な苦しみを渇望する気持なのである。悲劇のカタルシスと神秘主義の法悦とエロスの陶酔は相通ずる心の状態である。この三つのことは、個体化の呪縛を破り、恍惚の一瞬間に人間を神的な一体へ高めるという点で共通している。人間を個の死と世界の終りを通り抜けさせることによって、永遠を先取りさせるのである。この三つのことは終末論的な性格を持っているのである。

この三つの極度に心を揺り動かされた状態には死――人間の魂の無常の部分の死――と解脱――魂の不滅の部分の解脱――とがある。この神秘主義的でエロス的で悲劇的な感情の独特の混合的性格は、このことに由来するのである。苦痛と快楽が合流し、もはや対立物とは感じられなくなる。それは心の底から揺り動かされながらの嬉し泣きであり、解放の極致にあっての甘美な苦痛である。我々は苦痛と悦楽を同時に感ずる。苦痛を感ずるのは、自我が死ぬからであり、悦楽を感ずるのは、我々のなかで神的なものが解き放たれるからである。ヘッベルが悲劇作者に向かって、「人間が大地から放免され、星のとりことなるあの崇高な瞬間に」人の心をつかまえなくてはならぬ、と呼びかけたとき、この秘密を知っていたのだ。エロスの陶酔を味わっている者や神秘主義の神がかり状態にある者と同様に、悲劇に心を揺り動かされている者も、自我の殻のなかで硬化した魂が硬さを失い始めるのを感ずるのである。この人は、自我を脱出して高まっていくのを感じ、秘教徒のように、神秘的合一のなかへ移っていくのを感ずる。（プラトンは時々、神秘な合一に対してカタルシス〈κάθαρσις〉という語を用いている。）悲劇に心を揺り動かされる者は、しばらくの間個別化の呪いが解かれ、彼の不死の部分は、自由と神聖と平安をあふれるほどに感じて、安堵の息をつくのである。このような感情は生の尽きかけるところで、つまり、此岸と彼岸の間の緊張が解けて熱い涙となって流れる心の限界状況にあってはじめて生まれるのである。突然の回心は、しばしばこのような痙攣と恍惚の状態で起こる。オーストラリアの未開の民は、宗教の儀式を成し終えたとき、酔ったようにすすり泣きを始める。アプレイウスは、涙にぬれた忘我の状態をまことに見事に述べている。「私は（イシスの）寺院になお数日間とどまり、信じられぬほどの歓喜にひたりながら神様の御像を拝した……。女神の御前にひれ伏し、女神の御足に長い間顔を押し当て、涙を流し嗚咽でほとんど押し殺された声でこう言った『女神《めがみ》様、永遠に人類をお守りくださるお方。』」心の限界状況において涙の恩寵が人間に与えられる。これはカトリック教会によって尊重されている涙の賜り物（donum lacrimarum）であり、アビラのテレサとイグナチウス・ロヨラ〔一四九一—一五五六。イエズス会の創立者。強力な指導者であると同時に強い神秘的傾向を持った瞑想家〕というような異なった性格の人々によって等しく称えられているものである。

まなこはぬれ、いと高き憧れを覚えつつ
楽の音と涙の聖なる価値を感ずる。
ゲーテ〔『和解』（『情熱の三部曲』の一つより）〕

カタルシスという言葉が——善悪の彼岸にあって——含んでいる内容は、感情のなみはずれた充溢である。カタルシスはシラーのいう「悲劇の対象を楽しむこと」にとどまるものでも、リップス〔一八五一—一九一四。ドイツの哲学者。美学者。心理学者。「感情移入」を基本原理とする美学を樹立した〕の「人格のなかにある高い価値のあるものを楽しむこと」（原注）にとどまるものでもなく、また道徳的な浄化に尽きるものでもない。「悲劇の楽しみ」を説明しようとする純粋に美学の立場からする試みも、純粋に道徳の立場からする試みも、失敗するに決まっているのである。悲劇によって心を揺り動かされることが持っている二重性は、悲劇的なることの本質そのものから離すことのできないものであり、この悲劇的なるものがまた世界総体の核心に含まれていて、この世界と超越的世界が触れ合うところでは、どこでも感ずることができるのである。不滅の魂を持って無常の世界のただなかにいる人間、これが悲劇の根源的事実なのである。悲劇は原始の宗教的戦慄の瞬間をよみがえらせる。しかも悲劇は、神秘主義的なるものやエロス的なるものよりもこの瞬間を強力によみがえらせるのである。それは、悲劇がこの世界と超越的世界という両界の体験のニヒリスティックな面を、あとの二つのものより鮮やかに浮かび上がらせるからである。悲劇は、世界はそれ全体として、その仕組みの最も奥深いところで、破壊をめざしているのだ、ということを表明するものなのだ。人間がこの世の生から身をもぎ離すようにするために、また激しい衝撃を受け浄化されて、より高い生の秩序の前にひれ伏すようにするために、この世の生の根源的矛盾をあらわにする、というのが悲劇においてこの世界が果たす役割である。我々の目が開かれ、この世界の本質と救済の道が見えるようになるために、悲劇の主人公は死ぬのだ。すべての人間に代って受難するというキリスト教徒にはおなじみの思想が、仮面を着けて舞台の上に現われるのである。

（原注）　テオドール・リップス『悲劇についての論争』五一頁。

悲劇的なるものの一つとして二元論的世界像がある。二つの世界の緊張関係に苦しみ、目に見える秩序が滅び去らなくては、目に見えぬ秩序に到達しえない、と思っている者だけが悲劇の感じ方ができるのだ。この感じ方はインド人には不可能だ。インド人は、一切が超越的一体においてあると考えており、ただこの一体の上にえてして人をあざむくマーヤーのヴェール〔古代インドのヴェーダーンタ学派の思想においては梵と同一の個我だけを真の実在とし、他はすべてマーヤー幻影であるとする。マーヤーのヴェールはショーペンハウアーが世界の幻影的性格を表わすのに使った言葉〕がかかりがちなだけのことだと思っているのである。インド人にとって救済をもたらすものとはこの与えられた一体を認識することであって、死の神秘な教えではない。一体を回復するためには、個々の人間存在の苦痛に満ちた崩壊は必要ではない。一体は常に現存するのであり、見られさえすればよいのである。先祖伝来の考えの誤りを捨て去りさえすればよい。そうすればエロス精神においては愛し合う者たちの一体に達し、神秘主義においては人間と世界の根底との一体に達するのである。それだから、インド人にあっては、両極的なエロスにおける緊張関係は緩むのであり、それだから沈思をこととする醒めた無限の神秘主義を特に好んで育て上げるのであり、そのためにインド人はカタルシスの体験も、悲劇的なるものという概念も、悲劇という芸術の形式も知らないのである。インドの劇は早い時代に華やかな全盛期に達したが、悲劇を生み出すことはなかった。インドの芸術の規則は芝居が破局《カタストロフィ》をもって終ることを禁じている。この規則はハッピー・エンドを指定しているのだ。舞台の上で人物が死んだり、あるいは、どんな形ででも破滅してはならない。これなくしては愛し合う者たちが完全な一体に融合することのできないあの悲劇的な殉愛死という考えは、インドの劇の規則にも、インドのエロス精神にも矛盾する。(インドの殉教者がときとして「神秘な殉愛死」におもむくということはこの一般的な法則からの逸脱である。)このようにインドの特異性も、神秘主義の法悦とエロスの陶酔と悲劇のカタルシスとは、心の奥底では触れ合っている、ということを否定的な形で証明しているのである。

第八章　エロスと神々の不和

深くものを考える人なら、苦痛と不機嫌と恐怖の入り混った気持で、今我々の眼前で展開しているエロスと神々の不和という悲劇と取り組むだろう。宗教とエロス精神の間の、深い根拠を持ち切っても切れぬと見えた結びつきを一度見た者は、この結びつきを隅々まで調べた者は、エロスと神々が、かつて不和となりえたというようなことが、どうして可能となっただろうか、という問に愕然として後ずさりする。人間の心の底で一体なにが起こったのだろうか。人類が今まで何千年も苦しめられてきた、血のしたたる裂け目はどのようにして生じたのだろうか。なに者が人間に毒を盛り、心の一体を奪ったのか。昔から伝わる誤った考えに甘んじて皮相な判断を下す人は、神々とエロスは、そもそも険悪な対立関係にあるものだから、激しい戦いをしているのだという風にしか答えられないだろう。しかし、人の心の奥底まで洞察し深く考えて問を発する人は、謎の最たるものであり、最大の災禍でもあるこのことに面して、呆然として立ちつくすのである。

根本的な問は、人間が性を恥じ隠し、排斥するようにさせた内的な動機はなにか、性に関する行為を制限したり完全に廃止したりし、そして遂には性器を体から取り除くということさえもさせた内的な動機はなにかということである。このような問に続いて、この動機は宗教と関連があるのかという問が出てくる。関連があるだろうということは、はじめから推測のつくことである。なぜかというと、人間が現世の最も強烈な悦楽の源である性に関することを断念するとすれば、これは宗教体験だけが与える衝撃によって強制されたものに違いないからである。人間の根底にかかわる決定的な問題に直面する場合でなくては、悦楽を与え生のすべてを支配するこの性というものを追放するというような気違いめいたことを人は考えつくはずがないのだ。

　ことをはっきりさせるために、一時的禁欲と完全な禁欲を区別しなくてはならない。性に関する禁欲は一時的にある目的に役立つものであることもあるし、永続的な状態として、つまり性を敵視する生き方として求められることもある。

　禁欲的傾向は、精神的なことにはすべて含まれているものであり、あらゆる自己完成を目指す試みと理念に含まれているものであって、ギリシアの「ピタゴラス派教団の生き方」のなかにある禁欲的傾向は、インドの高級な宗教のなかにある聖なる生活（ブラフマンーチャリヤー〔梵行。バラモンの欲望を断ずる行法。バラモンが一生の間にたどる四つの住期の第一を梵行期といい、宗教的教育に専念する期間で、身心を潔斎して精進を行なう〕）の要求のなかにあるものと異ならないのである。文化が自然を超越しようと努めるものであるかぎりは、まったく禁欲的態度なしですますというわけにはいかない。なぜなら文化を持つ人間が物質界とその法則を越えるために、物質界との間に距離を置きたいと思えば、もう生のなかに闇雲に飛び込んでいくわけにはいかないからである。こうなると、もう気ままに考えもなく衝動に身をゆだねるわけにはいかず、自分を抑制しなくてはならなくなる。ここで、人間は禁欲の必要性に直面することになるのである。――この場合禁欲とは本来の広い意味にとっているのであって、修練を重ね、自己を練磨するということである。〔禁欲 Askese はギリシア語 ἀσκεῖν（修練する）から出た語である〕。ここで目的とされているのは、本能を征服することではなく、本能の手綱を取ることだ。自己目的ではなく、完成のための手段としての禁欲ということであり、この手段は節度を考え、用心深く取り扱かわれねばならないものなのである。文化の低い種族の社会のタブーのおきてにも、禁欲によって自然を克服し、人間を高めようとする意図がすでに現われている。一つの部族が、他の部族より多くのより厳しい禁止事項を持っているときには、これを一種の高貴のしるしと考えるのである。あるものを断念することができるということは優越性のしるしと考えられ、優越した部族の一員であるという誇りで満たすのである。「俺は、魚を食う。トンガ列島のあのあわれな奴らとは違うんだ」というのが、ジュノ（『南アフリカの一部族の生活』第二巻六七頁）の伝えているあるアフリカ原住民の誇らかな言葉である。

原始人は自分の欲望を、特に自分を一番困惑させる性の欲望を厳しく抑えるほど、解放感と自信と実力の意識が強くなる。そこで、タブーが禁じていることを厳守すること、特に性の一時的な抑制が、人間に超感性的な力と有利な関係を結ばせることになり、世界の根底に対する人間の魔術的関与を一層深いものにするのだ、という確信が形成される。ここに魔術的禁欲、すなわち、力の獲得の手段としての禁欲、外面的な勝利に対する要求権としての禁欲が生まれる。このような禁欲は、インド人の考えによると、神々にとってさえ危険なものとなることがある。インドラ〔ヴェーダ神話の主神。光と雷をつかさどる〕は、なみはずれた苦行者がタパス、贖罪によって、すなわち、最も手のこんだ苦行によって得た無比の力で、自分を神の座から突き落とし、行者自身がその座に着きはしないかという恐怖に震えるのである。インドラは、これに対抗する唯一の手段として、誘惑的なアプサラスという天上の悦楽の娘を用意する。これは欲望を捨て意志に目覚めている人間は、厳しい禁欲主義的な態度を崩さぬ限りは不敗なのだから、力の獲得のための戦いでは、こういう人間に比べると、感情のとりこになっている人間は勝目が少ないのだ、ということに対する見事な寓意である。キリスト教的中世には、純潔な人間に備わっている魔術的な力に対する信仰は広く普及していた。「汚れを知らぬ娘」は病いを払いのける力があると噂されていたし、無垢の子供や汚れを知らぬ乙女の血は癩にきくという評判が立っていた。

　禁欲は、魔術的な手段としては、ギリシアの予言術の場合のように、神のお告げを受けるために役立つこともある。また陶酔状態をむりやり作り出すための恍惚の助けとして役立つこともある。さらに、習得の可能な計画的な快楽増大法としても禁欲は行なわれるが、これは、性の力を一時抑えると、自然的本能を抑制を加えず即座に満足させたときには得られない愛の享楽が期待できるという経験に基づくものである。『カーマ・スートラ』〔五世紀頃のインドの性愛文献〕を書いたヴァツヤーヤナのような愛の術の理論家は、性欲のこの秘密を知っている。かしこい妻なら誰でも、逆らいもせずに夫に身をまかせていると、夫にたいする優位を大方失ってしまうぞ、ということを心得ている。妻が断固として寄せつけず、言い寄られても頑として首をたてに振らぬほど、それだけ一層夫を縛りつけることになるのである。恋の大勝利を収めるのは、あっさり安売りする女でなく、純潔な、近づき難い、なびかぬ女である。このしばしば打算的な一時的抑制という態度も、魔術的な威力を備えた、権力を保証する武器である。男の利己心と虚栄心は、女性の性的抑制を助長することに貢献している。なぜなら、求婚する男は、まず相手の娘の純潔を望むからである。求婚者は自尊心と虚栄から、排他的な独占の要求を娘の過去にまで広げる。俺はこの娘が生涯で経験するただ一人の男だ、という考えが求婚する男の自惚れを快くくすぐるのである。こういう男性式価値観が支配しているところでは、男の恋愛は自由だが、未婚の女性には純潔を要求するという二重構造の性道徳が発達するのである。

ローマ人のように、多くの民族は悪日というものの存在を信じており、その日にはある種の行為、たとえば、結婚とか婚約とか性交渉というようなことはしないことにしている。またしても一時的に制限された性的行為の例であるが、これから性に対する一般的な反感を引き出してくることはできない。なぜならこの場合禍いをもたらすのは日であって、その日に避けるべき行為ではないからである。

これまでに示したいくつかの動機——自己完成の欲求、魔術によって権力を得ようとする意志、享楽欲、女の打算、男のエゴイズム、迷信——は一つとして仏教やジャイナー教〔インドで前六—五世紀頃に起こった宗教。苦行を尊ぶ〕、キリスト教のいくつかの傍流などにおいて固持されているエロス追放の深刻さと決定的性格を説明することはできない。このうちのあれやこれやのモチーフが関与しているかもしれないが、決定的な役割を果たすことはできない。では完全な禁欲の根源はどこにあるのだろうか。それは平行する四つのモチーフである。これらは排除し合う必要はない。一つ一つ別々に現われることもあれば、互いに混り合い交錯していることもある。四つのモチーフとは、犠牲のモチーフ、妨げのモチーフ、世界嫌悪、性恐怖である。

犠牲のモチーフは宗教の根源的戦慄によって喚び起こされる。これは純粋に宗教的な動因であって、一切のエロス精神の彼方にある。人間は、神に震え戦《おのの》くと、神をなだめ好意的な気持にさせる手段を探し求める。人間は切羽詰ってとうとう一つの逃げ道を見つけ出す。つまり犠牲ということを考え出すのである。犠牲のおだやかな形が、犠牲としての禁欲である。この禁欲にあって人は、内的に自由になるために自分に外的な制限を加える。食欲と性欲という二つの最も強い欲求に痛い枷《かせ》をしっかりとはめるのである。彼は断食し、性欲を抑制する。こうすることによって、神々を自分の味方にできるものと思っているのだ。またもし罪を感じているのなら、神々の怒りをやわらげ、己れの誤ちを贖えるものと思っているのである。こうして性の禁欲は、断食と並んで宗教上の贖いの根本形式となるのである。古い時代の人間を禁欲に駆り立てたのは、根源的戦慄の圧迫から解放されたいという切望と、無力感と罪悪感であって、健康上の考慮といったものではない。古い時代の人間の心のなかでは、超自然的な威力にたいする戦きが、気持を支配する最も強い力であった。従って、宗教的感情をかき立てられている人類の祖先が、現代の俗悪な自然主義的な考え方の持主であるかのごとくに強弁してはならない。この俗悪な自然主義的な考えを通して、現代のヨーロッパ人は、そのひからびた心のなかには「人間の最も貴い遺産」である聖なる戦慄はもう生まれないのだ、ということを露呈しているのである。

犠牲の一つの形としての禁欲は、性的なことがただ許されているというだけでなく、貴重なものだということを前提としているのである。禁じられていることを止めるのなら、犠牲とは全然言えないであろう。大して魅力のないものを捨てるのなら、大きな犠牲ではなかろう。ところが宗教的な根源的戦慄に襲われている人は、立派な行ないをすることによって全能の神々に、それどころか怒れる神々にさえも、良しと認めてもらうために、大きな犠牲を捧げたいと思っているのである。こういう人間が、神々や魔の嫉妬を恐れて、嫉妬される動機がなくなるように振舞おうと骨折るということもあるかも知れない。いずれにせよ人間は、性をさげすんでいるからではなく尊重しているからこそ、性の抑制を断食とともに犠牲の形として選んだのである。従って犠牲としての禁欲は、他の種類の禁欲とは異なり、肉体を性欲の宿る場所として憎むということがないし、女性を性の誘惑者として憎むということもない。またこの場合は断食の命令と純潔の命令は普通並んで現われる。(回教では断食というと性の禁欲も含んでいる)回教では、スーフィー派神秘主義が要求しているような結婚の禁止は、悪魔の惑わしだと非難されているといった次第なのだが、この回教のような強烈な官能の宗教においてさえも、犠牲の禁欲は確固たる地位を守り続けることができるのである。ローマ人は、性を敵視する民族でないことは確かであるが、ヌディペダリアの祭〔古代ローマで大旱魃のときに裸足で行なう宗教的行列〕の間の贖罪の方法として性の禁欲を行なった。旱魃が続くと、ローマ人は禁欲によって雨を降らせるジュピター(Jupiter pluvius)の好意を得ようとしたのである。

罪悪感と贖罪の願望が、人間の意識全体をすっかり一杯にしてしまうほどまでに心のなかで増大してくるときに、はじめて犠牲としての禁欲は、宗教と性を仲たがいせざるをえないようにするのである。そのとき人間は、自分の救いと永遠の平安を見出すことができる道は、もう永続的な性の禁欲という犠牲しかないのだと思う。こうして彼は、一時的禁欲を禁欲主義的な生き方にまで拡大するのである。罪を贖おうと思っている者が、信仰心の故に、性と性に結びついている一切の感情を逃避する人間になる。ついには彼は性欲を避けるだけでなく、エロスをも避け、しかも永久に避けるようになる。このことによってはじめて、宗教とエロス精神の間に深い裂け目を切り開き、その結果宗教とエロスが互いに結びつくということもなくなり、相互の親近性も、人類救済の使命を持っているという共通性ももう思い出さないようになるのだ。従って宗教は、その最も古く最も深い層に、すなわち恐怖を喚び起こすその魔性に、早くもエロスに致命的な傷を与えうる棘を隠しているのである。

妨げのモチーフは、犠牲のモチーフと同様に宗教的な性格を持ったものである。だがこれは宗教のデモーニッシュな面ではなく、その排他的傾向に由来している。宗教心というものは、人間の心のなかに広がっていき、他の感情が自分と並んで存在することに我慢がならず、しかも自分と同様の感情は自分と対立する感情より一層我慢がならないという傾向を常に持っているものである。ここに宗教的感情とエロス的感情とが衝突して、和解に達することができなくなるという危険がある。宗教的なるものは、人間の心のなかに広がるほどますます、エロスによって乱された、妨げられた、と感じやすくなる。従って妨げのモチーフは、宗教に関して特に鋭敏で活気のある人をおびやかす精神的な危険であって、優柔不断の人や、だらけた人をおびやかすものではない。神に満たされ、神の方を向いてしまっている人間は、神—人関係のなかになんのためらいもなく没入してゆき、現世のきずなによって無常の世界と結びつけられていたくはないと思う。神に対するこのような感情の世界観的背景をなしているのは、神と世界、肉体と魂の和解不可能な二元論である。この考え方では、死すべきものと永遠なるものは互いに相手をめざしているのではなく、激しく反発し合っているのである。この両者の根本関係は二律背反であって、調和ではない。

妨げのモチーフは神秘主義的禁欲主義の典型的モチーフである。あふれるばかりの神への愛と、神人合一の切望の表現及び結果としての遁世は、昔から神秘主義の特徴である。これはスーフィー派神秘主義においてさえも、イスラム教の根本的な傾向には反して存在しているのである。神秘主義的な神に対する渇望からエロスを敵視する信念が生まれてくる。すなわち、純潔なくしては、永続的な性の禁欲なくしては、完全で無条件な帰依はないというのである。この禁欲は、一者、完全者に向かって思念を凝らすための手段である。「禁欲を通して私たちは集められ、一者へと連れ戻されます。この一者から私たちは流れ出て多へと分かれたのです。すなわち、あなた（神）のほかに何ものかを愛し、しかもそのものをあなたのために愛しているのではないような者は、あなたに対する愛が足らないのです。」この文によってアウグスティヌスは（『告白録』一〇の二九）妨げのモチーフが純潔にたいする動機であることを明らかに示しているのである。自分の心の自由のことを考えて、女を欲したり娶ったりはすまいと決心したのである（『独語録』一の一七）という告白についても同じことがいえる。コリント人への第一の手紙七章三二節及び三三節も性の領域の有する妨げの働きと、このことから結論として出てくる禁欲の必要を示唆するものを含んでいる。

妨げのモチーフの理論家の書いたものには二つの考慮が並行して現われる。すなわちエロス的なるものは、宗教的なるものに逆らうから妨げとなるということと、エロス的なるものは、宗教的なるものとは同種類のものだから妨げとなるというのとである。第一の意見は対立の視点に立っており、第二の意見は競争の視点に立っている。宗教は、第一の場合では自分は別のものを欲しているからという理由で、第二の場合では自分は同じことを欲しているからという理由で、エロスを拒絶するのである。第一の種類の禁欲主義者のタイプは、この世界に属するものは一切ぬぐい去ってしまう。しかし、このタイプは——それがまたこのタイプの根本的な誤りなのだが——セックスだけでなくエロスまでも、超越的世界ではなくこの世界に属するものとみなすのである。このタイプはセックスとエロスを正しく区別していないのだが、これは決して宗教を高く考えすぎたからではなく、エロスというものを低く考えすぎたからなのである。人間に対する愛と物に対する欲望とを同一視しているのだ。このタイプの禁欲主義者は、性愛に燃えると、人間は物質界の法則のために自己を喪失してしまいはせぬかと恐れている(たとえばコリント人への第一の手紙七章三八節)。愛に燃えて、生命を持った人間に身を捧げることは、生命のない物に身をゆだねるのとは本質的に異なるのだ、ということが分かっていないのである。恋人をあがめる者、あるいは、彼女と一つになることによって共により高き一体に達したいと思っている者は、この世界の物に執着などはせず——恋人のなかにか、あるいは恋人と一緒になって——神性を捜し求めるのである。エロスによって神の愛から引き離されると感ずる者は、欲情の対象を物のように取り扱い、かりそめのものだけを、それもかりそめの楽しみのためにだけ所有したいと思っている貪食本能とエロスとを混同することによって、エロスに余りにも低い価値しか与えていないのだ。こういう人は、男女の愛を欲情にあえぐ男の目で見ているのだが、ただこのような男とは逆の価値評価をしているのだ。それだからエロスが燃え上がることを物質の法則に屈服することだと考え、偶像崇拝であり、神を裏切ることだなどと思うのである。だが本当のエロスの力を育くむことが宗教を害なうというようなことは決してありえない。「この世界に愛はいくらあっても足りない」のだし、「愛というものは、この名に値するものである限りは、本質的には同じものなのだ」——上に述べた禁欲主義者のタイプは、この二つの真実を曲げているのである。

宗教とエロス精神の間に、本質的な親縁性があることに気づいているが故にエロスを拒否する禁欲主義者のタイプは、また別の性質を持っている。このタイプは、救済のモチーフをもっぱら宗教に対してだけ使いたいと思うのである。それは他の感情には、従ってエロスの感情にも救済のモチーフを認めないので、性には生殖という味気ない種族保存の勤めだけが残されることになる。宗教はエロスを嫉妬する。すなわち宗教は、心に仕合せを与え人間を救済するという使命をもうエロスと分かち合いたくはないのだ。この使命から遠ざけられたエロスは、上へ上へと運んでゆく翼を奪われて、事実上天上の高みから獣《けもの》の水準に下落してしまうのである。このことに対する最も有名な歴史上の例は、カトリック教会がプロヴァンス地方に起こったミンネの熱狂的な女性崇拝を処理したやり方である。カトリック教会はこの女性崇拝をただ一人の女人、すなわちマリアに限定し、こういう形で女性崇拝を宗教的崇拝として受け入れたのである。これに対して崇拝のエロス精神は斥けられた。なぜならこれは性愛に教会が認めている以上の高い地位を与えるからである。こうして我々の前に奇妙な光景が繰り広げられることになる。すなわち、人の心を純化する働きを持った婦人への奉仕というこのヨーロッパにおける精神的な男女の愛の最初の出現は、教会の嫉妬深い目は是認してくれなかったのである。ところがなんとむき出しの種族保存本能は、動物的な生殖の営みは、是認してくれたのである。

妨げのモチーフによって規定された禁欲主義者は、目指して努力すべき神聖な目標をはっきり念頭に浮かべている。世界嫌悪に支えられている禁欲主義者は、神を失った世界だけを見ており何とかしてこの世界から離れたいと思っているのである。この世の存在の姿に愕然として、仏教徒のいう輪廻《サムサーラ》、オルフェウス教徒のいう「生成の輪」から脱したいと思うが、どこに脱出するかということは必ずしも明確に知っているわけではない。世界嫌悪においては救済のモチーフは力点を否定面に移し、かくして、ニヒリズム型の救済タイプであるニヒリスティックな禁欲主義者を生み出す。この種の人間が、純粋に男性的な深い苦悩を抱いて、この世界を厭い、この世界の滅亡を見たいと望むならば、彼は何よりも性をこの世の生命の涸れることのない回生の泉として排斥し、それから肉体を性の座として、無常性の象徴ときずなとして排斥し、最後に女性を疲れを知らぬ生の維持者として、生への誘惑者として、生の無限性を保証する者として排斥する。それだから、世界嫌悪とそれに由来する禁欲主義は、普通は肉体憎悪と女性蔑視と結びついて現われる。ここでは、魂は肉体の持つ意義とはならず、肉体は魂の墓場（オルフェウス教の語呂合わせ σῶμα〈肉体〉—σῆμα〈墓標〉はこの考えの一例である）であり、また女性は、マドンナか救済者か大母神（magna mater）かではなく、「地獄の門」（テルトゥリアヌス〔一六〇頃—二四〇頃。ローマの教父。異教徒的享楽生活を味わいつくしたが、回心後は厳格主義者となった。妥協を許さず、極めて戦闘的な護教家で、異教徒や異端者を鋭く斬りまくった。後モンタヌス派異端に投じたが、その思想はあくまで正統的であった。キリスト教とギリシア哲学の調和を求めず差別を強調した〕やヒエロニムスはそのように言っている）なのだ。禁欲主義の要求が、受胎能力と生の維持を目指す女の本性を最も深いところで傷つけているのだということを男性は感じている。男性がニヒリズム型の救済タイプであるとき、女性において憎んでいる点は、女性が自然と手を結んでいるということであり、この世界のもろもろの力と同調しているということである。というのも、この種の男性は自分を超越的原理と感じ、女性を内在的原理と感じているからである。この種の男性が救済と世界の超越を切望する気持は、最後には公然たる世界憎悪に堕するのであり、ついには男の本性の真に破壊的な面と合流するということもありうるのである。またしても男性的性質は死と殺害に向かう方向を露呈する。世界を否定するとは、考えのなかで世界を殺すことだからである。ニヒリズム型の救済タイプと権力タイプは、相反する点から出発しながら、破壊の意志において相会するというのは奇妙な図である。両者共に生の価値の蔑視に耽っているのだ。ニヒリズム型の禁欲主義者の下す厳しい追放の判決に含まれている尊大さを見過ごしてはならぬ。これは自然的な生存をしりぞける独裁君主の態度なのだ。

すべての禁欲主義者は、救済を得る手段にエロスは用いないという点で一致している。妨げのモチーフを持つ人間は、エロス抜きで救済を求める。エロスの世話にはなりたくないと思うのだ。世界嫌悪を抱く人間は、エロスを犠牲にして救済を求める。被造物の廃墟を通って創造主にいたるというわけである。これは性的エロスの力を締め出すことによって世界を麻痺させ、ついには世界が衰弱して崩壊してしまうようにすることにほかならないのだ。これに対する典型的な例は、純潔によって人類は死に絶えてしまうではないか、という非難に対して自己を弁護したアウグスティヌスのやり方である。アウグスティヌスはこう言っている。「ああ、すべての人がそうして（性の禁欲をして）くれればよいものを。そうすれば、それだけ一層すみやかに神の国は実現され、この世の終りは早められるであろうに。」

世界嫌悪も、常にそうと気づいているとは限らぬが、宗教的モチーフなのである。我々が、自分の周りの無常なるものを自分のうちにある永遠なるものと関係づけるということが、地上の世界はもはや我我を満足させず、この世界ではもはや仕合せと感じられない、ということの深い理由なのである。目に見える世界が我々に嫌悪の情を催させる理由は、我々が自分の心のなかに――まだヴェールのかかったような状態であるにしても――超越的世界のイメージを持っており、無自覚的であることが多いが、このイメージとこの世を、絶え間なしに比較しているということの他にはないのである。もしも完全の国をおぼろに感じてさえもいないならば、我々を取り巻く世界の不完全さが目につきはしないだろう。自然的なものしか知らず、またそれしか認めない者は、一切を自然的だと思い、一切を是認するほかはない。上っ面でなく、一時的なふさぎの虫にとどまらないペシミズムは、すでに宗教のあけぼのなのだ。人が世界嫌悪の念が原因でエロスを追放するとき、この人を動かしているのは宗教的な力なのだが、この力が気づかれずにいるということは確かに実によくあることだ。犠牲のモチーフや妨げのモチーフの場合と同様に、世界嫌悪の場合も、エロスと神々との仲を引き裂くのは宗教的なるものである。この分裂の一番深い原因は、この世界と超越的世界との間の緊張関係である。はじめからこの緊張関係は、恩寵と自然とが衝突する危険の原因となっており、恩寵が、自然を自分のところまで引き上げるのではなくて、廃棄するという危険の原因になっているのだ。この場合に深く烈しいペシミズムが成長していくのであるが、これが筆者が世界嫌悪と呼んだものであり、常にエロスの不倶戴天の敵となっているものである。というのは、エロスはなるほど神性を備えた造形者ではあるが、彼の使う材料はつかの間のものだからである。エロスは性を使うのだ。エロスは両世界の媒介者である。ところが世界嫌悪はこのような媒介には我慢ができない。世界嫌悪にとっては世界は決定的に片づけられてしまったものなのである。

神々がなければ、そもそも世界嫌悪というものも存在しないのだが、世界を嫌悪するあまりに、神々さえも忘れるほどに人が世界嫌悪のとりこになることもありうる。仏教がそうである。この宗教の特異なところは、世界嫌悪について語るだけで神については口を閉じているということで、凡庸なヨーロッパ人は、仏教は宗教ではないのだろうなどと考え出す始末である。仏教徒は世界厭悪を脱したとき、これを賜り物と感ずるのだが、賜り主は見えないのだ。「賜り主のない神聖な賜り物」と仏教徒は涅槃のことを呼んでいる。仏教の教義の心は、この世界に通じる一切の橋を落とし、最後には世界が、救済された人間もいなくなって、希望のない輪廻の輪を巡り続けていくにいたるまで、世界をそれ自身にゆだねておくということである。だから、人はもはや本能的に反応してはならないのだ。意識と意志とがあまりにも片寄った男性的視点から人間の態度を規定し、これに対して女の本性にかなった有機的な、束縛を受けずに流れていく生はすべて追放されてしまっている。「憎は心情を意のままにし、心情の意のままになりはしない。」仏陀は、一切を、人間の体の動物的な働きさえも、意識のまぶし過ぎるほどの光のなかに置き、理性に導かれる意志に従わせようとする。本能を制御することではなく、本能を奴隷にすることが目標なのだ。仏陀は、もう一人の偉大な過度に男性的な思想家であるカントとこの点では符合するところがある。カントの考えでは、自然の感情に逆らう道徳だけが道徳であるように、仏陀の考えでは、感情の降伏なくして聖化ということはないのである。カントによれば道徳への道は、仏陀によれば救済への道は、虐殺された本能の上を越えていくのである。このような世界では、エロスはもう生きていくことはできない。エロスは認識の氷のような息に会って凍え死ぬのだ。カント哲学と仏陀の宗教は非エロス的であり、またそのことを自覚してもいる。カントは愛を道徳の要素から除外したし、仏陀は愛を人間救済の途上における最大の障害と考えたのである。「愛を克服しなくてはならない」、しかも一切の愛をと仏陀は力説している。これは、人はエロスから救済されなくてはならないのであって、エロスによって救済されてはならないという意味である。なぜなら、愛は――特に性愛は――世界嫌悪によって否認された世界と結びつけるきずなだからである。愛は渇望（タンハー〔渇愛と訳す〕）の変種で、無常の世界の見せかけの諸価値に対する「執着」を仲介するものだ。仏教徒は、「私の心中にあるおよそ欲求と愛に関するものはすべて否定された」ということになるまでは、愛をもろもろの苦しみの根源として念頭に浮かべていなくてはならぬのである。仏陀の別の言葉にこういうのがある。「僧たちよ、女の姿ほど男の心をとりこにする姿を私は知らない。また、僧たちよ、男の姿ほど女の心をとりこにする姿を私は知らない」。

それにもかかわらず仏教は一つの愛の観念を育てたのだが、しかしそれは一切のエロスの精神を、いやそれどころか同情や共感さえも排除するものなのである。仏教の愛（メッタ〔metta。パーリ語。仏教サンスクリットでは maitreya がこれに対応し「慈」あるいは「慈悲」と訳す〕）は、人間あるいは最高価値に献身することを許さない。仏教徒は、無関心の好意という心境に達しもはや他人の苦しみの原因とはならなくなったとき、人を愛する者となるのだ。世界が我々の存在をもう感じなくなるまで世界から遠ざかる――これが仏教の愛の理想である。これは献身ではなく、他人に感知できなくなることであり、喜んで人を助ける心構えではなく、存在せざるがごとき存在の仕方である。だからビクシュ〔比丘の字を当てる。出家得度して具足戒を受けた男子の称〕は、夜は小さな鐘や鈴や、がらがら音を立てる物を身につけ、これの立てる音で彼の前を横切る蛇、ひき蛙、甲虫、蝸牛といった小動物に用心するように教えてやる。最も下等な生き物にすぎなくても、また不注意だったからというだけのことであったとしても、生き物に苦痛を与える原因となるのは無慈悲なことだろうというのである。ところがなんとこの同じ仏教徒が、人間の願いに対しては冷酷といえるほどまで耳をかさずにいられるのである。仏教徒は沈思黙考している間は頑として沈黙を守り、自分の妻が飢えた小さな息子を腕に抱《かか》えて懸命に食物を求めていても、心を乱されはしない。筆者がここで暗に指しているのは、西洋の道徳家たちによって極めてしばしば誤解され、仏教の倫理の攻撃に悪用されてきた例の有名な仏教説話である。仏陀は、この禁欲主義者の態度を良しとし、その女を叱ったが、その理由は、苦行者は魂の永遠の救いを得ようと骨折っているのに対して、その妻は単なる肉体的要求のために、行も終ろうとしているときに、長い間の苦労の成果を危うく台無しにしようとしているからというのである。この判決はキリスト教の愛の観念で育てられてきた人の感情をひどく害した。仏教の愛の理想は、まだ激烈さを失っていない世界嫌悪の根底をなしている気持からしか理解できないものである。

世界嫌悪によって完全に支配されている宗教が、肉体と女性を猛烈に呪詛するだろうということは容易に推測できる。「体は、マーラ〔māra は本来は killing の意味で、それから「死」の意となり、仏教サンスクリットでは「誘惑者」、「悪魔」の意となる。魔羅の字を当てる。魔という語はその略〕であり、感覚はマーラであり、知覚はマーラであり、意識はマーラである」と南伝大蔵経経蔵相応部三の二三の一一―一二二にいわれている。ここにマーラというのは、一語で死でもあり悪魔でもある。仏陀は、二年の間苦行という救いの方法を試み徒労に終った後、確かに苦行を拒絶した。このことはもしかすると、仏陀が禁欲の持っている性的エロス的な面を感じていたことや、禁欲が崇拝の愛の裏面であることを見抜いていたことと関係があるのではなかろうか。仏陀は、愛を否認したから自分を傷つけることを否認したのだろうか。仏陀の教えは、苦行さえも恥じるほどに、非エロス的だったのだろうか。我々には分からぬことである。いずれにせよ、仏教の禁欲主義者の肉体に対する態度は、断食と純潔によって犠牲を捧げようとする禁欲主義者の肉体に対する態度とは異なっているのである。この態度の方は――そもそも犠牲という考えそのものがそうなのだが――マゾヒズムの気味を持っている。この禁欲主義者は肉体に苦痛を受けることを望んでいるのである。つまり欠乏という手段で肉体の苦痛を得ようとしているのである。これに対して、仏教の禁欲主義が一番望んでいるのは肉体を持たぬことだ。こちらは肉体を脱した存在の苦痛のない状態を求めているのである。

　仏教の文献と実践は女性蔑視の表明にこと欠かない。法句経によれば、「女には放埒がよごれのようにこびりついている。」男だけが仏の位に達することができる。動物や女はできない。本来は僧伽《サンガ》（教団）は男だけに開かれている。釈迦牟尼はおば（母代りに育ててくれた父の姉妹）に長い間懇願されて、やっと女性も教団に受け入れる決心をした。女体に生まれ変わることは罪深い前世の罰と考えられている。スクヮーヴァティーという楽園の描写では、そこには女性がいないということが優れた点として強調されている。僧たちに厳格な独身制が法によって規定されている。[原注] 法句経にはこう書かれている。「男が女をほしがる気持がほんの少しでも根絶されずに残っている限りは、その男の魂は乳を吸う子牛が母牛に縛りつけられているように縛りつけられているのである。」仏陀は幾度も繰り返して弟子たちに厳しく教えこんでいる。女に用心するのだ。賢者が逃れ出ようとしているこの世に、性と愛によってまたもや誘い戻そうとする狡猾な誘惑者に用心するのだと。「おお師よ、女人に対しては、どのように振舞ったらよいものでございましょうか」と愛弟子の阿難が尋ねる。「阿難よ、女人を見るな。」「しかし女人を見たときには、師よ、どのように振舞ったらよいものでございましょうか。」「阿難よ、女人と語るな。」「しかし、女人が話しかけてきたときには、師よ、どのように振舞ったらよいものでございましょうか。」「そのときは、阿難よ、心せよ」（南伝大蔵経経蔵長部一六）。人情に通じている師は弟子に、日々の托鉢には、女たちがしどけない恰好や、十分着物を着けぬ姿でいるところに出くわす恐れのない時を選ぶようにという賢明な指図を与えている。

（原注）日本では一八七二年、政府の布告〔明治五年四月二十五日の肉食妻帯許可に関する大政官布告のこと〕によって廃止された。

仏教ほど厳しく首尾一貫して世界嫌悪から禁欲主義的な帰結を引き出してきた宗教はない。だが仏教も最後のところで論理に合わないことをしているということは明らかである。すなわち、仏教は性の禁欲を強いたが、食物の摂取は禁じなかったのである。仏教の僧も、なるほどその際に欲望も快楽も感じてはならないが、体が衰えぬように必要なものを体に与えることは許されている。ニヒリスティックな完全な禁欲主義の理想であったならば、輪廻の編み物からできるだけ迅速確実に人間の真の自己（アートマン〔古代インドの哲学で「個人我」を意味する語。仏教はアートマンに対してアナートマン（無我）の立場に立つ〕を救い出すために、肉体に食物も与えるなと要求したであろう。

犠牲のモチーフと妨げのモチーフが女性も禁欲主義に導くということはありうる。そもそも世界嫌悪というものは主として男性の特殊体験である。性恐怖というものは完全に男性の感覚領域のものである。性恐怖は、宗教とエロス精神の本来の結びつきを、宗教の側からでなく、エロス精神の側から引きちぎるものである。性恐怖は男性のエロス的な根源的戦慄に、つまり性的でデモーニッシュな根源的体験に根差しているのだ。それだから性恐怖は、世界嫌悪とは違って、生を肯定する宗教や文化においても育つものだということは、たとえばギリシアに見られる通りである。また性恐怖は常に性、しかも「性のなかの性」としての女性だけをその対象とするが、肉体全体を対象とすることは決してない。感染力を持っているのは性的な面だけであって、肉体的にして無常なるもの一般ではない。性が傷つけば当然エロスも傷つくのだ。なぜなら、性はエロスが始まる場所だからだ。性が追放されれば、エロスが現実の世界に入ってくる入口を閉ざすことになるのである。

男性の心のなかで「女」という謎にたいする不可思議の念が凝って性恐怖となる。男性は、女性が自然の胸に安らい、すっかり安心して息づいている、あの安全に守られていていてしかも活気に満ちている様に眺め入り、けがれなく、打ちひしがれることがなく、惑わされることのない本能を持った存在だと思う。また母性の神秘について考えこみ、不思議にも不気味な仕方で女の胎内から生存のなかへとほとばしり出る生命力について思いをめぐらす。男性は恋愛状態にある自分自身をつらつら眺める。すると、性に関することは、未知の力として、それどころか敵意ある力として侵入してくるように思えるのである。これに対して女性は、性に関することのなかでまるで魚が水のなかにいるように動きまわっている。男にとっては、エロス的経験はしばしば彼の恐れている嵐であるが、女にとっては、むらなく安全に運んでいってくれる流れである。穿鑿型の男から見ると、それぞれ形を異にする男性と女性の性器は、性は女性の存在の本質に属し、その存在の奥深く根を下しているが、これに反して男性の肉体と生には、外面的にゆるく結びついているにすぎないということの象徴だ、と思えてくる。男性の体はエロスの矢を受けて変化し、女性の体は感情の激動の跡を残さない。女性の体は直接的に合一が可能だが、男性の体はそうではない。男性の場合は射精で性的快感はつきるが、女性の場合は快感はさらに続く。非常に古い時代から男はこれらの観察結果を象徴的な意味を持った特徴と考えるようになった。女は男には、真にエロス的存在と映る。また実際エロスは、女の本性には男の本性におけるよりも深く根を下しているのだ。プラトンは、『饗宴』において愛についての最も深遠な思想を語るのに、マンティネイアのディオティマなる女の口を借りているが、このときプラトンは人間の心についての実に鋭い理解をのぞかせているのである。男の中で一番賢明なソクラテスがディオティマに教えを受け、自分の意見ではなく、この女の意見を述べるのである。これは、男は自分の認識や経験からでは愛についてあまり多くのことを知ることはできないという意味なのだ。最も深いエロスの秘密は女によって守られているのである。

男は、エロスに関しては女に劣っていると感じている。これが性恐怖の底にある根本的事情だ。性恐怖は男性の感情であって、男は自衛を強いられるのだが、自衛手段としては女と一緒に性も追放するという方法を取るのである。男性は異性にたいする嫌悪を性全体に拡大する。女性恐怖をエロス精神一切に対する恐怖にまで高めるのである。男性はなによりも女と性を宗教から分離する。この二つのものを寺院から追い出し、さらに、女の官能に奉仕する男も女と共に追い出すのである。性に関することは不潔であり、神聖ならざるものであり、宗教の儀式とは相容れぬものである。ギリシア人の言葉を借りれば、「官能の愛は神聖をけがす」(τὰ ἀφροδίσια μιαίνει)である。これは男の女に対する復讐であって、エロス的な動機からではあるが、宗教的な手段による復讐である。これに基づく禁欲主義の理想は、道徳の名において述べられ、宗教的な業績であり神意に適った態度であるという栄光に包まれているが、つまるところは自分を救い、守り、エロスに関しては自分よりまさっている女に復讐するという男の所行である。できる限り愛に乏しい、エロス的でない生活――これこそ男が、これなら女を打ち負かす見込みがあるかもしれんぞと考えた生活形式であり、そしてまた実際にこの生活形式で女を打ち負かしたのである。

性恐怖に由来する禁欲主義にあっては、女性憎悪はその原因なのであって、世界嫌悪の場合のような単なる添え物ではない。この種の禁欲主義は徹頭徹尾男の要求であり、男性の心の苦しみから生まれたものである。男がエロスを排斥するのは女を排斥するからだ。女の力を奪うために男はエロスをおとしめる。だから、エロス追放と女性蔑視は同じ歩調で進んでいくのである。男性が女性を憎むのは、自分自身の性に束縛された状態を憎んでいるのであり、自分の焦燥と胸をしめつけるような無力感の源を憎んでいるのである。復讐心の故に、誇りを傷つけられたが故に、失われた心の均衡を取り戻したいと願うが故に、そして最後に権力と優位を渇望するが故に、男は生来の愛の存在である女性を罪の化身と化し、大誘惑者、悪の原理と化するのである。男性はこうすることによって神々の怒りを女性に振り向け、またこうすることによってエロスと神々を仲たがいさせるのである。ついにはエロスの追放は普通のこととなり、習慣となり、それが何に由来し、またいかにして実現に成功したかということが、もう正確には分からなくなってしまっている。エロスは、神聖なものに近づくような大それたことをしてはならぬ、という考えは、自明のこととして無批判に受け入れられているのである。

　男が女という謎に面したとき、宗教に関する事柄において女性を取り扱うのには二つの可能性があった。つまり女性を神と特に密接に結びつけるか、それとも女性は魔と交渉しているという嫌疑をかけるかのいずれかである。この二つの可能性が現実となった例は十分に見出される。女性の行なう予言と、女性の祭司は、男より古い。古代ギリシアの巫女やアポロの女神官、カサンドラ〔トロヤ王プリアモスの娘で予言者〕やサッポー〔前六一二頃—、ギリシア最大の女流詩人〕、古代ケルト民族の女神官、ケルト民族やゲルマン民族の「賢明な女たち」、ブルクテリ族〔古代ドイツの一種族〕の女予言者ヴェレーダ、エジプトの女神ネイト〔特にザイスで崇拝された女神。ギリシア人はアテネに比した〕の女神官などを考えていただきたい。神は、男性のいけにえより女性のいけにえを好むという信仰は非常に古い。アジャスの罪を贖うためには、少女の血が流された。女性は霊媒的な力、つまり深い予感に満ちた神を感ずる心を持っているために、男が意のままにすることのできない超自然的な力を守る者であり、享受する者である、と男の目には映るようになった。女性が持っているエウセベイア（敬神）に対する特別の素質、敬神の念を育《はぐく》むという特に女性に適した天職のことを、ピタゴラスはクロトン〔南イタリアにある町。ピタゴラスが住んでいた〕の女たちに語りかける言葉の冒頭で述べている。またプラトンによればストラーボンは、昔からデイッダイモニア（敬神の念）は女性によって育まれ、男性の世界に広められたのだということを強調していたそうである。

しかしながら男性の性恐怖が作用しているところでは、女は魔神の親しい仲間だということになってしまう。男のたかぶった空想力は、ごく古い時代からすでに女の性を持つ魔的な神々を作り出すことに耽っていた。たとえば、古代メキシコのトラコルトコトルとか、邪悪なインドの疫病神カーリーとか、北欧の女妖がそれである。ローマの運命の女神パルカや北欧の運命の女神ノルネの姿をとって、女は運命の糸を手に握っている。ギリシア人の女性に対する恐怖は、復讐の女神エリニュエス、またの名をエウメニデスに生きており、また悪鬼のような犬をお伴に連れた魔術をつかさどるヘカテや、憎しみで一杯の体に蛇を帯のように巻きつけ、見る人は石と化するほど恐ろしい姿をしたゴルゴンに生きている。

性恐怖の圧力を受けて、男の心のなかで宗教的興奮と性的興奮との間に裂け目が口を開く。神話は、この両者の葛藤を神々と魔の戦いとして具象的に表現する。この際男は、自分自身は神々と関係づけ、女と性は魔と関係づける。男は、自分の心のなかで宗教的激情と性的激情が衝突することを恐れているように、自分を取り巻く世界で神々と魔が出会うことを恐れている。この出会いを妨げるために、男は、女は神に呼び掛けてはならぬし、神聖な場所に足を踏み入れてもならぬと定めるのである。また、男のうちで神々に近づくもの、すなわち参詣者と、それから何よりも祭司は、その直前には女を——それが女房であっても——慎まなくてはならない。妻と交わることは娼婦と交わることに劣らずけがれとなるのである。性に関することは、それ自体不浄なのであって、そのことに参与する人間とは無関係なのだ。性に関することには、すべての魔がかかわり合いを持っている。人間は、性的に興奮している状態では、特に魔の力にさらされているのだ。まさにこのときにこそ悪霊は、人間に近づいていき、人間を支配したいという並々ならぬ欲望を感じるのであり、また人間に近づき支配する力が特に大きくなるのである。

　これが男の性恐怖から生まれた禁欲主義的な信念である。この信念はトーテミズムのタブーの概念までたどることができる。月のさわりの間の女性はタブーである。また産婦も、特別に魔的な力を帯びているから、不浄で触れてはならぬと考えられている。多くの未開民族では、さらにインドのいくつかの地方でも、このような状態にある女性は特別の小屋(月経と出産のための家)に泊らされる。産婦の「不吉なまなざし」は今日でもなお恐れられている。出産後の祓い清めについては種々のきまりがある。今でも残っているカトリック教会の典礼によれば、産婦は出産後初めて教会に行くときには、その婦人を浄めるという意味を含んだ特別の「祝福」を受けることになっている。古代ペルシアでは、産婦は残酷な食事の規定を課せられ、牛の尿を飲み、断食をしなくてはならなかったのである。ギリシアでは、出産の行なわれた家は不浄だと考えられていて、神官はそのなかに入ることは許されなかった。ポティオス〔九世紀のギリシアの大主教。博学で『ビブリオテーケ』を著す〕は、出産の経過を窺っている魔を払うために、出産の際には家に瀝青《ピッチ》を塗ると報告している。産婦は四十日の間参詣を許されなかった。民間信仰によると、産褥のかたわらで、幽霊のようなヘカテが何かやっているということである。トーテム信仰では乳児は死体と同様にタブーである。それは、死体が死者の霊を招くのと同じように、乳児は性の魔を招くからなのである。

生殖と死という出来事は、自然人にとっては同じ様に不気味なものだ。結婚の際の大抵の習慣は——文明の進んだ民族では、そのもとの意味がもはや理解されておらず、今ではたかだか気の抜けた洒落ぐらいにしか扱われていないが——女の持っている禍いをもたらすタブーの力を無力化することを狙っているのである。結婚式の前の晩に、家の前で食器を割りなどして大騒ぎをするのは、悪魔を払おうとするものである。これは、花嫁花婿が特に危険にさらされているからなのである。いくつかの地方では、悪魔を欺くために、新郎新婦はその付添人と同じ服装をする。どこにいっても民間信仰では女は魔物を引き寄せることになっている。「神が女を造りたもうたとき、悪魔が粘土に触った」というロシアの諺がある。今日でも、不実な恋人に捨てられた日本の女性は、復讐の呪法を行なうときに恐ろしい妖魔の助けを借りることができるという評判が立っている。シベリアのシャーマンは、女は魔性を持っているというので神々に呼びかけることを禁ずる。アイヌ（日本）の女も祈ることを許されない。中国では女は寺院に足を踏み入れることが許されない。他の宗教、たとえばモーゼの宗教でも、少なくとも最も聖なるものには女性は近づくことが許されない。旧約聖書のなかでは、神はサライ（アブラハムの妻）と語るだけで、ほかには女性と語るということがない。ヤーウェが自分の使命を伝えるのは、イスラエルの男にだけであって、女や子供は含まれていない。これは明らかに女性蔑視の結果である（レビ記二七章三—七節の人身評価の男女による差別の例や、旧約聖書外典『ベン＝シラの知恵』二五章及び四二章一四節のベン＝シラの女性を警戒するように説く言葉を参照）。

しかし女のまわりに魔が徘徊しているとすれば、女と性的関係を持っている男のまわりにも魔は徘徊している。だから交わりの後では、浄めのために体を洗うなどのお祓いの儀式をする義務が生ずるのである。ニューブリテン島の原住民について、性行為の後では普通ぎょうぎょうしい浄めを受けねばならぬことになっているという報告がある。回教徒は少なくとも宗教的儀式を行なう前には浄めを受けなくてはならない。特に、狩猟や戦にいくとか祭式を行なうとかいうような重大な仕事の前には、男が女を慎むというのは、広く行なわれているおきてである。マダガスカルでは、畠を耕している間は性の交わりをすることは許されない。また狩猟や戦が行なわれている間も、家に残っている者たちは身を清くしていなくてはならない。「参詣者は女に接してはならぬ」とロードス島とペルガモンで出た碑銘には要求されている。同じことを、レビ記一五章一八節と二一章七節はユダヤの司祭に要求している。ユダヤの大司祭は贖罪節の前には禁欲せねばならず、エレウシス教の神官は、祭の期間は禁欲しなくてはならない。(神官の長は、純潔の義務を楽にするために、ドクニンジンを塗り薬にして使った。)同じような禁欲の戒が、アステカ族やインド人やアラビア人の間でも行なわれており、僧の独身制がまだ確立されていなかった時代の初期のキリスト教においても行なわれていた。サマリア人は安息日の同衾を禁じられていた。モーゼがシナイ山で神の降臨を待ったときには、男と女は互いに近づいてはならなかった(出エジプト記一九の一五)。聖なるパンを受けたときも同じことである(サムエル記上二一の四および六)。また戦争の開始に際しても同様であるが、これは、戦は聖なるものと考えられているからである(サムエル記上二一の五、サムエル記下一一の八―一一)。これらの事実のすべての背後に、性行為と神聖な行為とは相容れない、という同じ根本的なものの考え方が存在している。女性的原理を軽蔑していたから古代エジプト人は甲虫スカラベを聖なるものと考えた。これは、この甲虫が地中、特に好んで暖かいナイルの泥土のなかに卵を生むので、泥中で牝の協力なしに無から幼虫が生ずるように見えるということを、エジプト人は観察の結果知っていたからである。このことから、この甲虫は神的な生き物に相違あるまいという結論を引き出してきたのである。ローマでは、蜂は天の露を集めるから神聖なものだと考えられていたので、「性愛に関することによってけがされていない」(purus a venereis rebus) 者だけが蜂に近づくことを許された。(プリニウス〔二三―七九。ローマの政治家、軍人、学者〕『博物誌』一一の一六)「清浄なものは位高き神々の御心にかなう」(casta placent superis) と古代ローマの詩人はうたっている。ヴェスタの巫女の処女であることは厳しく注意が払われていた。ラヌヴィウム〔イタリア中部の古代ローマの町〕の聖なる岩屋の女神ユーノーの蛇の祭儀も純潔な神官を要求した。ギリシアでは、神官の仕事を子供や老人に行なわせるということがあった。まだ性的能力がない者か、もう性的能力のない者というわけだが、ときにはパトライ〔古代ギリシアの町〕のアルテミスやトリタイア〔同上〕のトリトンに仕える女たちのように、純潔を保たねばならない処女によって行なわれた。ディオニュソス教徒のなかにさえも、禁欲主義的な要求をする性恐怖が忍びこんできた。すなわち南部イタリアではバッカス秘教徒は、入社式の前には十日間は性の交わりを断つことが指定されていたのである。

　性恐怖から一つの偶像が生まれたが、これはその原因たる性恐怖同様特定の宗教や特定の国民に限定されるものではない。すなわち処女懐胎という偶像である。この場合二つの動機が区別されなくてはならない。それは不可思議なものを望む気持と、性に対する嫌悪である。偉人が――英雄であれ聖者であれ――この世に登場するときには、民衆のひいき根性は、この偉人を日常性の枠からはずしたがるものである。偉人が自然法則に束縛されてはいないと思いたいのである。英雄を産声を上げたときから、超自然的なことどもで取り巻きたがるのである。こうして超自然的な誕生の伝説は出来上がってゆく。素朴な意識は、天才の肉体の誕生を生殖との関連から切り離すことによって、天才出現の不可解な秘密を納得できる明白なものにしようとするのである。自然な誕生が否定されるのは、それがいとわしいことだから、というのではなく、日常的なことだから、というのである。ヘラクレスは神々の後裔と考えられている。スエトニウス〔六九―一六〇。ローマの伝記作者〕はアウグストゥス帝について同じことを主張している。ディートリヒ・フォン・ベルン〔『ヒルデブラントの歌』等一群の古代ドイツ英雄叙事詩の登場人物〕は魔物とある女との交わりから生まれたことになっているし、アレクサンダー大王は、その母が腹に入った電光によって身籠った子だといわれている。フィンランドの叙事詩カレワラの第五十歌によると、フィンランドの救世主の母はコケモモによって懐妊したという。聞くところによると、現在ロシアの素朴な民衆の間には、レーニンやスターリンも超自然的な仕方で生まれたのだという噂が横行しているそうである。

不可思議なことを喜ぶという動機とならんで、性欲に対する嫌悪というもう一つの動機が現われる。そしてこの動機だけが禁欲主義的なのである。嫌悪すべき自然的な行為から生まれたというような恥辱を聖なる人にこうむらせたくはないという考えである。エジプト人は彼らのあがめる聖牛は、受胎させる力を持つ月光によってはらんだ未通の牝牛から生まれたと信じていた。敬虔な伝説は、仏陀やイエスのような教祖の母は、超自然的な、従って無垢の受胎をしたことにしている。キリスト教はこの考えを最も発展させている。マリアは精子なしに息子を懐妊した（マタイ一の一八）というだけでなく、体を少しも傷つけることなく産んだのである。すなわち受胎の奇蹟に出産の奇蹟が加わるのである（アレキサンドリアのクレメンスとオリゲネスはこの信仰を神学上の教説として採用している）。この方向はさらに一歩進められる。確かに聖書の本文は、イエスの同胞《はらから》について明確に述べているのだが、聖徒物語はこのようなことには耳を貸そうとはせず、イエスが無垢で受胎されたことだけを覚えておくのである。マリアは永遠の処女(semper virgo)なのだ。さらに最後の一歩を進めると、マリア自身が無垢の母によって懐胎されたということになる。聖母は、この世に生まれ出るときすでに性欲という汚点を受けなかったというのであるが、この信仰にルターは異議をはさまず、教皇ピウス九世は一八五四年にこの信仰を教義にまで高めた。無垢受胎の神の子の母として、マリアは我々に新たな姿を取って現われる。すなわち、神の愛人たるマドンナと子を産む母性の神格化された象徴であるテオトコスと並んで、禁欲主義者の守護聖者たるインマクラータ（immaculata 無原罪者〔インマクラータとは、けがれていない女性、すなわち原罪のけがれを免れた女性の意〕）が登場する。これは性を持たず、またほかならぬその理由で、全く罪を知らぬ存在であり、純潔な生活をなんの悩みもなしに実現することに成功した存在である。テオトコスは性の力の化身であり、インマクラータは性に対する嫌悪の化身である。

古典時代のギリシア人は性恐怖という点で断然他を抜いている。ギリシア人はその均整感覚から、同種のものと同方向のものを求め、両極端をなすものは求めない。だからギリシア人の理想的な人間関係は、男女の愛ではなく男同士の友情なのである。同性のエロスの道こそは、ギリシア人の均整感覚がエロスの面に現われるときの形なのである。エロスというものが人間を向上させる力であり、精神的なものに向かう心の動きであり、感性を越えたものであることを最初に理解したのはギリシア人、プラトンであった。しかし、プラトンは彼の純化されたエロスの理念を、男が女に対して抱くのではなく、男が男に対して抱く激情的な愛着と結びつけたのである。プラトンは彼が発見した救済のモチーフを、男女の愛に関係づけずに、男の男に対するこの愛着に関係づけたのだ。ここに意識的な男女の愛の軽視がある。プラトンは、男女の愛は世俗の（πάνδημος）アフロディテの下級の国へ行くように、はっきり指示したが、少年愛の方は天上の（οὐρανία）アフロディテの国へ行くように指示したのである。少年愛だけが「放縦から免れており」、この愛においては、若者は本質的に強く固く理性的なものを愛するが故に、この愛だけが有意義なのだ。「男を愛する少年たちは最も男性的だから、少年のなかで最も優れている。彼等が自分に似たものを愛するのは、無恥からではなく、勇気と男らしさからだ。彼等は相手のなかにそれ自身で美しいものを呼び覚まそうとするのだ。」『饗宴』では、さらにパウサニアスの言葉としてこう語られている。世俗のアフロディテは、生まれるにあたって男性的なものと女性的なものに関与しているが、天上のアフロディテは、母なしで生まれたウラノスの娘であって、女性的なものに関与していないと。これはエジプトの甲虫スカラベの崇拝が持っているのと同じ思想である。プラトンと同じように、クセノホン〔前四三〇頃―三五五以後。ギリシャの軍人、歴史家。『アナバシス』の著者〕もその『饗宴』で、少年愛は偉大な高貴な感情であり、男女の愛より比較にならぬほどに崇高である、ということを前提として話を進めている。

ギリシア人が女性において恐れ避けていたのは、人間存在の朦朧とした夜の部分である。感覚的欲望は予断を許さず、一切の均整を欠いているので、ギリシア人には、うさん臭いものに思えるのである。感覚的欲望は、ギリシア人の調和を旨とする根本感情に矛盾するのである。そこで公共の広場アゴラからも、饗宴からも女を追い出し、気心の知れた男同士の付き合いを求めるのである。ギリシア人は狩猟や競技や戦闘で男性的性質の強化に努める。ギリシア人は、意気を高め夢中にさせる、男と男の結びつきを完成された生の形式と考え、国家有為の士となるべく励まし、教育するものだと考えているのである。ギリシア文化は男性文化である。演劇では、男が男のために演ずるので、女が男役も演ずることもあったキリスト教の神秘劇とは、様相を異にしている。国家、政治、芸術、哲学はギリシアでは男の独壇場である。女は種族保存の道具にすぎない。ギリシア人は、その女性蔑視を、ゼウスはプロメテウスが火を奪ったことに対する復讐として人間に女性を与えたという神話によって表現している。女性に対する恐怖はメドゥーサという神話中の存在に反映しているが、このメドゥーサというのは、伝説中上の特異例というべきものである。というのは、メドゥーサでは、すべての生物学的経験にさからって、女は生の源泉としてではなく、硬直の、つまり死の原因として現われるからである。なんと、ギリシア人にとっては、女は生に敵対する原理なのである。性恐怖故にギリシア人は男同士のエロスの道を考えだしたのである。ゲーテが、男同士のエロスの道を美的根拠に帰せねばならないと考えたとき、十分な洞察力を持っいていたとはいえない。男性は——とゲーテは宮内官フリードリッヒ・フォン・ミュラーに言っている——純粋に美的な尺度に従えば女性より美しく優れ、完成していると。

ギリシア人は、若衆を女より美しいと思ったから愛したのではない。同種のものに愛着する心は、アポロ的ギリシア人の調和的・静的な本質に深く根ざしていたから、若衆の方が美しいと思ったのである。なるほど一夫一婦制を採り入れ、これを厳しく守ったのは、ほかならぬギリシア人であるが、しかしこれは国家の秩序に関する理由からなのである。共に生きるという理想、男女の結びつきによって孤独を克服するという理想は、この場合ギリシア人の頭にはなかったのである。結婚は繁殖の形式にすぎなかったのだ。だからプラトンは結婚を軽視しテオグニス〔前五七〇頃—？ギリシアの詩人、教訓詩の作者〕は畜産に喩えたのである。プラトンの『饗宴』にはこういう言葉がある。「男性のなかで高貴な心を持っている者は、生まれつき自分の心を結婚や子供の教育に向けるように出来ているわけではなく、法律によってそうするように強制されるのである。彼ら自身は、結婚せず仲間同士一緒に暮らすことで満足するであろうのに。」プラトンの『クリトン』ではソクラテスはこう尋ねている。「お前の父は遵法の精神からお前の母を妻とし、お前をもうけたのではないのか。」すなわち、結婚は国家に対する義務という考えに基づいているのであり、性欲という自然事象や、いわんや救済のモチーフという魂の救いにかかわる事柄に基づいているのではない。女性関係のために国の務めを忘れるような男は軽蔑された。実の子も、誉れ高い行ないよりは低く評価された。スパルタ人は、たとえば戦争のときなどのように、長く家を空けるときは、妻に他の男と寝ることを許した。——結婚を全く種族保存の立場から考えていた一つの証拠である。ギリシアのように、男女の関係が心の高級な働きのなかに入れられず、一切の精神的な要素が剝奪されているところでは、男女の関係には、動物的な機能しか残されてはいない。そして、このような機能と神聖なものとの間にはいかなるきずなも結ぶことはできないのである。だからギリシアの同性愛は男女の愛の最も厳しい追放なのである。この追放は、貪食本能の域をまだ越えていない未開民族の見解より、遙かに重大な意味を持っている。ギリシア人の特異な点は、エロスの精神的傾向を、つまりエロスの救済のモチーフを認識していながら、これを男女の関係から遠ざけておいたということであって、その結果男女の関係は、神々しいものとなった男同士のエロスの道の理想と対比されて、ここにいよいよ完全に動物的なみじめな姿となり、辱かしめられ、追放され、いとわしいものとなったのである。それにもかかわらず、ゼウスがヘラと一緒に寝たとか、それどころか、人間の女と一緒になったとかいうような、禁欲主義者なら我慢ならぬ考えに、ホメロス時代のギリシア人が顔を赤らめなかったとすれば、これはギリシア人がいかに男女の愛を高く考えていたかということの証左ではなく、自分たちの神々をいかに低く考えていたかということの証左なのである。こういった事情に直面すると、キリスト教は、ギリシアで栄えていた愛の文化を十字架の重みで窒息させたのだ、などという広く行なわれている見解は、浅薄でしろうと臭いものであることがわかる。その逆なのだ。キリスト教がエロス追放の思想をギリシア・ローマ世界に持ちこんだのではなく、衰退期のヘレニズムが、キリスト教のなかに禁欲主義の傾向を持ちこんだのである。古典時代のギリシアの典型的な性恐怖のほかに、ストア派と新プラトン主義の教養豊かな文筆家たちを通して、本来は禁欲主義的ではなかった若いキリスト教のなかへ、世界嫌悪のけだるい気分が侵入してきたのだ。この事情をはっきりさせておくために、ギリシアのエロス精神の特異性について詳細に論じてこざるをえなかったのである。

第九章　キリスト教と禁欲主義

キリスト教の性とエロス精神に対する態度は、西洋の文化の運命にとって極めて重大な意味を持っている。これは簡単には決定し難い問題なのだ。どの時代でもどの宗派でも本質的には同じであるような統一的なキリスト教の見解というものはないからである。このことを正しく理解するためには、心をこらし、ねばり強く、長いこみ入ったキリスト教の歴史をふりかえってみなくてはならない。

福音書のなかで我々に提示されるキリスト教の教えは、本来禁欲主義的なものではないということは、幾度繰り返しても足らない。よほど強引なこじつけをせぬかぎりは、正真正銘のキリストの教えから禁欲主義的な命令を引き出してくることはできない。キリストは女性との個人的な交渉にあたって、禁欲主義者らしい小心のほんの僅かな気配さえも見せてはいない。性恐怖や女性恐怖に襲われて心がゆがめられたということがないのである。ヨハネ伝四章二七節によれば、キリストが女性と話をするときの自由な態度に弟子たちは驚いてさえいる。――ユダヤ人の心情からすれば異様といってもよい態度だったのである。ヨハネ伝一一章五節によるとイエスはベタニアの女マルタとマリア、それに彼女の兄弟のラザロを愛していた。二人の姉妹の名を挙げていることと、これと一緒に兄弟の名を出していることは、この聖書の章句に色っぽい意味を持たせることを確かに不可能にしているが、しかしこの章句は、イエスが女性に親密な心の結びつきを感じることを拒まず、またこの感情を隠さなかったということを示している。つまり女性軽蔑者はキリストを引き合いに出すわけにはいかないのである。イエスは、全く当然のことのように親切な態度で出血に苦しむ女を慰めている（マルコ五の二五—三四）、不貞の妻に対しては実に正しい判断を下し（ヨハネ八章）、この不貞の罪の問題で男と女を平等に取り扱っている（カルヴィンやルターは、この不貞の妻が殺されたらよいのにと思ったことだろう）。それからパリサイ人の家での転落の女との出会いがある（ルカ七の三六以下）。テルトゥリアヌスのようなタイプの峻厳な禁欲主義者やピューリタンには、このような寛容に赦す愛は絶対に不可能だろうし、女性を取り扱う際のこの驚くべき自信は決して持ちえなかったろう。「この女は多く愛したから、その多くの罪はゆるされているのである」と「少しだけゆるされた者は、少しだけしか愛さない」（ルカ七の四七）という言葉はあらゆる愛を、恋愛をも、良しとしているのである。この罪深い女のイエスに対する愛は、男女の愛、女が誰よりもすばらしいと思っている男に対して抱く愛であることは、女の心を知っている者なら疑いはしないだろう。女性は聖者にもまず愛する男を見るのである。

イエスを蔑む連中はその当時もまたいつの時代でも好んで、イエスは娼婦たちに取り巻かれているときが一番上機嫌だったのだといって嘲ってきた。この連中は、イエスと娼婦たちとの出会いに付与されている意味も、この出会いを入念に描いている聖徒伝の意図も取り違えているのである。このような描写はキリスト教にだけ見られることではない（仏陀は時としては娼婦の家で食事をしており、また娼婦ヴィマラーが仏陀の弟子の一人によって仏の教に帰依するようになった様が詳細に描かれている)。この女たちが娼婦だったからではなく、娼婦だったけれども、聖なる人はこの女たちを訪れたのだ。自然宗教にあっては聖なる女性である遊女的女性は、救済の宗教の聖者から見ればだめになった人間であった。この点は動かし難い。しかし、どうしても救われないという人があってはならないから、聖なる人は娼婦とさえもかかわりを持つのである。彼は慈悲の心からこの社会ののけ者たちに心を寄せるのだ。誰からも尊敬されている人に親切にしても、何の証しにもなりはしない。最もいやしめられている者においてこそ、汚辱においてこそ、聖者は浄めの力を発揮するのだ。救いをもたらす人は、ゲーテのバラード『神と遊女』のなかの神のように「深い淪落を通して人間らしい心を見て喜ぶ」ということがしばしばあるのである。仏陀とは反対に、イエスは、女性が弟子となることを望んだときには、退けはしなかった(マルコ一四の三、一五の四〇、マタイ二七の五五、ルカ八の二、一〇の三八)。

女性との交渉におけるイエス自身の態度と、彼の教理における女性の取り扱い方とは合致する。マルコ伝一〇章六節とマタイ伝一九章四節において、イエスは男および女が神に由来することを強調している。「男をお造りになった方は、女もお造りになったのだといわれているのをあなたたちはまだ読んでいないのか」(古代シリア語訳ではマタイ伝一九章四節の章句はこのようになっている)。イエスは、意識的にユダヤ人の見解と縁を切って、男女対等の原則を立てる——これまたイエスが一切の性恐怖と無縁であったという証左である。というのは、そうでなかったならば男性の社会的優位と、男性の方が価値が上だとする考えとを侵害するようなことはしなかっただろうからである。女性より優れていると感じているか、女性には全く負けをとらぬと感じている男性だけが、女性に平等の権利を認めることができるのである。自分が中身は女性に劣っているので、それに対する埋め合わせとして、女性を外面的には隷属的な位置に置いておきたいと望む者は、弱虫であるのが普通だ。自分から進んで平等の権利を与えるためには、相手より強力な者でなくてはならない。イエスが女性の地位を法的にも向上させようとしたことは、男女対等の原則に適っていた。この目的のためにイエスは、ユダヤの離婚に関する法律の不当さと苛酷さを攻撃したのである。この法律に従えば、離婚は男のためにだけ存在するものだった。男は、簡単な離縁状で、従って一方的な意志表示によって離別することができた。イエスはこれに反対して、夫婦の関係は双方にとって、原則からいっても、そもそもの根源からいっても、別れるわけにはいかぬものだということを強調する。（不貞の場合は除かれる。マタイ一九の八―一一）。このことによってイエスはまたしても女性の弁護をすることになったのである。女性は、イエスが自分たちに与えた尊厳と、イエスがその獲得のために戦ってくれた同権を忘れはしなかった。最初の使徒のなかにもうすでに女性が入っていた（マタイ二八の五―一〇、ルカ二三の五五、二四の九）。使徒行伝九章三六節はタビタという女性の使徒のことに触れている。続く数世紀には、あまり大勢の女性が押し寄せたので、キリスト教は、「女の宗教」（religio mulierum）と悪口をいわれたほどだった。イエスの女性評価の根本的に新しい点は、同時代の男性もすぐに気づいた。しかも危険な、国民共同体に深く喰い込む革命的な改革だと気づいていたのであって、これが、ほとんどいたるところで男たちの間に不快感と反感を喚び起こしたのである。

イエスのエロスに関する教えには、女性に対する意見と同様、禁欲主義の拠り所となるようなものは認められない。イエスは、その時代のユダヤ教のなかで、禁欲主義的な空気にほとんど出会わなかった。モーゼの宗教は、基本的には禁欲主義的な傾向を持ってはいない。聖書には、例外として性を敵視する言葉が散見するだけである。例を挙げると、筆者が性恐怖という表題で取り扱った諸現象や、イザヤ書五六章三―六節の宦官の賛美（申命記二三章一節の去勢された者は寺院に入れぬという章句と相容れぬものである）、あるいは「罪のうちにわたしをみごもりました」という句のある詩篇五一の五がそれである（しかしこの句は、語り手が結婚外の関係で、あるいは不貞によってもうけられたということを意味しているのではなかろうか）。イエスの時代に禁欲主義的だったのは、パレスチナのエッセネ派という宗派であって、修道院に似た世間を離れた生活を送り、結婚をせず、財産を共有していた。しかし全体としては、一世紀のユダヤ教は、まだ先祖たちの持っていた性を楽しみ生を楽しむ考え方を保持しており、自然宗教の名残りもそのなかから完全に消えてしまってはいない。イエスは、この方面から禁欲主義的な傾向によって悩まされてはいないのである。

イエスのエロスの教えの中心をなすのは、マルコ伝一〇章七―八節の章句「『それゆえに、人はその父母を離れ、ふたりの者は一体となるべきである。』彼らはもはやふたりではなく一体である」である。この文は逐語的に創世記から借りてきたものである（創世記二章二四節）。この文は、神秘主義的なエロスの精神を、つまり男女の抱擁の愛をはっきりと認めるものであり、従ってエロスが融合の力によって、単に心だけというのではなく、肉体と心を捉えるというあの愛のあり方をはっきりと認めるものである。性が、つまり「肉体」が、気高いものとなって、エロスの持っている人を救済する性格に参与すべきであり、崇拝の愛の場合のように、救済の性格から排除されていてはならぬ、というのである。イエスは、男と女は一つの精神となれとか、一つの心となれとか言っているのではない。一つの肉となれと言っているのである。だからイエスが肉体の触れ合いを伴わない愛などというものを考えていた筈がない。彼は感覚的な意味での抱擁を、愛し合う者たちが超感覚的な合一に達することに対する比喩として肯定しているのである。この考えに従えば結婚は、男性的なものと女性的なものとが和解するだけでなく、また心が肉体と、精神が感覚と和解する生活の形式である。結婚において人間は、自分の本能的な本性と精神的な本性とを和解させるのだ。それだから、本当の性愛によって支えられている二人の抱擁は、神の欲したもうことなのである。マルコ伝一〇章九節は、（結婚による）男女の結びつきの持っているこのような超感覚的で比喩的な性格をさしている。性の陶酔を気高いものにするのは、救済のモチーフであって、繁殖という目的ではない。イエスは愛の抱擁を、動物的な生まれつきの能力や、肉体に課せられた仕事という根拠によって正当化したのではなく、人間を種族という暴君から解放し、性愛にそれの持っていた尊厳と超感覚的な本性を取り戻してやったのである。これは、民族の増加のためには近親相姦さえも是認したユダヤ教の子孫作り熱との急激な断絶であった。

　イエス自身は結婚はしなかった。使徒たちにも家族を捨てるように勧めた（マタイ一九の二九、マルコ一〇の二九、ルカ一八の二九）。ルカ伝一四章二六節にはこの要求はさらに激しいものとなってくる。「だれでも、父、母、妻、子、兄弟、姉妹、さらに自分の命まで捨ててわたしのもとに来るのでなければ、わたしの弟子となることはできない。」〔この章句の「捨てて」は原文の引用では、「憎む」という言葉になっている〕これらの聖書の章句に本来ありもしない性敵視の意味を持たせることは許されない。これらの章句にそのような意味を持たせる意志がなかったことは、捨てるようにといわれている人たちを挙述するときの順序がすでに示している。すなわち妻がまず第一に挙げられている箇所は一つもないのである。それにルカ伝一四章二六節では、憎むべきもののうちに憎しみを抱いている当人のいのちも一緒に挙げられているのである。ここで問題になっているのは、イエスの側近の選り抜きの人々にだけあてはまる英雄的な要求なのだ。この人たちの、先例のない世界的な意味を持った使徒としての使命は、狭い自分の家庭の範囲内に精神を閉じ込めておくということとは両立しないであろう。イエスが娶らなかったことも、この意味で評価されるべきであって、これによって一般的な規則を立てるべきではなかろう。普通の人間の場には、男は父母を離れよ——女に愛着するために——というマルコ伝一〇章七—八節が意味を持ち続けているのである。マタイ伝五章二九節や一八章八節、あるいはマルコ伝九章四三節（「もし、あなたの片手が罪を犯させるなら、それを切り捨てなさい。云々——」）といった内に憤怒を蔵した章句もまた英雄的精神の系列に入るものである。このような教えをこれを告知した人に思いつかせたのは、禁欲主義の煮えたぎる肉体憎悪ではなく、精神の無条件的優位が失われることに対する憂慮だった。手足の一つ一つが体全体に仕えるように、肉体は精神に仕えるべきだというのである。マタイ伝一九節一二節も、これらの自由な男性的な考え方を信奉することの誇らかな表明の系列に入れるべきであろう。「というのは、母の胎内から独身者に生まれついているものがあり、また他から独身者にされたものもあり、また天国のために、みずから進んで独身者となったものもある。この言葉を受けられる者は、受けいれるがよい。」〔ここに「独身者」とあるのはギリシア語原典では εὐνοῦχοι（去勢された者）。〕

旧邦訳の聖書では「閹人」と訳されている）確かに不可解な文章であり、また災いの歴史を作った文章である。この言葉はマタイ伝にしか見当たらず、これに対して共観福音書（マタイ、マルコ、ルカの三福音書のこと）の他の二つには欠けているのである。マタイ福音書にもこの言葉がなかったなら、その方が恐らくよかったろう。それに、はじめからずっとマタイ伝にこれがあったかどうかは分かったものではない。この言葉は、去勢の問題に対するキリスト教の態度を取り扱っているのだろうか。オリゲネスはそのように解釈し（エウセビウスの異論の余地のない証言によると）自ら去勢した。しかし、分別のある年になってからはこの章句の比喩的な解釈に達し、若い頃の性急な行為をくやんだということである。

マタイ伝一九章一二節にもとづく自己切除がすでに二世紀のキリスト教徒によって行なわれていたということは、文献によって証明することができるのである。（ユスティヌス（ローマの護教家。一六五年殉教。生年不明）の『護教論』一の二九）。エピファニウスは一言の非難も加えずに、少なからぬ修道士が自らを去勢していると伝えている。アタナシウス（二九六？―三七三。アレクサンドリアの総大司教。アタナシウス派の開祖）は、局部に手荒なことをしてしまったレオンティウスという司教のことを語っている。この悪習が余り蔓延したので、ニケア公会議はこれに対して断固たる態度を取らざるをえなくなった。（ハルナック『最古の教会史の医学的事象』二七頁および五二頁）。しかし教会法の規定は、再三再四この厄介な問題に触れている。（ニケア公会議の使徒法典二一―二三条）アレクサンドリアのキリルスは去勢に反対する断片を残しているが、去勢は精神的去勢（πνευματικὴ εὐνουχία）という神の業を曲解するものだというのである。ユスティヌス（『護教論』一の一五）とナツィアンツのグレゴリウスは（現存するただ一つの福音書の章句についての講話のなかで）この章句を比喩的に解釈している。

彼らは去勢された者という語を禁欲的な人間、すなわち「あらゆる快楽を断つ人」と解している。しかも、母胎から去勢された状態で生まれてきた者とは、生まれつき性欲に対して冷淡な人間であるとし、他の人間によって去勢された者というのは哲学のお蔭で純潔に達した者であり、天国のために去勢された者というのは、キリストによって悟りに達した者だとしているのである。ヒエロニムスは、論理的一貫性を無視して、はじめの二つの場合に対しては文字通りの解釈を取り、第三の場合に対しては比喩的解釈を取っている。文字通りの解釈から恐るべき帰結を引き出したのは一九世紀のロシアのスコプツィ〔「去勢された者たち」という意味〕という去勢者の宗派であるが、これについては後で詳述することにする。圧倒的に多数のキリスト教の著述家と教育家は、比喩として解釈する立場を取った。そして「この言葉を受けられるものは、受けいれるがよい」という結びの句がすでにこの解釈に対して有利な証言をしているのである。これに従えば、最初見たときに読み取れるより多くのことを、この章句の背後に探し求めなくてはならぬことになるのである。去勢された者というのを純潔な者と解し、去勢ということを自己克服による浄化の過程と解する人もある。称賛に値すると言いうるのは——とアウグスティヌスは『聖なる処女性について』(De sancta virginitate) の二三章で論じている——不能ではない。自己を聖なる者に変えんとする真剣な志のみが称賛に値する。罪は人間の心に巣くっているのであり、性器にではないから、去勢は人間を神に近づけはしない。自分を傷つけるという行為に神の救いを期待するのは、けちくさく品位のないことである。また、イエスが去勢された者を称賛しえたと考えるのはイエスを侮辱するものであろう。こうアウグスティヌスはいっているのだが、この聖書の章句をこのように制限をつけて解釈しても、この章句が純潔を守るようにという呼びかけを含んでおり、しかも――たとえばルカ伝一四章二六節とは反対に――狭い範囲の選り抜きの者たちだけに向けられているのではなく、すべての人に向けられているのだという事実を消すことはできない。その限りにおいてマタイ伝一九章一二節は福音書のなかで孤立しており、イエスの他のエロスに関する教えと完全には一致し難いのであり、マルコ伝一〇章七節とは特に一致し難いのである。イエスが性の抑制を勧め、あるいは命じている限りでは、その勧告あるいは命令は、使徒としての使命のために必要な力を使わずにおくためのものである。従って、これは妨げのモチーフ、せいぜい犠牲のモチーフであって、イエスは、このモチーフのためにエロスにおける可能性を制限するのである(ルカ伝一四章二〇節の比喩を参照)。マタイ伝一九章一二節の場合さえも、その背後に探し求めうるのは、この二つのモチーフだけである。これに対して、世界嫌悪と性恐怖という禁欲主義に向かわせる二つの最も強力でかつ最も危険な動機の拠り所となるものは、イエスの言葉にはどこにも姿を見せてはいないのである。

性恐怖は、パウロとともにはじめてキリスト教のなかに入ってくる。パウロはキリスト教の禁欲主義の始祖である。この禁欲主義の大憲章《マグナカルタ》は、コリント人への第一の手紙七章である。「男子は婦人にふれないがよい。」これは福音書とは異なった空気である。これはもはやイエスの偏見のなさと自然の事象を太っ腹に肯定する態度ではなく、エロスの精神の追放であり、――それも性に対する恐怖に原因する追放である。パウロにとっては、性に関することは、存在しないにこしたことはないものであり、必要悪である。悪だから、パウロは性に関することを抑えようと努める。必要だから、それを認容せざるをえない。そこでパウロの性倫理は、次のような見事とは申しかねる妥協に到達する。「だから、相手のおとめと結婚することはさしつかえないが、結婚しない方がもっとよい」(七の三八)。「不品行に陥ることのないために、(原注)男子はそれぞれ自分の妻を持ち、婦人もそれぞれ自分の夫を持つがよい」(七の二)。「情の燃える(πυροῦσθαι)よりは、結婚する方が、よいからである」(七の九)〔( )内は原著者がギリシア語原典から入れたもの〕。性に関することは避けるべきだが、自然は性に関することの一定の領域に境界を示し、この領域を本能に委ねることを要求する。この、柵で囲み、中を覗きたがる者に対する警告の立札が立ててある地域――これがパウロ的結婚なのだ。許可された情欲、法的に認められた生理的欲求、是認された罪悪、それ以外のものではない。はっきり示され厳重に監視されている境界の彼方に、性に関することの持っている本来的な不道徳性というものがまたもや姿を現わす。この結婚観には、救済のモチーフの入る余地はないのである。あなたたちをサタンが誘惑しないようにするために、余り長い間禁欲してはいけない(七の五)という夫婦に対する抜目のない助言はまことに意味深長である。パウロは、男女が交わりをせずに心が穏やかでいられるなどということをあてにしてはいない。それだから、結婚外でめったに罪を犯さないことより、結婚のなかでしばしば罪を犯す方が良いというわけである。

(原注) ヴイッゼッカーの訳では「姦淫の行為の故に……」となっている。

これは宗教がエロスではなく、性欲に降伏したということである。ここでは宗教は、男女の関係を―

―パウロの言葉を使えば、肉を――自分の役に立てようとする試みをほんの少しもしてはいない。宗教は、性に関することを一般的には追放し、特殊な場合には、つまり結婚では許可するのである。ここから結婚内と結婚外の性行為の峻別が生まれるのだが、このことはヨーロッパのキリスト教文化の発展を強く特色づけるものとなり、またこの発展にはなはだ不幸な結果をもたらすものとなったのである（この峻別は結婚外の父親の扶養の義務を「不法行為から生じた義務」〈debitum ex delicto〉と解釈することを時折法律家に思いつかせたのである）。結婚を伴わぬ愛よりは愛を伴わぬ結婚の方がましだ――市民階級の持っているこの強力なエロスに対する敵対的な判断は、パウロの性に関する教えを揺がし難い根拠としているのである。この教えはさらにいま一つのことの根拠にもなっている。いま一つのこととは――カトリック教会の結婚の教義の公式の根拠づけ（エペソ人への手紙五の二三および二五）には加えられはしなかったが――結婚の秘蹟性の論拠であって、非難すべきものを公認することによって無害なものにするということである。結婚が秘蹟に高められたときにも、エロスと神々との親縁性のために有利な証言をしようなどと考える者はなかった。（結婚による）性愛と宗教とは、同格の力とは感じられず、相対する力と感じられたのである。人々は、本来いとわしいものであり、不品行であり、欲望（concupiscentia）にして姦淫（fornicatio）であるものを教会の祝福によって浄めようと思ったのだ。このモチーフは、公衆の目からかくされてはいるが、結婚の秘蹟化に一役買っていることは明らかである。パウロの性の倫理から出発した発展の第三の系列は、単純素朴なキリスト教徒と完全なキリスト教徒に区分する、二種のキリスト教徒の説であって、クレメンスとオリゲネスは論争の結果キリスト教会におけるこの説の市民権を獲得したのである。この説によれば、神は、純潔な者も結婚したものも受け入れるのであり、この二つの行き方は、ともに神のおぼしめしに適うが、純潔な者は、純潔なるが故に、御心により近いということになる。この者だけが完全なキリスト教徒なのである。純潔な者は、恩寵を受けている者であるとされるか、功績のあった者であるとされている（どちらの見解も主張されている）。それは、性愛の力に煩わされないでいるという恩寵であるか、戦い抜いて禁欲に達するという報賞に値する功績であるかのいずれかである。この見解には、すでに修道士の理想と独身制の理想の萌芽が潜んでいるのであるが、この理想にとっては、性の禁欲と倫理的完全さとは等価値の概念なのである。

ある人の性恐怖の度合は、その人がどれだけ女性を蔑視しうるかということから読み取ることができるものである。パウロの場合もまた然りである。性恐怖に悩まされていたので、パウロは男女対等の原則を保持することができなかった。彼は女性の地位を低くして再びユダヤ人の見解に近づき、男は時間的にも倫理的にも優先していること（テモテへの第一の手紙二の一三および一四、コリント人への第一の手紙一一の八）を根拠として、家父長制的な結婚を擁護した。男は女のかしらである（コリント人への第一の手紙一一の三）。男だけが神の似姿である（コリント人への第一の手紙一一の七）。女は静かにしていて、従順に教えを学ぶべきである（テモテへの第一の手紙二の一一）。女は男のためにあるのであって、その逆ではない（コリント人への第一の手紙一一の九）。妻は夫に仕えよ（ペテロの第一の手紙三の一、エペソ人への手紙五の二二）。女は教会では黙っていなくてはならぬ（コリント人への第一の手紙一四の三四）。教えたり論争したりしてはならぬ（テモテへの第一の手紙二の一二）。「女は教会では黙すべきである」（mulier taceat in ecclesia）という教会のしきたりは、ここに根拠を持っているのである。パウロは女性に、神によって造られた者（コリント人への第一の手紙一一の一二）よりむしろ罪の母体（テモテへの第一の手紙二の一四）を見ている。ここでは女性は再び旧約聖書の裸身の罪を負うたイヴとなっているのである。しかしパウロの一般的な女性蔑視は、何人かの女性の協力者の助けを利用することを妨げはしなかった。パウロはフィベ、プリスカ、ユリヤ、マリヤのような女性の協力者を高く評価しているのである（ローマ人への手紙一六の一―三および六および一五）。パウロはときとすると、性愛と結婚に対して、彼のエロスに関する教えの基本線からはずれた暖かい言葉も思いついている。「主にあっては、男なしには女はないし、女なしには男は（その優越にもかかわらず）〔（）のなかは原著者〕ない」（コリント人への第一の手紙一一の一一）。このすばらしい言葉でパウロは、男女が互いに補い合うということと、男女が神的なものに高まっていくということとを密接に関係づけているのである。エペソ人への手紙の五章二三節および二五節では、結婚による男女の関係をキリストの教会に対する位置に比している。純粋に人間的なものとキリスト教的なものとを男女両性における本質的なものとして力説しているところ（ガラテヤ人への手紙三の二八）と男女双方の区別のない貞節と義務を強調しているところ（ヘブル人への手紙一三の四）では、パウロがそれ以外のところでは否定している対等の原則が現われ出るのである。

二つの事情がキリスト教の禁欲主義への方向転換を極めて強力に推進した。間近いと思いこんでいた世の終りがやってこなかったことに対する幻滅と、古代の自然宗教の堕落がそれである。

キリスト教徒は、目に見える世界秩序が近い将来に崩壊することを期待している限りは、この世界の不条理について考えはしなかった。この世界は神の摂理によって忽然として神の国に変ずるものと期待していたのである。古い世界はその堕落した形のまま存在し続け、神の国はやってはこないという認識が徐々に広まっていったときの幻滅は、凄まじいものであったに違いない。このときはじめて、禁欲主義的な考えが抗し難い力で広がっていった。このときはじめて、没落してゆく古典古代の老人的気分に育てられた世界嫌悪は、禁欲主義を推進する力として登場したのである。このときはじめて、俗世を離れた生活に逃避する修道士の理想が、偉大な救済の思想として成長していったのである。世界終末の希望が消えていくのに応じて、キリスト教的な禁欲主義は広がっていった。この発展の発端を提供したのがヨハネの第一の手紙(二の一五—一七)である。ここですでに世界と超越的世界との間に深い裂け目が口を開き、信徒たちに、地上に対する愛着を思い切るようにということが、極めて強い調子で説かれている。これから後は、全被造物が、またそれと共に、世界の存続の保証人であるエロスの力が、つのりゆく世界嫌悪によって致命傷を負わされるのである。

これに加えて、堕落した自然宗教の姿が、一切の性に関することに対する嫌悪の念が増大していくように取り計らってくれたのである。この嫌悪の念はヨハネの黙示録全体を震わせている(黙示録一四章四節では、十四万四千人の選ばれたる人々が女たちによって汚されていない者として称えられている)。キリスト教が、世界を女性の価値観に立って評価するか、男性の価値観に立って評価するかという別れ目に立っていたときに、ゆがんだ状態にある自然宗教に出会ったということは、キリスト教の発展にとって極めて重大なことであった。このゆがんだ状態が自然宗教の純粋な根本理念を覆い隠していたので、自然宗教の信奉者にも、その反対者にも、この理念は理解されはしなかったのである。人間は、自然との親密な接触を失ってしまっていた。性に関することは、根源的な力を持ったものとして、全宇宙的な関連において見られることはもはやなくなり、人間が、ただ己の享楽のため、自分に認めてやるにすぎない行為にまでおとしめられてしまったのである。実際また、キリスト教の青年時代には、自然宗教は、それが本来はそうではなかったもの、すなわち放埒な肉の悦楽の爆発となってしまっていた。山と積まれた淫靡な行ないを目のあたりにしたとき、厳しい禁欲主義的な要求が唯一の可能な宗教的態度であるように思えたのである。醜悪な姿に変わってしまった自然宗教に面と向かったとき、性と神とを同時に口にするなどということをやってのけられるのは、もはや恥しらずな冷笑家《シニカー》だけであった。

キリスト教では性恐怖と世界嫌悪の道は時とともに広くなっていった。二世紀になると、ローマで書かれたヘルマス〔二世紀初頭の使徒時代教父〕の『司牧者』という著作には性関係をともなわない結婚という理想が現われる。四世紀になるとすでに純潔ということは、教義においても、道徳においても、生活の実践においてもキリスト教の思想の中心点となっていた。楽園における人間の最初の堕落と、「罪のくびきを振り落とす」ということは、それ以後は性に関係づけて解釈された。道徳というものが性道徳に収縮していった。第六の戒〔「あなたは姦淫してはならない」〕が最も重要な戒となっていった。キリスト教は愛の宗教から純潔の宗教となったのである。（これはコリント人への第一の手紙一三章一三節に反するものである）。この時代の教父たちは肉（caro）の攻撃に耽っていたのであるが、彼らのいう肉とは性欲という意味だったのである。ほとんどすべての教父が純潔を賛美する文をものしている。聖職者の階級組織の高い位は、結婚していない者が独占するところであった（ロシア正教会では一九一七年まではそうであった）。独身制はニケア公会議では否決されたが、すでに聖別を受けた司祭の結婚はもう許されなかった。（完全な独身制は——修道院制度の助けを得て——グレゴリウス七世の一〇七四年になってはじめて実施された。教義となったのはトリエント公会議からである）。無条件の禁欲を支持したのは、マニ教徒〔マニ教は三世紀にペルシア人マニの始めた宗教。ゾロアスター教を母体にグノーシス主義、キリスト教、仏教等を取り入れたもの。徹底した二元論に立ち、この世界を光明と暗黒、すなわち善と悪の争う場所と考える。信徒に対しては、暗黒の原理から自由になり、自己のうちに光明の要素を育てるために、厳しい禁欲的な戒律と義務を課した〕とグノーシス派の人たちである。二世紀にグノーシス派のなかのアダム宗徒は、特に奇妙な仕方で性の誘惑と戦った。アダム宗徒は、性の誘惑を避けるのではなく、男も女も礼拝に裸で出ることによって雄々しく誘惑に立ち向かっていったのである。しかし彼らの身にはしばしば一三世紀のピカルディスト〔キリスト教異端派の一。普通はこれもアダム宗徒というが、創始者の名ピカルトにちなんでこうも呼ばれる〕と同じようなことが起こった。すなわち誘惑は強すぎたのであって、しまいには儀式は——最初の意図に反して——禁欲主義的な教団の精神的訓練よりもむしろアスタルテの祭典に似てきたのである。

アウグスティヌスも性敵視の気持を抱いていた。アウグスティヌスは、あまり謹厳とはいえない若い時代の苦しい経験から反エロス的性倫理を作り出したが、これはカトリック教会にも、最初期のルター派にも決定的影響を与えたのである。アウグスティヌスは、官能の欲望の全く予測を許さぬはばみ難い性質に悩まされた。官能の欲望は、人間を理性の支配から引き離すので、無気味で呪わしく思われた。だからこの欲望は、彼の目には罪の担い手そのものと映ったのである。アウグスティヌスにとっては、性に関することは、罪が親の代から子の代へと流れ続けて働く暗い運河であった。キリスト教の洗礼は、この毒を消すように定められているのだが、洗礼を受けた者にとってもこれは悪い持参金である、とアウグスティヌスは考えている。性に関すること(das Geschlechtliche)は悪(das Schlechte)なのだ。この根本的な見解に従えば、禁欲する者は純潔でない者より無条件に優位を占めるに決っている。従って、アウグスティヌスは、エロス精神の追放という点ではパウロを凌いでいるのである。男女の愛に消えない烙印を最初に押したのはアウグスティヌスである。性愛に、これを聖堂から追放するあの汚点を最初に付けたのはアウグスティヌスなのである。アウグスティヌスは、「内在的な意図」が生殖に向けられているときに限って(結婚のなかでの)性の交わりを承認した。アウグスティヌスは、性本能に対しては、生殖という役を割り当てることしかできなかったのである。これが、性本能を正当化するアウグスティヌスの唯一の試みだった。これに対して、性本能を人間の救済の願いと結びつけようとする考えはすべて、このキリスト教最大の思想家の思いもおよばぬことであった。この場合自己否定を求めるキリスト教の呼びかけ(マルコ八の三四)は、なによりまずエロスの自我脱却衝動からこそ理解されるべきであったのだ。キリスト教の隣人愛は、真正の性愛を生来の同盟者と考える十分な理由を持っていた。ところが、親縁性を認める代りに敵対の種を蒔いたのである。キリスト教の性倫理は享楽的恋愛から逃れた(これは全く正しい)。ところが上に向かって救済のエロスに逃れる代りに、下に向かって生理的欲求(パウロ)か生殖(アウグスティヌス)に逃れたのである。そしてこれは全く不当なことであった。パウロとアウグスティヌスは、我々が今日その下で呻吟している性に関する自然主義の始祖であり、ボルシェヴィキの性道徳にまでこの二人の跡をたどることができるのである。

アウグスティヌスがカトリシズムの性に関する教理にいかに深い影響を与えたかということは、今日になってもなおカトリシズムの見解に従えば、生殖ということが性本能の唯一の存在目的であり、また正当化の根拠をなしているということから推察することができるだろう。それ故に避妊薬を使用して交わることは禁じられているのであり、それ故に性的不能（もちろん「結婚に先行する不能」〈impotentia antecedens〉だけであって、「結婚後に生じた不能」〈impotentia superveniens〉は入らない）は別れることが不可能なはずの結婚を（将来に対して）解消可能にするだけでなく、（はじめから）無効だったものとするのである。この無効性は構成要件が明白になったときには、当時者の頭を飛び越えて職権によって宣告される（旧教会法典一〇八条）。教会は性的能力をこれほどまでに重視しているのである。教会は貪食本能と抗争して、男性に女性を享楽の対象として与えることをこばんでいるので、種族保存のための対象として押しつけているのである。

カトリシズムは時々マニ教徒の厳しい禁欲主義的道徳を復活した。トリールの司教座聖堂の説教師フーノルト〔一六九一—一七四六。イエズス会員。極めて優れた説教者で、その言葉は実生活に即した飾りけのないものであった〕と共に、性の罪のおぞましさを描いて飽くことを知らぬ世代が出現する。純潔は「徳の女王」に祭り上げられるが、これはカトリシズムの禁欲主義的な書物や少年少女向きの文学でしきりに繰り返されている表現である。A・フォン・ドースと領主司教ツヴェルガー〔一八二四—一九三。宗教書の著述家。リベラリズムに対して教会の権利を擁護した〕は、純潔の優位の説を根拠づけるために特別の書物を著わしている。フーノルトは純潔でないことは、「キリスト教徒が信仰を否定したり偶像を崇拝したりするというような罪にさえまさるひどい罪である」（『キリスト教の倫理』三の二五七）と考えている。シュトルツ〔一八〇八—一八八三。

ドイツの神学者。著述家）、ブースル、ツォルナー、フラッシネッティ（一八〇四―一八六八。イタリアの司祭）といったような多くのカトリック教の説教者はフーノルトと同じことをいっている。ティホメル・トート（一八八九―一九一一。ハンガリアの司祭、エガー大学神学教授。青少年の教育に努め、著作だけでなく放送による説教も行なった）は「地獄に落とされる者百人のうち九十九人は、姦淫の罪だけで地獄に落とされるのだ」と言う。このような意見はキリスト教の道徳の力点を移し、道徳に新しい中心を与えることになる。キリスト教の道徳は、性に関することは大罪であると宣言することによって、性の問題を、その決定がキリスト教全体の存亡にかかわるような主要問題にすることになるのである。

女性は、キリスト教の普及に大いに寄与したのであり、また少なからぬ女性が信仰のために鑑《かがみ》とすべき不屈の精神を示して殉教を遂げたのに、初期のキリスト教会は、福音書の男女対等の原則を堅持しなかった。ギリシア人の性恐怖がキリスト教のなかに強く流れ入ってくるほど、またキリスト教が、女性は世界の永続を保証する者であり、従って世界救済の妨げである、と断罪する世界嫌悪に屈服するほど、この新しい教えは女性敵視の性格を強めていった。アウグスティヌスはギリシア・ローマの女性軽視に無条件に同意した（『神国論』一四の一一）。テルトゥリアヌスとヒエロニムスとオリゲネスは顕著な女性蔑視者であった。女性は、彼らには、「地獄の門（porta inferni）、不正の道、サソリの針」と見え、神の唯一の似姿たる男性を堕落させた「悪魔の仲間」と見えたのである（テルトゥリアヌス『婦道訓』〈De cultu feminarum〉一の一）。「女よ」――とテルトゥリアヌスは苦々しげに女に呼びかける――「常に喪に服し、ぼろをまとい、目に涙をためて暮らせ。お前は人類を破滅させたのだ。お前の罪のために、救い主は亡くならなくてはならなかったのだぞ。」シモニデスは女を動物から派生したものとする。六世紀にフランスのマコン市で行なわれたあるガリア地区教会会議では、女を人間とみなすことができるだろうか、女は霊魂を持っているだろうか、ということが詳細に論じられているのである。この問題はそれから千年後にドイツの神学者たちの頭を悩ますことになるが、彼らは五十一の大まじめな命題を立てて、これについての意見を綿密に述べたのである。原始キリスト教会は男性的な機関であった。三つの男性的民族――ヘブライ人とギリシア人とローマ人――の精神がこの教会の形を造り出したのである。教会が女性を抑圧したことは、中世初期にすでに慈善奉仕活動の衰微を招いたが、この抑圧は、ギリシア・ローマの思想がキリスト教思想に勝ったことを意味する。この勝利のお蔭で、ギリシア・ローマ文明は、キリスト教のために失った領域の一部を取り戻したのである。すでに男性的な形をとるにいたっていたキリスト教が、ゲルマン人に伝わったとき、この新しい信仰が女性に低い価値を与えているように思えたので、これに応じて、女性が殺害されたときの賠償金の値下げがところどころで行なわれるという結果をもたらしたのである。男だけが神の似姿であり、女は生まれつき男の下女であるという考えは、つまるところは教会法の立場でもあるのである。

　なるほどこれと並んで別の傾向が存在することも確かである。カトリック教会は、そのなかで女性が創造的能力を延ばすことのできた世界でただ一つの宗教的共同体である。女性は聖人の位に昇ったというだけでなく、高い価値を持った記念的な宗教書を著わしているのである。例を挙げると、ヒルデガルト・フォン・ビンゲン〔一〇九八―一一七九。ベネディクト会の修道女。予言者的な響きを帯びた手紙とたびたびの旅行によってドイツの教会の改革に向かって精力的に働きかけた〕、メヒティルト・フォン・ハッケボルン、メヒティルト・フォン・マクデブルク、テレサ、両カテリーナ〔カテリーナ・ダ・シエーナとカテリーナ・ダ・ジェーノヴァ〕、両エーブナー〔クリスティーネ・エーブナーとマルガレーテ・エーブナー〕などである。ヴァンサン・ド・ポール〔一五七六—一六六〇。ラザリスト会と愛徳姉妹会の創立者〕は女性の愛の力を慈善の目的に役立てることを見事に心得ていた。教会の公式的見解は、女性と女性が持って生まれた愛の使命に対して確かに好意的ではなかった。トリエント公会議以来、母性と結婚を処女性より上位に置くものは誰でも破門されることになる。このことは、女性の感じ方に対してと同時に、自然宗教の根本思想に対してこの上ない冷酷な拒絶である。心のすさみにまでなり果てた女性蔑視は、アルフォンソ・デ・リゴーリ〔一六九六—一七八七。救世主会の創立者。倫理神学に貢献した〕の『倫理神学』（Theologia moralis）〔倫理神学とは、霊魂を救済し永遠の生命にあずからせるという宗教の目的にかなうのは、神、他人、自己に対するいかなる行為かを研究する学問〕において記念碑をうち建てている。アルフォンソは、重病の際にも夫と同衾する義務を妻に負わせ、さもなければ、妻は夫を不貞やオナニーに、すなわち重い罪に誘うことになるからだというのである。だが、ロマン主義の影響を受けて、カトリック教会のなかでも性愛についてのもう少し品位のある評価が普及しうるようになり、それに従って女性の地位も向上した。このときになって、教会の浄めによってはじめて結婚が秘蹟となるのではなく、その本性上結婚は秘蹟なのであり、夫婦か自ら自分に施すので、制度ではなく、二人を結びつける愛こそが結婚における神聖なものなのだ、ということが強調されるようになった。このことによって結婚は「神聖な契り」（sanctum coniugium）に昇格し、神によって創られた教団に似た愛の共同体となり、キリスト教的隣人愛の象徴、形而上的な価値を持った生活形式となるのである。しかしカトリシズムのロマン主義も、結婚と愛の理想に性に関することを持ちこむことは避けている。カトリシズムのロマン主義は肉体の土台を持たぬ性愛に達したにすぎない。すなわち、愛は性とかかわりがないし、性に関することは愛とはかかわりがないのである。

宗教改革は原則的には禁欲主義的な考えと関係を断った。アウグスティーノ修道会士と尼僧との結婚は、このことに対する象徴的な行為であり、誰にもはっきりと分かるしるしである。ルターは女性に母性の尊厳を返還し、市民の家庭を子供を作る場所とするだけではなく、子供を教育する場所、キリスト教の信仰のなかで幼い魂を導いていく場所ともすることによって、プロテスタントの家庭の理想を作ったのである。ルターが性の領域での改革に大きな意味を与えたのは当然である。ルターは、幾度も高位の聖職者に結婚の勧誘を試みている。ルターは宗教と性の間にできた溝を埋めようと真剣に骨折ったのである。だが彼の企ては成功しなかった。アウグスティヌスから脱することができなかったということが宿命的だったのである。だからルターのエロスに関する態度は、彼の宗教における態度と同様に曖昧である。時には粗野な露骨さを帯びさえする性を肯定するいくつかの発言にもかかわらず、ルターはアウグスティヌスの「性に関することは悪だ」という根本的な信念に同意しているのである。性に関することは罪の温床であり、キリスト教の洗礼も、結婚もこの点は少しも変えることはできないのだ。結婚においても性の交わりはやはり罪深い行為である。「我々は皆姦淫しているのだ。」ルターにとってはパウロにとってと同様に、結婚は結局人間の弱さへの譲歩にすぎないのである。そしてアウグスティヌスと同様にルターも、生殖のみが性本能を正当化するのだと説くのである。ルターも、彼の偉大な先達たちと同様に、性にこれ以上深い意味を与えることはできなかったのである。性の全領域がルターには不気味に思えた。正にこの面から悪魔は自分に襲いかかろうとしているのだ、という妄想をルターは脱することができなかった。だからルターは純潔の恩寵を「自然を越えた恩寵」と称えたのである。「これを望み、またこれをなしうる者はこの道を選べ。」ルターは確かに禁欲を功績という考えから解放しはしたが、禁欲している方が「神をひたすら念ずることがよりよくできるのだ」と彼も思っていたのである。従って禁欲する者はやはり神の恩寵を受けたキリスト教徒であり、真のキリスト教徒であるということには変わりはないのである。

ルターの女性についての意見も動揺している。ルターはあるときは女性を、男が導いてやらなくてはならぬ「あわれな者」と同情したかと思うと、またある時は「悪魔の祭司」と罵った。どんな場合でも、女性を男の対等の伴侶と認めたことは決してなかった。これに反して、休むことなく子を産み続けるというモーゼの女性の理想は、ルターの気に入った。「女は産むことによって死んでも構わないのだ。産むためにこの世に生きているのだから。」ルターの最大の失敗は、結婚を世俗化したことであった。これによって男女の愛を、その形而上学的背景から決定的に引き離し、単に人間だけに関係することとしたのである。「あなたが神に対してなすべきことは、神を信じ、その信仰を告白することだけだ。その他の一切のことに関しては、神はあなたを自由にしておかれる。………夫が妻を去るというようなことは、神には何のかかわりもないことではなかろうか。なぜなら、あなたがそういうことをするかしないかというようなことは、神の関知したまうところではないからだ。こういう事柄では神に対して罪を犯すということはありえない。罪を犯すのは隣人に対してなのである。」これによって結婚の解消ということが始まったのだが、すでにルター自身が結婚の解消を「本質的ではない世俗的な事柄」と称していたのである。結婚は、その秘蹟の神聖さを奪われて、急速に皮相化して契約となり、ついにはビジネスとなった。ルターの準備した民事婚は、国家によって認められた同衾という原理を意味する。それから後は、教会の代りに世俗の役所が、許されるべきか禁止されるべきかを決定することになる。教会の秘蹟性は、国家の形式性によって取って代られるのである。これはエロス精神全体にとってひどい打撃だった。すなわち、神聖な結婚が失われるとともに、エロス精神は宗教との最後の接点を失ったのである。

ルターは、自分の教会に関しては、宗教的思索が——情欲を抱いてのぞむにせよ、禁欲主義の有する敵意を抱いてのぞむにせよ——性の問題をもう中心に置かないようにすることには確かに成功した。しかし宗教とエロス精神を和解させることには成功しなかったのである。ルターは、エロスを宗教の領域から世俗の領域に追い出し、そこで結婚という限界内で好きなようにさせておくということによって、宗教とエロス精神の緊張関係を解消できると思ったのである。これによってルターはただ外見だけ宗教に奉仕し、明らかにエロス精神に損害を与えた。神聖なるものの見せかけの純化のために、性に関することから神聖さを奪うという代償を支払うことになったのである。性生活にルターのおよぼした影響を要約すると、ルターは性欲を解放したが、エロスは解放しなかった、ということになるだろう。ルターは宗教のエロス的な形成に貢献しなかったと同様に、エロス精神の宗教的解釈にも貢献しなかったのである。ルターのキリスト教は——人間の側からみれば——愛の宗教ではなく、服従の宗教であり、神の意志に対する盲目的屈服の宗教である。この点でも（結婚の理想の場合と同様に）新約の精神より旧約の精神に近いのである。その後、服従の倫理の創始者であるカントは、この道を先へ進んでいけばよかったのである。ルターが愛を救済の手段から締め出したように、カントは愛を、「命令されることを承知しないものだから」というので、倫理的動機に入れることを拒絶したのである。これもエロス精神に加えられた打撃であり、これに対する責任はまたしてもプロテスタンティズムにあるのである。性に関することに対して一番猛烈な攻撃を加えたのはカルヴィン派であり、そのなかでも清教徒が最たるものであった。西洋をマニ教の厳格主義《リゴリズム》と親しくさせたのは、まず誰よりも彼らである。勿論、公正を期するためにはっきりさせておかねばならないが、宗教改革者によって極度に強められたこの世界と超越的世界の対立を、性の問題におけるほど、カトリシズムが宗教改革者と一緒になって強調しているところはないのである。この点では、カトリシズムと最初期のプロテスタンティズムは一致しているのである。両者にとって、肉と性に関することは、とりもなおさず神聖をけがす事柄なのだ。すなわち、神と性の間には、原則から見て結びつきも和解もあろう筈がなく、埋めようのない深い溝があるだけなのである。

シュライエルマッハーが、はじめて後期のキリスト教の性に関する偏見を一掃して、パウロとノウグスティヌスとが滅ぼしてしまい、ルターも改善できなかったことを改めようとはかった。正真正銘のロマン主義者であったシュライエルマッハーは、「最も精神的なものと最も感性的なものとは、ただ並存しているというだけではなく、それらの発露のすべてと特性のすべてにおいて極めて密接に結びついている」と考えた。全一に対する願望に鼓舞され、一切の力ずくの企てを嫌悪して、シュライエルマッハーは、肉体と魂、感性的なものと超感性的なもの、世界と神、男と女、宗教とエロス精神が仲よく結びつけられることを望んだ。シュライエルマッハーは、男女対等の原則を信奉することをはっきり表明していたが、これは彼がもはや性恐怖に屈服してはいないという証明であった。彼は、アウグスティヌスの内在的な意図の説を「実際はそのようなことはできはしないのだから」思い上がりであるときめつけ、また同時に、「これによって愛のある部分が、愛と無縁なものに関係づけられるのだから下劣で犯罪的だ」ときめつけた。そこで「意図的にいのちを産み出してはならぬ」という警告が生まれる。シュライエルマッハーが、はじめて禁欲主義の理想を克服したのであるが、性欲の解放ということによってではなく、神秘主義的なエロス精神によって克服したのである。シュライエルマッハーは、シュレーゲルの『ルツィンデ』（一七九九）をこの神秘主義的なエロス精神の理想的な具象化と考えていた。「愛は再び全体となり、渾然たる一体となった。愛は、まだどれだけ先かわからぬ遠い未来の国から現われ出たものなのである。」シュライエルマッハーは、「何人も結婚の外側に留まることを望んではならぬ」と説いた。これによって彼はエロス的人間を禁欲主義的人間の上に置き、エロスによる救済の道を禁欲による救済の道より優れているとしたのである。性愛を再び宗教と関係づけようという最後の真剣な試みをしたということは、ロマン主義というこの極めて宗教的な運動には当然なことである。ロマン主義が衰退していくとともに性愛を宗教と結びつける細い糸は切られ、泥のなかで踏みにじられたのである。

具眼の士は、キリスト教の禁欲主義のもたらした荒廃の一面の廃墟を見廻して愕然とする。彼は、禁欲主義はエロス精神と共存することはできないが、性生活とは共存できるし、またエロス精神のイデアリズムとは共存できないが、性に関する自然主義とは共存できるということを認識せざるをえなくなる。性に関する自然主義こそは禁欲主義の裏面である。禁欲主義を肯定するものは、この自然主義も肯定しなくてはならない。エロスを追放するものは性欲のとりこになる。その神性を否定され、あるいは疑われたエロスは、最後に破壊の魔となり、人工的に作られた堤を大河のように破り、豊穣な土地の上にどっと注いで、すべてを破壊しつくす狂暴な力を揮うのだ。性本能を引き上げない者は、性本能によって引き下げられる。本能を敵にまわす者は、本能の奴隷にされる。欲望と戦わねばならぬと命ぜられているることぐらい、人を欲望に縛りつけるものはない。禁欲主義者は常に欲望を警戒していなくてはならないのである。そこで禁欲主義者は、欲望に自然なはけ口を与えている人間よりも、余計に欲望に心を奪われるものなのである。これがエロスの陰険な復讐であって、この復讐によってエロスは、己れに敵対する者にエロスを思い出させて、やりきれない気持にさせるのである。禁欲によって性愛の川床は掘りくずされてしまった。そこで愛の川の水は、もう無限なるものの海に向かって押し進むのではなく、息苦しい沼地にうねっていったのであり、今はそこで濁った泡を出しているだけなのである。人々は性の力を神聖な秩序との本来の結びつきから引き離してしまった。そこで性の力は深淵に転落し、地獄の勢力と結んだ。神々に見放されたエロスはサタンを捜し、その助力を得るのだ。上からの——つまり禁欲主義の方向を取った宗教による——分裂の後に、下からの——つまりセックスによってけがされたエロス精神による分裂が続く。これによって神と性の断絶は決定的となり、またほとんど絶望的となるのである。

こういうことになったのは、禁欲主義の仕業であり、熱狂的な禁欲主義者が歴史のなかで犯してきた罪なのである。フロイトのいう抑圧に対する恐怖——侮辱された性の復讐にその他どのような名を付けてもよいが——は根拠のないことではない。筆者がフロイトの昇華の説をどんなに非難しても、彼の抑圧の仮説を疑うことはできない。この仮説は多くの歴史上の経験によって証明されているのである。むりやりに締めつけられた性本能は、生を高める力となる代りに破壊の力となるのだ。過度にせきとめられた性の力は、文化を生み出しはせず、文化に病気を感染させるのだ。「干草用の熊手で自然を追い出すがよい。だが自然は絶え間なしに戻ってくるのだ」(naturam expelles furca, tamen usque recurret)。〔ホラチウスの言葉〕性の力を高めて神に仕えさせることに成功しないと、性の力は、独力であるいは悪魔の家来となって荒れ狂うのである。禁欲主義者は決定的な問題の設定の仕方を誤っている。性欲か性欲のない生き方か、などという選択はないのであって、高められ神に結びつけられた男女の愛か、粗野な欲情か――それを生理的欲求と言っても貪食本能と言ってもよいが――という選択があるだけなのだ。禁欲主義は性欲を殺すのではなく、エロスを殺すのだ。なぜなら禁欲主義は、性欲を殺すことはできないからである。だから、禁欲主義の歴史は、死んでいくエロス精神の歴史であり、また同時に、くすぶる欲望の目録でもあるのだ。多くの告解聴聞席を包む、重苦しい強烈な性的興味に満ち満ちた雲を考えてみるがよい。純潔の生活には適さないのだと知っても、俗人の身分に戻ることはもう許されない、独身制のなかで呻吟する司祭の良心の葛藤を思ってみるがよい。この一つの禁欲主義的な制度だけでも、あらゆる世紀のカトリック教会の聖職者の上に、実におびただしい言語に絶する悲惨をもたらしているのだから、強制された独身の歴史が、キリスト教の歴史上最も暗い面とみなされるのも当然である。「処女性の封印」(sigillum virginitatis)についての神学的思弁を考えてみるがよい。超自然的な神の誕生をその背後に隠しているところの解剖学的細目の好色な細密描写を考えてみるがよい――これこそは妻帯していない人たちの過敏な空想力が、邪魔されずに歩き廻ることのできる表象領域なのだ。なによりも倫理神学と、しばしば学問的厳密さを口実に異常極まる倒錯を楽しんでいる司牧医学〔自然的なこの世の生活と倫理的および超自然的秩序との関係を取扱う実践神学の補助学で、神学的問題と医学的問題が接触する領域の学問〕を考えて見るがよい。禁欲主義が汚染した腐った土壌の上に、まことに途方もない量の詭弁を弄する性関係文献が繁茂したのである。ダン、ゼトラー、ドゥブレーヌと並んでリゴーリの名を挙げれば十分であろう。（このリゴーリこそは、トリエント宗教会議以後の教会が、唯一の教会博士〈Doctor ecclesiae〉とあがめた人なのである）。リゴーリのお蔭で、広い教会のなかの多くの壁龕が、罪悪の恐ろしくきたない溜り場所に変じたのである。ドゥブレーヌは、聴罪師の質問の種となるようにと、考えられる限りの淫蕩なことどもを集めて、それだけで一冊の本を作った。性に関することを猥褻と名づけて締めつけることによってはじめて、本来は性に結びついてなどいなかった猥褻という概念が作り出されたのだ。倫理神学がどれだけ心情を毒しているかについては、一つのカトリック教会側からの発言があるが、これならば宗派的偏見を持っているという嫌疑を受けることはないだろう。教皇アレクサンデル八世の下でローマの高位の聖職者であったルドヴィーコ・セルガルディーは、次のような意見を述べている。「倫理神学は、罪けがれのない若者がそれに触れぬように用心しなくてはならぬような種類のものであって、さもないと若者は、恐ろしいわなに落ち、悪に手を染めることになろう。倫理神学の提要に含まれていないような不潔な事柄はなく、そこに公然と詳述されていないような破廉恥な行為はない。倫理神学の提要の頁ほどに多くのみだらな話の見られるところがどこにあるだろう。スブーラ通り〔古代ローマの通りの名。娼婦の巣窟として悪名が高かった〕のどの娼家でもこの本に比べれば慎み深いといわざるをえない。若者と娼家の間の取り持ち婆さんとなってしまったとは、全く呪うべき倫理神学だわい」(セルガルディー『説教集およびジャン・マビヨンとの往復書簡』、ルッカ一七八三年。二〇五頁)。

勇気をふるってこの害悪を明るみに出さなくてはならない。そうしなければこの手のつけようのない密生したやぶを根こそぎ引っこ抜くことはできないのである。カトリック教会を愛し、崇め、その変わることのない美点を称える人こそ、なおさら厳しく教会の畸型の部分を裁かなくてはならない。臆病な沈黙は、キリスト教の真理の為にはならないのである。中世末期の教皇の宮廷や、多くの修道院を特徴づけていた道義の退廃の原因は、禁欲主義にあるのだということに、結局は気づかざるをえないのである。托鉢修道会〔一三世紀に教会に対する批判として組織されたフランシスコ会ドミニコ会等の修道会〕の形式や、鞭打ち苦行者の運動は、キリスト教徒のなかの誠実な人たちが、背信者に対して発した警告なのである。いくつかの修道院のやり方があまりひどかったので、国家公認の娼家が、この不正な商売仇について苦情を言い、もう税金を払わんぞと言い出したほどである。修道僧と尼僧が互いに行き来するのは日常茶飯事であった。(相当数の男子修道院と女子修道院とは、世間の目から隠れて罪深い往来を容易にするために、地下道で結ばれていた)。少なからぬ修道僧が内妻を持っていた。司教は家政婦と大いに楽しんでいた。『デカメロン』はその時代の修道院に見られる荒廃に辛辣な非難を加えている。ぞっとするような堕落の図である——しかも十字架の影にかくれた。この堕落の持っている世界史にかかわる面を見落としてはならない。宗教改革の根は、この領域にまで達しているのである。ルターをカトリック教会の聖職者に対する嫌悪で一杯にしたローマでの体験は、禁欲主義の道義破壊作用というものがなかったらありえなかったろう。キリスト教のエロス追放とキリスト教世界の分裂との間には、人が普通想像しているより遙かに密接な関連があるのである。宗教改革は――その他の面はさておき――エロスの報復行為でもある。すなわち、禁欲主義の妄想に対して、また、すさんだ司祭や、修道士や尼僧に対して行なわれた性の抗議であり、不自然と偽善に対する純潔な本能的態度の蜂起であり、悪徳の濁った雰囲気のなかへの新鮮で身を切るような空気の侵入なのである。これまでまだ、宗教改革のエロスに関する原因についての一章が書かれたことはないし、エロスと歴史上の諸勢力について本が書かれたこともないのである。

禁欲主義がまわりに広めていった持続的な神経過敏の雰囲気がなかったとしたら、中世末紀から啓蒙主義時代にいたるまでヨーロッパをかき乱した魔女妄想は生まれはしなかっただろう。これは恐らく歴史の知っている最も凄惨な性恐怖の爆発であろう。性恐怖がこの場合に推進力になっていたということは、女性だけが、妖術を使ったという嫌疑をかけられた、ということからだけでも分かる。魔女狩りでは、恐怖に支えられた女性拒否が、気違いじみた女性に対する復讐と、大量殺戮をこととする組織的運動にまで高じたのである。当時の人々が、女性に対してたけり狂った様はどうだろう。中近東のハレムでも、キリスト教の支配するヨーロッパ大陸の魔女裁判の法廷でほど、女性が屈辱を受けたことはなかった。みだらな刑吏が裸の女を拷問して楽しみ、恥毛を焼き取り、「肉体の秘かな出口のあたりに」悪魔が押した烙印を探した。この狂気の運動にともなって一連の女性敵視の文献が現われた。悪魔との媾合についての卑猥な報告や、悪魔との交渉から子供が生まれうるか、というような問題の研究に、自然に反して妨げられてきた性の力が、はけ口を見出したのである。教皇インノケンチウス八世の魔女人勅書

（一四八四年）では、人間と女性は対立物として区別されている。たびたび女は家畜のうちに数えられている。イエズス会士シュプルーゲは、女性が宗教上劣等であることは、femina（女）という言葉からでも演繹できると信じていた（fe＝信仰、minus＝より少ない）。『魔女に加える鉄槌』〔ケルン大学神学教授ヤーコプ・シュプレンガーとドミニコ会士ハインリヒ・クレーマーが著し、一四八六年に出版された魔女論で、魔女裁判の手引書として最も愛用された。魔女狩りに及ぼした影響は恐るべきものである〕――これは長い間最もよく読まれた本だったが――も女性を全く堕落した、男に劣った存在として描き、女が道徳的に見て曲っていることは、男の曲った肋骨から作られたということからだけでも分かるとしている。この女性敵視の書は、男の自救行為の性格を帯びている。すなわちこれは、性恐怖を除き、それによって男の心のなかの乱れた均衡を回復したい、という望みに由来しているのである。というのは、当時性恐怖は途方もなく大きくなっており、ほとんど理解しかねるような強度の男たちの慌慌を惹き起こし、それが教養ある人士のなか深くまで達していたからである。イギリスのリチャード一世の戴冠式のときには、女はすべて妖術を使う疑いがあるからというので、姿を見せることを許されなかった。拷問にかけられた女性が気を失うと、この失神さえ悪魔の仕業とみなされ、これは「悪魔の眠り」であり、責め苦の際に悪魔が魔女を援助している証拠だ、ということになったのである。女性の不可解な力に対する不安はここまで達していたのである。

　魔女妄想に憑かれた人間は、創造の歓喜にすっかり支配されている女に出会い、これを生殖の根源的な力と神秘的に結び付いている存在として見たのだが、恍惚として女に同意するのではなく、性恐怖の悪意を吐きかけたのである。彼は禁欲主義者として遊女的女性に目を注いだのである。彼は創造の歓喜を感じ取ったのだが、逆の価値評価を加えており、やっきになって創造の歓喜を排斥したのだ。彼はイソマクラータをテオトコスに立ち向かわせたのである。禁欲主義の要素と忘我陶酔の要素とのこの衝突から、悪魔と情交を結ぶ性的存在である魔女というものがふいと出現したのだが、男の恐怖から生まれたこのイメージには、男性的で禁欲主義的な魂の自己分裂状態が、余すところなく反映されている。

女に対する恐怖にもう一つの恐怖が加わり、この両者の結合がはじめて魔女妄想の特性を形成する。すなわち性恐怖と、かつては人間の宗教的体験の発端となったデモーニッシュな戦慄とが混り合ったのである。魔女妄想においては、エロスの根源的戦慄と宗教の根源的戦慄が、共通の隠された源から噴出するのである。魔女は男の女に対する恐怖の生み出したものであると同時に、人間の魔に対する恐怖の生み出したものでもある。悪魔――これも魔だが――に対する恐怖は、女性的で遊女的な性欲の権化であるこの魔女というものに対する恐怖ともつれ合って、ヨーロッパの文明世界のただなかに、エロス的で宗教的な感情の根源的なデモーニッシュな一体性を復活したのである。

性に対する宗教の気違いじみた攻撃のもう一つのこれに劣らぬ凄惨な例を提供するのは、アンドレイ・イヴァノブ（一八三二年没）の創設した、スコプツィというロシアの去勢者の宗派である。この派の人たちも性恐怖から禁欲主義におもむいたのであり、しかも最も積極的な形である去勢という形を取ったのである。去勢は、スコプツィ宗徒には、唯一の神によって望まれ指示された救済の方法と思えたのである。彼らもかつてオリゲネスがしたように、マタイ伝一九章一二節というあの災いをもたらした章句を拠り所としていたが、その他にイザヤ書五六章三―六節、マタイ伝五章二九節および一八章八節、ピリピ人への手紙三章三節、コロサイ人への手紙三章五節および四章一一節、ローマ人への手紙八章五節も拠り所としている。聖書の洗礼と再生という概念をスコプツィ宗徒は去勢のことだと考え、マタイ伝三章一一節に「火による洗礼」ということが言われているからというので、灼熱したナイフで行なった。睾丸あるいは陰茎だけが、もしくは両者ともに焼き取られ、しかも骨まで達したのである。女性の場合は局部と乳房とが切り取られた（一八三四年のスコップィ裁判のサラトーヴァ証言による）。子供に割礼が施されたことも確認されている。一部だけ切り取られた者は天使の位を得、完全に（陰茎も睾丸も）切り取られた者は大天使の位を得た。去勢された者は「白鳩」と呼ばれた。去勢の目的は、性欲のない生活の至福と平安を得ることだった。去勢の表向きの結果として意図されていたのは、去勢の苦痛ではなく、宗教的な意味でのけがれのなさであった。従って、この宗派はマゾヒスト的ではなく、禁欲主義的だったのである。この派の人たちが、去勢していない人たちの間で行なわれている性交渉を、夫婦間のものであっても、嫌悪をもって排斥したことはいうまでもない。グラスは、（『ロシアの諸宗派』第二巻七二八頁で）一八三六年に、夫が一緒に寝たいといったので喉をかき切ったスコプツィ派の女性がいたことを報告している。推進力としての性恐怖の特色を示しているのは、スコプツィ宗徒の女性蔑視である。彼等は快楽というものを本来女性的なものと考えていた。女性は罪へと誘惑する者とみなされ、「臭い奴」と呼ばれていた。女と握手をせず、一緒に食事をすることもなかった。母親が息子にシャツを洗ってやったら、それを椅子か机の上に置いておかなくてはならず、息子のけがれになるといけないから、手渡してはならないのである（グラスの前掲書、第二巻七三六頁）。

スコプツィ宗徒は去勢者を聖者にしてしまった。これと同じことはかなり多くの自然宗教でも行なわれていたことである。しかしその源にある根本精神は全く異なっていた。スコプツィ宗徒は、自ら切除した人間を、性欲を殺した禁欲主義者として聖化したのである。自然宗教にとっては、自ら切除した人間は、豊穣の神に自分の性の力を犠牲として捧げたから神聖なのであった。スコプツィ派の去勢の根底をなしているのは、性に対する嫌悪であり、自然宗教の去勢の根底をなしているのは、性の聖化である。決定的に肝要なのは信念であるから、相反するタイプの宗教において、同じ行為に同程度の神聖さが付与されるということはありうることなのである。

キリスト教的禁欲主義の理想は、ゆるぎない信仰を持ったキリスト教徒の倫理的態度を決定しただけではなく、宗教と縁を切ってしまった多くの人物の価値判断も決定したのである。西洋文化の発展全体が、キリスト教的禁欲主義によって決定的な影響を蒙っている。神の観念がずっと以前に捨て去られ、神を感ずる心が意識されなくなるか、衰えてしまっているかしているところでも、キリスト教のエロス敵視の間接的結果は感じ取りうるのである。ロココ時代やロマン主義以後において、ヨーロッパの人々を襲った性的荒廃は、その前に宗教が、エロスを神聖な力から切り離し、人間生活のなかでの低い地位へ追いやっていなかったなら、ありえなかったろう。なるほどルソーの『新エロイーズ』やゲーテの『ヴェルター』やシュレーゲルの『ルツィンデ』は、この愛の価値低落に抵抗したが、しかしこれらも愛の全般的な没落を喰い止めることはできなかったのである。一九世紀後半にはすでに、これらの後を継ぐ者はもう見当たらなくなっており、二〇世紀になるにおよんではその感は一層である。エロス精神の浅薄化、すなわち、深みと品位とまじめさの喪失が、近代になってこのように急速に進行しえたのは、ひとえに宗教のエロス追放が、そのための地ならしをしておいてくれたおかげなのだ。近代ヨーロッパ人は、宗教に無関心だったり顕著な宗教の反対者であったりしても、なるほどキリスト教の教義と儀式は受け容れはしなかったが、男女の愛についてのキリスト教の意見には、必ずしもそれとは気づかずに、全面的に従っているのである。宗教には余り縁のない多くの教養人の目にも、性に関することには、軽蔑すべきものが、エロス的な愛を宗教の教義よりも猥談の方に近づけるようなあるものが、こびりついていると映るのである。そしてエロスは、何世紀にもわたる宗教との争いに疲弊していて、この悪評から身を守ることはできなかったのである。

信仰を持たぬ人間にとっては、宗教の禁欲の戒めは何の意味も持たない。だからそんな戒めは無視した。だが、純潔の理想と結びついているエロスの軽視は、往々にして手放さずにいるのである。このエロス軽視はそう簡単に拭い去ることはできないのだ。そこで現代の人間は独特な不安緊張の状態に陥った。現代の人間は、全面的には承認するわけにはいかず、そっくりそのままは正当化することのできないような本能に従っていたのである。現代人の性生活は、先祖から受け継いだ観念に、すなわち、宗教的意味を失ってしまった精神的制限に苦しめられていたのである。この分裂から現代の「セックス問題」が発展していったのであるが、それは、鼻持ちならないかまととぶりと、罪に対するのではなく、スキャンダルに対する恐怖とが結びつき、さらにこれ見よがしの厳格と、密かな好色とが結びついたというしろものだった。だが、エロスを宇宙的な観点に立って見ることを断念できない人たちは、禁欲主義の色彩を帯びたキリスト教的な立場にそっぽを向いて、エロスに対して信義を守り通したのであるが、これはキリスト教にとってはひどい力の損失であった。というのは、このような人たちは自堕落で下劣な性質の連中などではなかったからである。この連中の方は、宗教にとってもエロス精神にとっても救いようがない。エロスと絶縁するような宗教を肯定してよいものだろうか、という問に悩んでいたのは、根本的にものを考える人たちだったのである。

キリスト教のエロス敵視の第二の図らざる結果は、文化の形成にあたってエロスの力が欠落していることである。宗教によって排斥されていたので、エロスは人間の高級な活動に参与する可能性を失っていた。それ故に現代の人間は、合理主義や個人主義や人間存在の客体化（最も広い意味での唯物論）、といった現代人が今その下で呻吟している思想上の誤りに、かくも急速にやすやすと陥ってしまったのである。エロス的な心構えと修練があったなら、これこそは、この害悪に対してある種の防禦をしてくれたことだろう。愛の力が十分に活力を持っていたならば、一部は理性の全能に対する信仰に先行し、一部はそれの結果として現われた、あの感情の深刻な危機を阻止するか、あるいは緩和するかしていたことだろう。またエロスの自我脱却衝動は、人間をこの世の存在という狭い場所に閉じこめる硬直化した個人主義を制圧するか、そうでなくても抑制するかして、分断の作用をする全一感覚の危機を、もう少し軽微なものにしたことであろう。エロスの陶酔的な本性は、ついには市民階級の秩序理想を抑制し、人間生活の過度の計画化から生ずる硬直した機械的機構を、ここかしこで突き破ることができたことだろう。というのもエロスは、個人主義の不倶戴天の敵であるとともに、市民根性と、ものごとを組織化してゆく法的思考と、生の客体化の最も猛烈な敵対者だからである。その理由は、徹頭徹尾市民的に形造られた世界では、爆発し高揚させ恍惚とさせることを本性とする性愛には、もはや存在の余地はないということである。性愛は余りにも多くの不思議と秘密と神秘を帯びている。平安になれた市民の気に入らぬのは、愛のデモーニッシュな面であり、その憑かれたような状態であり、またその狂気めいた本性である。市民文化においても性恐怖は跳梁しているのだ。この性恐怖が、愛というものは次第に余計なものになっていく、というようなだいそれた考えをハーバート・スペンサー〔一八二〇―一九〇三。イギリスの哲学者。一九世紀後半に勢力を占めた進化論的思想の代表者〕に吹き込んだのである。スペンサーによると、人類の発展の最終目標は完全に愛がなくなってしまった世界であり、この世界は利害が完全に一致しているので「社会的均衡」を自ずと保持していくというのである。紛れもなく、ここでは、あらゆる種類の愛に対する恐怖が闇の中から首を出している。市民文化は神の怒り（ira Dei）という概念と戦っているのと同じ理由で、すなわち予測のできぬものは嫌いだという理由で、エロスの過剰と戦っているのだ。権利を剝奪されたエロスには、思い切って市民文化とまともに戦うということは不可能だった。そこでエロスは退き、市民文化に勝を譲った。エロスとともに、ディオニュソス的で創造的な要素は、西洋文化から消えていったのであり、ついには宗教の要素も消えていったのである。エロスの衰弱は、最後に、この衰弱をもたらした張本人である宗教に復讐したのであり、またこのことによって、宗教にとっては不本意なことだが、自分がエロスとどんなに近い血縁関係にあるかということが、露骨な仕方で宗教に向かって証明されることになるわけである。

　禁欲主義の女性蔑視は、最近まで続いてきていて、その末裔を持っている。この女性軽視が現代の婦人解放運動の前提を作ったのである。この運動は、男性流の価値観に女性が屈服することを意味する。

解放された女性は、男性的流儀に対して本当に女性的な流儀を（高慢に対して謙虚を、批評に対して創造性を、分割マニアに対して全一の熱望を、機械的機構に対して有機的感覚を）貫徹しようとはしない。解放された女性は、男性的諸価値の（いわゆる）優越から出発して、この価値を完全に男性と同じように享受することを保証することと、この価値の形成への参加を女性に保証することだけを望むのである。これは両性を対等にするための戦い、男性的な在り方と女性的な在り方の価値を同等にするための戦いではなく、男性的世界のなかで、女性に外面的に同等な権利を与えるための戦いにすぎないのである。女性解放運動は、非女性的なものを我物とするために戦っているのであり、おまけに男性の武器で戦っているのである。この二つの点で婦人解放運動は、古典古代の勇婦《アマゾン》主義の主張――女性は男性のようになり、また男性のように取り扱われることを欲するという、母権制思想に対する最初の裏切り――に似ており、婦人解放運動が本当に女性的なものを軽視していることを表明しているのである。この限りにおいては現代の解放された女性は、キリスト教の禁欲主義の根本的見解に同調しているのである。

妨げのモチーフも、ここ数世紀の非キリスト教化したヨーロッパにおいて、時代の傾向に対応して世俗化した形ででではあるけれども、再び出現する。人々はエロスを生活の隈に追いやり、職業、取り引き、国務その他の大切な仕事の陰にやってしまうのである。性愛は些細なこととして取り扱われる。それはもう人間の運命にかかわることではなくなり、内的要求に応ずるものではなくなり、廉価な日用品となり、ますます価値を失ってゆく。今日では極めて明白な職務のための禁欲というべきものが存在するが、これはルターがすでに道を開いておいたものなのだ。この禁欲は性的でエロス的なことを、仕事のために、商売の成功と収益のために、エロスの世界より――市民社会の尺度で計れば――大きな意味を持っている一切のことのために犠牲にするというものである。宗教上の妨げのモチーフで動く人間は、エロスの世界によって神から引き離されまいとする。それ故に、エロスの世界に顔をそむけ、注意も払わずに放置しておくのである。これと同じことを――ただし低いレベルで――ヨーロッパの現代の仕事気違いはやっているのである。この種の人間が広く成功を収めているのは、キリスト教によってヨーロッパが禁欲主義の訓練を受けているお蔭なのである。

性愛に打撃を与えるには、これに猛烈に抵抗するという方法に限ったわけではなく、性愛をさんざんけなして、取るに足らぬものとしてしまい、当然与えられてしかるべき意義を奪うという手もあるのである。そしてエロス追放のこの後のやり方の方が、二つのやり方のなかでより危険なものであることは、無関心の無神論が、反逆の無神論より危険であるのとちょうど同じである。戦いをしかけるということは、当の相手をまじめに扱っているということを前提としている。相手をもう敵視するにも値しないとするのは最大の軽蔑の表現である。

妨げのモチーフはボルシェヴィキの性道徳の作り手でもある。この性道徳の元来の主旨は、性生活にはできるだけ僅かしか場所を与えないということだった。エネルギーを最も僅かしか消費しない「愛」ということが宣言された。つまり女性に対する慇懃とか、求愛とか、コケットリーとか、御気嫌を取り結ぶとかいった煩わしい回りくどいことは抜きにした愛であり、愛する相手を手に入れるための戦いのない、宗教的、道徳的あるいは美的な飾り物を着けない愛である。愛は自然の出来事であり、ロマンティックでもなければデモーニッシュでもなく、健康上必要な行為であって、高級なものではなく、一口の水同様にささいな毒にも薬にもならぬものだ（一杯の水―理論）〔レーニンはクララ・ツェトキンとの対話のなかでこの理論を痛烈に批判している〕ということが主張された。これはエロス精神の蔑視であるばかりではなく、性生活の蔑視でさえある。これは性生活を、パウロ式に生理的欲求として承認しているのであり、またこうすることによって性生活の価値をどれだけ低くしているかに気づいているのである。昔ギリシアの犬儒派は全くこれと同じ考え方をしていた。この連中は同衾を食事のように日常的なものであると公言し、ギリシア人が軽蔑していたある蛮人のように、誰かまわず恥じもせず、公衆の面前で行なうようにすすめた。このように愛を卑小化しようとする試みの背後には、またしても性恐怖が嘲りの笑いを浮かべているのである。プロレタリア的人間は――とボルシェヴィキの理論家は説いている――自分のエネルギーを社会主義の建設に捧げ、性に関することには、仕事の妨げにならぬ範囲でだけたずさわれと。性の交わりによってプロレタリアは煩わしい肉体上の妨げから解放され、生産共同体の福祉のために働く力を回復するのだ。最終目標は性のエネルギーを社会のエネルギーに転換することである。こういう思想の分野に対して啓発されるところの多いのは、A・B・ザルキンドの『性問題とソヴィエット社会』（レニングラード一九二六。露文）という論文である。この論文はボルシェヴィキの性道徳の十二の主要な点を述べている。十番目には、「嫉妬は許されない」とある。十二番目には「性生活は階級の邪魔をしてはならない。性生活はあらゆる点で階級に奉仕すべきである」と書かれている。この階級という言葉を神という言葉に置き換えるならば、混り気なしの宗教上の妨げのモチーフを得ることになる。

ボルシェヴィキの国家が性に関することを私的領域に委ねたのは、性に関することを軽視していたからであった。そうでなかったならば、国家が重要と思う一切のものと同様に、国家管理にしたことであろう。コミュニズムの性道徳は、市民階級の性道徳が、男女の愛を相変わらず重大に取りすぎ、男女の愛に分不相応な価値を認めている、といって非難している。これが出発点だった。しかし今はここから、創始者たちが意図していたのとは全く違ったものが成長している。すなわち、性生活の無類の放縦である。性に関することは、期待されていたように民衆の生活の隈にとどまってはおらず、真中に押し出してきて、以前より強い誘引力を発揮しだしたのである。この性の爆発もまた禁欲主義と関連がある。なるほど、これは禁欲主義の直系の子孫ではないが、確かに禁欲主義に反対する抗議ではある。コミュニズム的な若者たちは、市民階級という概念と性に関する羞恥という概念を同一視した。市民的な性道徳（性に関することそのものではない）を嘲るためには、羞恥心を捨てなくてはならぬと思い込んだのである。無恥の崇拝は政治行動と化した。抑圧された性の力は、政治的スローガンの形を借りて反乱を起こしたのである。性欲のこのような粗野な爆発にも、エロス敵視の精神は混入している。これは濫費による性の侮蔑である。人が浪費するのは、無価値なものであって、貴重だと考えているものではない。こうして基本的特色においては、キリスト教的なエロス敵視とプロレタリア的なエロス敵視は一致するし、また前者がなかったなら後者はまず現われなかったろう。はじめは意外に感じられるかもしれないが、パウロとアウグスティヌスと——レーニンの性に関する説は、愛追放の同じ一つの系列に属しているのである。

第十章　神々のもとへのエロスの帰還

宗教とエロス精神との本質的な結びつきを知っている者なら、この二つのものが敵対するのを見て、ただただ驚くほかはないだろう。しかし、両者の一致ということの重要さが、すっかり明らかになったときには、もうただ驚いているだけではいられなくなるだろう。この不和の原因の分析から自分の結論を引き出し、エロスと神々を和解させることに全力を尽すだろう。立派な医者と同じように、診断がすんだら治療にかかるだろう。

この和解の試みは、エロスの側からも宗教の側からも、着手されなくてはならない。エロス精神においては何より肝要なのは、性に関する自然主義を克服することである。性本能は、再び文字通りの意味で番《つが》い本能、すなわち補足を求める衝動と解されなくてはならない。この衝動は、救済のモチーフ、つまり、この世を越えた全一に対する熱望が、自分を捉えてくれることだけを待ち望んでいる衝動である。性本能は、人間の世界では、単に生理的欲求とか「排泄欲」とか、一杯に張った容器をゆるめたいという欲求とかいったものではない。また生殖本能と一致するわけでもない。科学が、生殖本能、すなわち子供のなかに生き続けていきたいという本能が存在するということに――男性の場合は特に――異議を唱えてきたのは当然である。子供を望む気持が、同衾にともなうことはありうるが、それだからといって、性本能が生殖衝動に変じはしない。生殖ということは、はじめから性体験のなかに含まれている意図ではない。自然自身が、性に関することや性の快楽は、ただ単に生殖を目ざしているものではないぞ、と強烈な言葉で説いているではないか。有機的生命が高級な形に進歩していくほど、子を産むことが少なくなってくる。下等な動物界では、生物は何百万という子を生み出すが、高級な動物界では、一回に一匹の子を産むのが普通である。その上に、動物のうちで子を産むことが少ない種類ほど媾合は快楽を増してくるのである。性の快楽は、繁殖力に反比例して増大する。生の高級な形態に進歩していくにつれて、生殖はだんだんと重要さを失っていくもので、それも生活全体のなかでというだけでなく、性に関することのなかでさえも、重要さを失っていくのである。それで、アウグスティヌスやルターや現代の生気論説の信奉者たちが、性に関することどころか結婚にまでも、生殖がその唯一の意義だというならば、エロスの精神化の一切の試みにまっこうから反対するばかりか、人間だけでなく、動物界までも支配している自然法則にも矛盾するのである。

性本能は、実は種族に奉仕することから解放されることを切願しているのである。人間では、性行為は単なる生殖のための手段であってはならず、象徴的な意味を持った事象とみなされるべきである。抱擁の快楽は、獣性を脱却した人間にとっては——自然宗教以外では——生み出すことの快楽ではなく、自我脱却による自己完成の至福なのだ。誤解を避けるために言っておくが、筆者は、子供を持つななどとは一言も言ってはいない。本当に愛情を持っている男なら、愛する女性から子供を得たいと思うだろう。しかし彼は子供を種族保持の義務に対する貢献とは見ず、両親の愛の合一の象徴と見るのである。これは二つの根本的に異なった見方である。宗教の面前でエロス精神の名誉回復をするということは、男女の抱擁を自然主義の拘束から解放し、これに象徴的価値を取り戻してやるということである。しかし、このことの比喩的な意味を感じ取るためには、個々の人間そのものを永遠の関連の光に照らして見なくてはならない。個々の人間の魂の無限の価値を信ずるのでなくては、そしてこの価値をなまなましく体験するのでなくては、エロスの復活は考えられない。物質の結合の法則に従う原子や細胞という物質がひっつき合うだけなら、性本能が人間救済に貢献するということはない。男女の愛を高貴なものにするためには、人間の神性を信じなくてはならないのである。

人間の神聖な本性というもののなかには肉体も入っている。肉体に新しい尊厳を与えなくては、エロス精神を聖化することはできない。自然主義と精神主義は、どんなにいがみ合っていても、両方とも肉体蔑視の罪を犯しているのだ。自然主義は、肉体を全く物質的なものだと断言することによって、精神主義は、肉体を精神と心の反対物とすることによって、肉体を価値の無いものとしてしまうのである。しかし、肉体は単なる物質ではないし、人間は精神もしくは心だけではない。心を持たぬとか、精神を失っているとか考えられている肉体は、実のない殻、絵のない額縁、意味のない物質である。また、肉体を持たぬものとして考えられている心は、精神性の冷たい世界に置かれた何の力もない図式である。肉体の新しい象徴論が必要である。肉体もまた神によって作られたものなのである。たしかに肉体は心に仕えるべきものであるが、心に苦しめられてはならぬし、心に軽蔑されたり、嘲けられたりしてはならない。肉体をエロスの歓喜から締め出すことは、造化に対して罪を犯すことであるが、崇拝の愛は、抱擁の愛とは反対に、このような締め出しを行なう傾向がある。肉体の軽視にすでに、性欲とエロス精神との分裂のもとがある。ティツィアーノが、天上の愛は衣を着けた女性に描き、地上の愛は一糸まとわぬ女性に描いているのは間違っている。裸身であることは下等な愛の目印ではないし、——また神聖でないことの目印でもない。ヒンドゥー教徒は、戒律によると、祈るときは帯一つの裸身となる。キリスト教の聖餐式では、肉体は神性の象徴となる価値を認められる。免罪の秘蹟は、この秘蹟によって肉体は貴いものとなると考えている。魂だけでなく肉体も復活にあずかるのだ。「肉における復活」という宗教的な言い回しは人間全体の再生を意味する。この再生は、キリスト教徒の希望の本質を成しているのであるが、ギリシア正教の信仰では特にこのことがいえる。(原注) 神は肉体において啓示されている。キリストは、人の肉体を持っているのであって、カバラ〔ユダヤ教の神秘的な教え。新プラトン主義やグノーシス主義の影響を受けており、一三世紀はじめに古典的発展に達した。一五世紀末以後ヨーロッパの様々な神秘的思想家に影響を与えた〕のアダム・カドモン〔「最初の人間」の意。カバラの教えにおける人間の原型〕のように、霊的なあるいは宇宙的な肉体を持っているのではない。「肉体も、肉に現われたもうキリストの御姿を帯びている」とテルトゥリアヌスの書にあり、またパウロはコリント人への第二の手紙で「それ〔「この幕屋《まくや》」を指す〕を脱ごうと願うからではなく、その上に着ようと願うからであり、それによって、死ぬべきものがいのちにのまれてしまうためである」と説いている。クリソトムスはこの言葉を賛嘆しつつ「これこそは肉体の本性を中傷する者、つまり私たちの肉を告発する者を完全に撃破する言葉だ」と付記するのである。シリア人エフレム〔三〇六頃—三七三。シリアの教父。教会著述家であり、聖歌の作者でもある〕はその聖歌のなかで次のように肉体を神々しいものにしている。「肉体はその伴侶たる心を結婚の部屋に導き入れ、そこでなぐさめるだろう。……神の息子である長男は、肉体をまとっていた。彼は自分の栄光を覆うヴェールとして肉体を用いたのである。不死の花婿は、この衣をまとって光り輝いていた。あなたたちの肉体――衣――も同じように輝かんことを」トマス・アクィナス〔一二二五頃―七四。中世ヨーロッパ最大の神学者の一人。『神学大全』を著す〕は心を forma corporeïtatis、すなわち肉体の形成力、肉体を形成する原理と解した。キリスト教の考えでは身―心の関係の本質は、関連であって敵対関係ではない。福音書は、肉体追放の口実を与えはしないのである。

(原注) N・フォン・アルセニエヴ『ギリシア正教と神秘主義』五頁。

ルターの最も重大な誤ちの一つは、「肉体は神に結びつけられてはおらず、神によってすべての外的なものに与えられている自由が与えられているのである」と宣言したことである。これは肉体の解放ではなく、肉体の神聖さを奪うことである。ここから肉体と心を引き離したデカルトまでは、もう一歩であるが、これは西洋の思想の発展全体にとって不運なことであった。ここではじめて、肉体と関係のあるものは、心の敵であり、従って軽蔑すべきである、と考えることが可能になったのである。肉体蔑視が、まだ性に関することに対する嫌悪の表われとなっていない場合でも、この嫌悪を結果として生み出すことは避け難いのである。それにもかかわらず現代は、今一度肉体の象徴的解釈のすばらしい記念碑を打ち建てた。ロダンの「考える人」がそれである。ここでは、思索するという行為が、同時に筋肉の力をも緊張させている。肉体が全体で思索しているのだ。思考は、自分を肉体の世界の敵とは感ぜず、また肉体の世界から身を引き離そうともせず、肉体界に浸みわたろうとしている――心身の合一の見事な宣言だ。肉体の価値を新たに認めるということは、新しい肉体観を前提とする。だが感情は作られるものではない。まどろんでいるものを目覚ますことはできるし、萌芽の状態にあるものを育て、発端としてあるものを発展させることはできるが、それ以上のことはできない。力づくでは何ものも得ることはできない。人間が自分の肉体を体験する仕方にしてもそうだ。この認識が、我々が常規を逸した希望を抱いたり、時期尚早の改革を企てることを防いでくれることを祈る。

性に関することが貪食本能によって形造られている限りは、宗教との結びつきを回復することはできない、ということは自明のことである。キリスト教は、このことに対しては常に確かな勘を持っており、そのために享楽的愛を厳しく排斥したのである。ただ不幸なことには、享楽と救済の歓喜との間に、はっきりとした境界を設けなかったものだから、享楽の追放が、人間のエロス的な救済願望にまで打撃を与えたのである。性に関することの目的は生殖だ、というカトリシズムの教理の根底は、貪食本能に対する嫌悪である。この教理の根本理念は、性に関することの意味を個人の享楽欲に求めるぐらいなら、むしろ動物性と種族の法則に逆戻りした方がましだ、ということである。しかしながら、種族への奉仕と称するものは、往々にして良心のやましさを感じながらの享楽的な愛にすぎないのである。享楽、快楽主義、がつがつと快楽をむさぼることは、人間を動物の世界以下に引き降ろす。動物は自然の衝動を知っているだけで、肉体の快楽を勝手気ままに弄ぶということを知らないからである。この快楽の玩弄は、性生活から深さを奪い、退屈なものにしてしまう。ついには、飲んで酔うのではなく、飲んで吐気がするようになってくる。ものごとを徹底的に考える人間は、性に関することの目的は、人間を楽しませるだけのことだ、つまり、人間の生活の多くの苦しみや骨折りの埋め合わせなのだ、というような説では決して満足できなかった。こういう人たちは、プラトンが『饗宴』で述べている次のような言葉に味方するのである。「目的は愛の楽しみを共にすることだけだなどとは思われない。そうではなくて、一緒になる二人の心は、明らかにこれとは別のことを欲しているのだが、それを口に出して言うことができず、暗示したり、推測させたりするだけなのだ。」今日よく見られるような中味の空っぽな連中だけが、自分の生活のぞっとするような荒れすさんだ状態に、性を悪用することによって生気を与えようとするのである。自分の言うことをまじめに受け取ってもらいたいと思っている人間で、性に関することとは、大都市の住民の過敏になった神経の麻痺剤であり、刺激剤である、などと主張した者はいまだかつてなかった。だから、性欲に真の意味を取り戻そうとしている人たちにとっては、性に関することの本質は生殖につきる、というあの教会によって支持されている偏見を撲滅するより、エロスの世界に貪食本能を近づけないようにすることの方が容易であろう。これ以外の人たちを貪食本能から引き離すためには、一種の類似療法的な治療によるほかはない。それは新しい禁欲主義的な訓育である。これだけが、現代の人間に、性的悪習と判断や態度に見られる堕落を脱するようにさせることができるのであり、また再び真正の男女の愛にふさわしく浄らかになり、またその愛を行なえるほど成熟させることができるのである。

創造の歓喜の強烈な体験は、宗教とエロス精神を近づけるのに寄与しないだろうか、と問う人があるかもしれない。この強烈な体験を復活しようという試みはもちろん少なくない。ロレンス〔一八八五―一九三〇。イギリスの作家。『チャタレー夫人の恋人』の作者。性の営みを通して人間と宇宙のつながりを回復することを説いた〕やローザノフ〔一八五六―一九一九。ロシアの思想家。神の問題は性の生理に還元されると主張した〕の汎性主義を考えればよい。筆者はそのような努力が成功するものとは思わない。稀有な例外を除いては、現代のヨーロッパ人はもはや創造の歓喜の体験に達することはできないのであって、一般的には、そのような体験をよみがえらせることはさしあたっては不可能である。なぜならば、西洋の人間は、何世代にもわたって救済の宗教の精神のなかで育てられてきたのだし、それが極めて強力で一面的なものだったので、救済の宗教に心を奪われて、自然宗教の存在どころか、その可能性さえも忘れられているからである。西洋人は、人間救済を本願としないような宗教をもはや考えることができないし、またたとえまだ考えることができても、そのような宗教を身に沁みて感ずることはほとんどできないのである。自己破壊の域にまで達している男性的な文化には、女の本性の底から湧き出る創造の歓喜が、愛に酔いしれた生の肯定として発現するための一切の前提条件が欠けている。今日のヨーロッパのような苦悩に身悶えしている病める大陸には、愛に酔いしれて生を肯定することなどできはしないのだ。ヨーロッパでは、宗教とエロス精神は、救済の理念の下においてしか和解できないのであり、性愛が持つ人間を救済する力と使命が新たに発見され、性愛自体が宗教的救済手段の一つにまでなるという形を取るほかはないのである。他のすべての和解の試みは、二〇世紀のヨーロッパ人にあっては空しい妄想である。

現代の人間は余りにも救済の理念によって動かされているので、生命の世界にまでもこの理念を転用する。品種の改良とか、人類の「向上」とかを要求したり、またそういう事実を見出したと信じている理論は、すべて自然主義的な考え方の枠を踏み出している。ショーペンハウアーが、自分の性愛の形而上学をいかに冷静に展開しようとも、その彼さえも、自然と自然の「種族目的」には、密かな種改良の意図が働いている、ということにしてしまっている。そうして、その動機として、造化に対する不満というものを自然が持っていることにしてしまうのだが、彼自身がこの不満に苦しんでいるのである。人は子供において、生の単なる繰り返しではなく、生の向上を望んでいる。子供は親以上のものになってもらいたい。子供には親の長所は再生し、親の弱点や欠点は克服されていて欲しい。このような陶汰の夢を抱いている優生学は、救済の思想の生物学版であり、自分に満足し自分を楽しんでいる創造の歓喜の体験とは、へだたること遠いものである。

宗教の側では二つの和解の障害が克服されねばならない。妨げのモチーフと世界嫌悪である。妨げのモチーフと取り組んでいると、エロスと自由という難しい問題に直面することになる。この問題は、男女の愛にはどれだけ外的自由が許されるべきかということではなく、男女の愛は内的自由にどこまで寄与するかということである。したがって倫理の問題でなく、心理の問題である。エロスの道は、精神の活動範囲を狭め、人生の他の活動に対して役に立たぬようにする、といって再三非難されてきた。「我が愛——我が重荷」(amor meus—pondus meum) とアウグスティヌスは嘆じている。なるほど愛は束縛するというのは本当である。心が恋慕の対象のまわりを休むことなく巡り続けるあの苦しみを味わったことのない者には、苦しい焦燥の状態に悩んだこともなく、愛し合う心が一つになろうとする戦いに苦しんだこともない者には、恋は分からない。これは愛の焦燥の状態であり、全一に向かう努力であって、まだ全一のなかに憩っているのではなく、調和に対する熱望であって、調和そのものではない。しかし、この胸を締めつける不安は、愛が踏破した道の一部にすぎない。愛が成就するところでは、愛はその聖寵の状態に達するのである。これは自我脱却の成就である。この状態は硬さを取り除く、つまり生から苦さと苦難を取り去るのだ。恋する者においては、つかの間のこの世の存在に属するものは、その身から離れ落ちて実体のないものとなる。愛の聖寵の状態は、法悦によって自由となっている人間の開花なのだ。「なぜなら、いわばあなた自身のなかであなたが融けてしまい、まるで存在せぬかのようになり、あなたがすっかりからになり、聖なる感情のなかに完全に融け入っている。――こういうことが死すべき者の生に与えられたことはなかった。これは聖者たちの至福の状態なのだ」(ベルナール・ド・クレールヴォー)。愛の対象とはこのようなものである。ゲーテのタッソーは、恋人の自分を解放してくれる力を次のように称えている。

自分が心の奥底で変わったのがわかります。
一切の苦悩が除かれたのがわかります。
神のように自由です。そしてこれがみな
あなたのお蔭なのです。〔傍点はシューバルト〕

またダンテは、「あなたは私という奴隷を自由な人間に作り変えたのです」と言っている。

聖寵の状態にあるときは、恋する者は生きとし生けるものに対する無限の愛にあふれている。彼は、もはや手に入れようと求めるのではなく、自分を惜しみなく与えようとする。満たされぬ者だけが求め、満ち足りた者は自己を惜しみなく与える。愛の聖寵の状態にあっては、一切の憎しみの怨恨は消え去る。「彼女（ベアトリーチェ）がどこからか姿を見せ」――とダンテは告白している――「彼女の喜こばしい挨拶が期待できるときには、私にとってはもはやこの世に敵など存在しなかった。」敵意は消え、好意が芽生える。いつもなら機嫌をそこねる侮辱も平然と堪え忍び、あるいは許しの微笑をお返しにする。聖寵を受けている者を取り巻く世界は、彼の至福の放つ光に輝く。それゆえに恋をしている人に出会うこともまた仕合せなのである。一つの愛の対象に向かって集中し縛りつけられていた愛の能力は、再び自由となり世界に戻ってくる。聖寵の状態にあるとき男女の愛は、恋人以外の者にも自分の心を伝えたいという欲求を感じる。男女の愛は隣人愛に拡大し、万有を愛し神を愛する心にまで拡大していく。これがエロス精神の循環である。男女の愛は、その軌道が円となって閉じぬときだけ神から離れていくのだ。このときにだけ、「愛はあまりにも自己自身に戻っていきすぎる」というシュライエルマッハーの歎きも根拠のあるものとなる。古典古代は愛の聖寵の状態を知らなかった。知っていたのは、恋の苦しい衝動だけであり、ソクラテスのいうデモーニッシュなエロスだけだった。けれどもプラトンが、エロスの本質を *τίκτειν ἐν τῷ καλῷ* だとするとき、聖寵の状態を暗に指している。*τὸ καλόν* は筆者が愛の聖寵の状態と名づけたものに近いように思われる。というのは、ギリシア人は、調和感を *καλόσ*（美しい）

という言葉で言い換えていたからである。いずれにせよプラトンのこの言葉を美的に解釈することは、この言葉の持っている深い意味を正しく判断するものとはいえない。この言葉は「調和的な心の持ち方において、すなわち調和という聖寵の状態において創造的である」とでも訳すべきであろう。こうすれば同時に、聖寵の状態は、人を非生産的にするものではなく、自分のなかから新しい価値を生み出すものだ、ということも表現できると思う。プラトンは、エロスが特殊から普遍に向かい、個々の物から理念に向かう方向を持っているものとしている。しかしこの無限へ向かおうとする衝動は、聖寵の状態においてはじめて、愛を特色づけるものとなるのである。この状態にいたるまでは、愛は愛の対象に向かって集中している。つまり、このギリシアの思想家は、エロスの相反する二つの動きを十分に明確に区別してはいなかったかもしれないが、愛の聖寵の状態を朧ろげながら思い浮かべていたには相違ないのである。明確に区別していなかったという点では、アウグスティヌスも同じことで、愛の重荷について語るかと思えば、愛の清澄さについて語るという次第である。

神のために人を愛するということがありうる、ということには異論はないだろう。だがその逆、すなわち一人の人のために神を愛する、ということもありうるのである。本当の男女の愛なら、そのために神への愛が消えるということはない。そうではなくて、神への愛は男女の愛に巻きついて這い上がっていくのである。エロスは、その運動の軌道をその時期の来ぬうちに中断するようなことがなければ、神に終るものである。この認識に直面してはじめて、信心深い人たちの間に広く行なわれている、この世の人間に対する愛は、神への愛を減ずる、という考えの誤謬の重大さが分かるのである。

聖寵の状態において人が抱くのは、与える愛であって、欲情的な愛欲ではない。人は、神が被造物を愛するように、アガペーによって愛するのである。愛する人に結びつけられていることは、救われた者の安心と感じられるのであって、自由の喪失とは感じられない。聖寵の状態で恋をしている人は、自己を脱却しているのだから、この人こそまさしく自由なのである。この人は相手によって生かされているのである。彼は自身のつかのまの自我をいわば後にしたのである。エロスから自由になったのではなくて、エロスによって自由になったのである。

あのひとの眼差しは、日輪の御稜《みいつ》のように、
その息は、春のそよ風のように、
冬の岩屋の奥深く、かくもながく、
固く凍てついていた我執も融けていく。
我欲も我意も逆らえず、
あのひとの訪れにわななき消え去る。

ゲーテ『悲歌《エレギー》』

愛の聖寵の状態は、愛が、自覚こそしてはいなかったが、最初から目ざしていた目標なのだ。これこそ愛の意義であり、愛を正当化するものである。焦燥の状態から聖寵の状態への移行は、回心および悔

悟の過程に似たところがある。この三つの心の出来事には、いずれにもしばしば同じ震憾がともなうが、これは最後に抑えきれないすすり泣きとなってやっとおさまるような激しい心の動きである。悔悟と回心にも強烈な解放感がつきものである。（ウイリアム・ジェイムズが『宗教的体験の諸相』で報告している多数の回心の物語では、この解放感が再三宗教的再生の主たる特徴として強調させている。）悔悟も回心も心を底の底まで変えるのであり、しかもこの変化が至福感を与えるのである。エロスの聖寵の状態と宗教上の聖寵の状態との親縁性を、ゲーテほど深く感じ、また見事に表現した者はいない。

この世で、理性よりもあなたたちを
仕合せにする神の平安と——聖書に書かれた——その平安に
私はたとえたい、誰よりも愛するひとの
前で覚える、愛の晴れやかな平安を。
心は安らぎ、何ものもあの深い気持、
そのひとのものという気持を乱せはしない。

『悲歌』

エロス的でもあり宗教的でもあるこの再生は、結果として、純化された地上の愛を持つことになる。これは愛を抱く者が、これまで愛の対象に向かって心を集中していたために背を向けていた世界に、喜々として送る再会の挨拶なのである。男女の愛を脅かす危険――愛を抱く人が、ただ一つの愛の対象に縛られて、もう一度すべてのものを含む広大な世界へ出ていくことができない――というあの同じ危険が神への愛の上にも待ちかまえている。エロス精神は、人の心を神からそらせるように見える。同じ様に神への愛は、人の心を世界からそらせるように見える。しかしながら、いずれの場合にも、愛が聖寵の状態にまで十分に成熟していない時にだけ、そのように思えるのである。禁欲主義者の言い立てる、男女の愛は神への愛を妨げる、という非難は、未完成に終った男女の愛にだけ当たっているのであって、愛それ自体に対しては当をえたものではない。つまり、エロス精神の不完全な成熟の度合にだけ当たっているのであって、エロス精神の本質に対しては的はずれであり、未完成の神への愛についても、類似の例を指摘して応酬することもできるのである。非常に多くの神秘主義者たちが、神と合一した至福の状態にあって、世界を忘れているように見えたので、この人たちだけではなく――不当にも――神秘主義そのものが世を逃避し、倦み疲れ無気力であるという悪評を受けた。しかし神秘主義は、本質的には人の世を厭うものではない。キリスト教は、神秘主義が人の世を厭うものとなる危険をはっきり感じていたし、また、神と一つになった者は、宗教的な愛を同胞にも得させるようにすべきである、ということをはっきりと述べていた。『神を愛している』と言いながら兄弟を憎む者は、偽り者である。現に見ている兄弟を愛さない者は、目に見えない神を愛することはできない」（ヨハネの第一の手紙四の二〇）。フランドルの神秘主義者レイスブルーク（『宗教的婚礼の飾り』第一巻四〇頁以下で）「神と一つになった者は、本当に物惜しみせずに、神の充溢から一切のものを豊かにしていかなくてはならない。このような人は、神と万人の間に立つ天性の仲介者となるべきである」と要求している。カテリーナ・ダ・シエーナによれば「今こそ、神を崇め、隣人のためにすべての力を捧げるべきときである。」神の声が「私の真理に満たされている心は、世のすべてに尽すことを決して止めはせぬ」と彼女に囁いた。インドのタミールのある聖者は「万人に対する愛を抱いたことのない者は、神を愛してはいないのだ」と告げている。インドのバクティ神秘主義〔バクティは「信愛」と訳し、神に対する熱烈な絶対帰依の感情を意味する。インド教の宗教詩『バガヴァッド‐ギーター』には信愛が説かれており、これが発展してヴィシュヌ派の起源となった〕はすべてを包む愛の熱望に燃えている。テレサにとっては愛の働きの活溌さがすべての神秘主義的な聖寵の啓示の純粋性と神性の標識だった。

　神秘主義が現世の営みに強力な寄与をすることを排除しないと同様に、男女の愛は神を崇めることを排除しはしない。国民的な戦士であったジャンヌ・ダルクも、史上最も活動的な性格の持主であったイグナチウス・ロヨラも神秘主義者だった。完成しつつある神への神秘主義的な愛は、アレクサンドリアのクレメンスがすでに要求しているように、世界に向かって開かれている。しかし完成しつつある男女の愛もまた同様に神に向かって開かれているのである。それだけではない。成熟した神への愛が、この世の愛を育くみ、この世の仕事をする気を起こさせるように、完成しつつある男女の愛は、信仰と宗教的熱情をかき立てる。男女の愛が真正であることの決め手になるのは、その愛が神へと導いていくということである。もしも男女の愛が、人を無信仰にするか、あるいは、無信仰なままにしておくならば、この愛に対して裁きは下されたのだ。男女の愛と神への愛は妨げ合うものではなく、助け合って成長していくものであり、互いに道を照らす松火を手渡し合っているものである。妨げのモチーフによる禁欲主義者が、この点について思い違いをしているのは、エロス精神の中途半端な形や畸型をエロス精神の本質と混同しているからであり、彼らの目が男女の愛の焦燥の状態にまでしか達せず、聖寵の状態にまでは達していないからである。焦燥の状態は選択の自由を奪うか、あるいは少なくするというのはその通りである。だが聖寵の状態は、倫理的自律という意味での自由を、個人というものの持つ狭さを脱しているという意味での自由を与えてくれるのである。

禁欲主義がエロス精神に浴びせる、エロス精神は自由を失わせる、という非難は、宗教否定の思想が宗教に浴びせる非難に似ている。無神論が自己を正当化する最も有力な方法は、無神論と自由を同一視し、信仰と不自由とを同一視することである。人は神的な支配者あるいは証人から解放されて、自力で運命を切り開いていきたいと思う。ところが、そのような人間にもとづく自由などというものは、この世に存在しないのである。人は神によって自由となることはできるが、神から自由になることはできない。神的で精神的な秩序の世界に属しているということだけが、自然の外にあり、かつ自然より優位にある位置を人間に与えるのである。そして、世界は制御できるという思想も、この位置からはじめて理解できるのである。人間は、この神的で精神的な世界との関係を絶つならば、物質の世界を越えることはできない。物質は物質を克服することはできない。物質に打ち勝つのは精神だけなのだ。神を敵視する無神論者の誤謬は、エロスを敵視する禁欲主義者の誤謬に似ている。無神論の、神から自由でありたいという願望は、禁欲主義の、エロスから自由でありたいという願望を想起させる。私たちはすでに一度、禁欲主義者と神を信ぜぬ権力人間、つまり魔術の世界の代表者との間にある親近性に注目した。魔術師型の人間にとって、自由にいたる宗教の道を認める妨げとなっているのと同じ障害が、禁欲主義者が自由にいたるエロスの道を進むことを妨げている。その障害とは自己放棄を拒否する高慢である。人を愛するとは、自分をその人に与えてしまうことであり、自分をその人のためになくしたいと思うことである。エロス的自由は、愛を抱く者が愛の対象である絶対の価値に直面して、日々の心配事や、この世のはかないものだけに向けられている心の狭さを捨て去ることにある。愛を抱く者は、愛ゆえに「我を忘れる」。彼はこの世界にとどまってはいるが、この世界に、あるいは、この世界の人間のなかで一番いとしい者に、自分の命を犠牲として捧げるのだ。犠牲の思想は、愛の思想と切り離すことはできない。しかし我意をおし通す無神論者も、相当多くの禁欲主義者も、犠牲など捧げようとは思わないのである。

　エロス的自由の本質は、歓喜のうちにつかの間の個我的な存在を超越することであり、愛によって自由となることである。この意味で自由であるとは、最高の価値に生きることであり、自我を断つことである。エロス的人間は自己を脱し、禁欲主義的人間は自己のなかへ引きこもり、そして両者のいずれもが己れの道を自由の道と称する。禁欲主義者には、往々にして相変わらず己に執着する心が残っており、自負や自己主張欲が残っている。つまり完全に謙虚な心に支配されているわけではなく、身を委ね切ってもいないのである。物や人が自分を妨げないようにするために、物や人を断念するということに執心しているのである。禁欲主義者はこの世界のすべてのものを断念しているように見えながら、実はこの世界でただもう何よりも自己を守ることだけに努めているのである。自己防御としての禁欲主義的自由という思想を、仏教は他のいかなる宗教よりも仮借なく率直に考え抜いたが、それによって同時に、エロス的自由が、禁欲主義的自由よりいかに倫理的に優れているか、ということも明らかにしたのである。エロス的自由は、禁欲主義的自由に比してより品位があるというだけでなく、またよりキリスト教的でもある。自由は、男女の愛によっても宗教の愛によっても、すなわち、人間への愛によっても神に対する愛によっても、獲得することができる。しかし常に愛によって、すなわち崇拝に値すると認めたものに献身することによってしか獲得できない。そして愛は、一方の場合においても、もう一方の場合においても、同じ価値を持っており、同じように完全なのである。男女の愛も結局は一人の人間への愛ではなく、ある永遠の価値への愛であり、愛する人は、その価値の一つの象徴なのである。つまりエロスは人間を縛るものではなく、偉大な人間の解放者なのである。そしてエロスは、自由にしてくれるものであるからこそ、あのように深い仕合せを与えることができるのである。

エロスの持っている、人間を自由にしようとする性質の意味を十分に認識した者は、キリスト教の修道士の誓いが矛盾していることを認めざるをえないだろう。自由の立場から見て清貧の誓いには根拠がある。なぜなら、これは人が物質の世界に巻き込まれないようにという意図から出たものだからである。服従の誓いにも根拠はある。なぜなら、我意を打ち破るようにという心から出たものだからだ。しかし貞潔の誓いには根拠がない。なぜなら、これはエロスの力を、自由の聖寵を得るてだてのうちから排除するからだ。自由にいたるエロスの道は罪の道だぞ、と説いたことほどひどい不幸を人類にもたらしたものはなかった。このために人間は自分の最も神聖な能力を見誤ったのである。今こそこの誤謬を見抜き、これは誤りだ、悲劇的な誤解だと声を大にして宣告すべき時なのだ。

禁欲主義型の人間が、ある種の目的に対しては、エロス型の人間より役に立つことは認める。享楽的恋愛の達人に対比すれば、禁欲主義型の人間は確かにより高級である。筆者が異議を立てているのは、禁欲主義の理想を——しかも無条件に——エロスの理想より優れているとし、従って禁欲主義が人を自由にしようとする働きが、エロスが人を自由にしようとする働きより優れている、とすることに対してだけである。エロスは、自然を屈伏させることなしに人を自由にするのだから、また禁欲主義がかつてなしえたよりも一層根本的に、そして一層完全に自由にするのだから、当然エロス的自由に優位が与えられるべきである。エロス的人間の持っている自由は、熱烈な一切肯定であり、禁欲主義的人間の持っている自由は、冷ややかな否定なのである。

エロスは人間を自由にする使命を持っているのだ、という認識は、エロス精神の価値論、愛の価値段階の理論、つまり愛の種類と愛の主体の価値段階についての理論に基礎を提供する。愛の種類は、我意を越え、全体のなかへと高まっていくほど高級である。最下位を占めるのは貪食本能である。ついで生理的欲求、それから種族愛（生殖、種族的エロス精神）、そして最後に創造の歓喜（宇宙創造的エロス精神）、と救済の働きをする男女の愛（救済的エロス精神）が対等の位置にあるものとして来る。

愛を抱く人の価値は、愛の対象の価値から導き出されるものではない。愛を抱く人は神聖だが、愛の対象は神聖である必要はない。愛は価値とは無関係に人に向けられる。我々は、愛する相手の美点をないものと考え、それでもなおその相手を愛することはできる。ある特定の人物にエロス的に心を集中するということは、我々の存在の根源にまで深く根をくだしている神秘である。愛を抱く人の値打ちはまた、その時々に支配的な道徳観念にどれだけ一致しているかということによって評定してもならない。そうではなく、その人の愛のなしうる自己克服と自己救済によってのみ評定されるべきであって、現実の世界がこの愛をどう思うかということはどうでもよいことである。悪名高きマノン・レスコーによせる愛のために一切を捧げたシュヴァリエ・デ・グリューは、エロス精神の価値体系では、特権的な地位に着いている。「市民社会での汚名」は、このことを少しも変えることはできない。愛のない、あるいは相手が愛に答えてくれることのない、結婚上の習慣からする性行為は、たとえ社会の道徳が庇護してくれようとも、反道徳的であることに変わりはない。

宗教もエロス精神も目標は同じである。両者は人間を変身させ、再生を成就させようと努めているのである。両者は共に、命を得んがために命を捧げる、という聖書の章句の精神に支配されているのである。宗教的愛もエロス的愛も、この愛が個別化された状態を打ち破り、全一に向かって高まっていこうとするということでは共通している。こうして二つの愛は互いに助け合って働く、共同社会の二つの原動力となるのである。人間は、この二つの愛のお蔭で一緒に生きていくということができるのだ。一組の恋人は、一切の社会的な結びつきの出発点であり、家族の胚胞であり、従って社会の胚胞である。社会の問題は、男女の愛とともに始まるのである。（ハインリヒ・シュルツが『年齢階級と男性結社』（一九〇二年）において述べている、社会は男性結社から発達したのだ、という反対意見は、たかだか同性愛的なギリシア文化という特殊例にあてはまるだけである。）親の子に対する愛は諸世代を結びつけ、それによって文化の発展のある種の恒常性を保証する。人間社会の基盤を担っているのはエロス的な愛の力である。だがこれにはエロスの力だけでは不十分なのであって、これと反対の側から宗教が人間の超個人的な意識、つまり一と全に対する感情を、一切を包む神に対する信仰を通して育て上げ、目覚めさせておく必要がある。神の国という背景がなければ、人間の社会は常に互いに争っている無数の原子、あるいは原子の集団に解体するだろう。このことは何よりもまずトマス・アクィナスからフランツ・フォン・バーダー〔一七六五―一八四一。ドイツの哲学者。神学者。ベーメの影響を受け神智論的な哲学を展開し、シェリングやロマン派に強い影響を与えた〕を経てマックス・シェーラーにいたるカトリック社会学が常に明確に洞察してきたことである。トーテミズムにおいてすでに、トーテムとなっている動物は同時に神聖の象徴でもあり、共同性の象徴でもある。すなわち宗教的表象が、トーテム集団にまとまりを与えているのである。未開民族は、自分たちが共同体に属していると感ずることが強いほど、共同体を浄め、共同体に識別の目印を与えてくれる一族の神に対する信仰をそれだけ一層強力に形成するものである。エロスは、個々の人間に愛を通して自己を超越させることによって、個々の人間から出発して共同体を作り上げる。宗教は、人間の周辺的な生き方にすべての人がそこで触れ合うような中心を与えることによって、全体から出発して共同体を作り上げる。性の共同体と神の国――この二つの柱によって社会の骨組は支えられているのである。そして、この有機的社会を機械的な社会で置き換えたいと思っているボルシェヴィズムが、宗教にも家族にも同じ程度に攻撃を加えているのは論理に適っている。

宗教とエロス精神との有する社会的なことに向かう傾向によって、両者共通の道徳に対する関係も生ずる。真正の道徳はすべて共同体という思想と切っても切れぬつながりがある。真正の道徳は常に自己克服と隣人愛の要求に懸命に従うものだ。マッハ〔一八三八―一九一六。ドイツの物理学者、哲学者。相対性理論や新実証主義に影響を与えた〕やニーチェやシュティルナー〔一八〇六―五六。ドイツの哲学者。ヘーゲル左派に属す。『唯一者とその所有』の著者〕のように、万人の万人に対する仮借なき戦いを倫理の規範とする者は、なんらの倫理を樹立するものではなく、生存の自然のままの無道徳性を認めているにすぎない。最も古く、動物界にまで深く根を下している倫理的関係は、母の子に対する関係である。母親が、自力では身を養うことのできない子に乳を飲ましてやるのは愛情からである。授乳という自然的な営みは、同時にまた道徳的な行為でもある。そしてこの行為は性によって規定されている。動物の場合は、母と子の関係が密接なのは哺乳期間だけである。離乳後は感情の鈍麻は完全な無関心にまで達する。バスティアン〔一八二六―一九〇五。ドイツの民族学者。世界各地を旅行し、諸民族の比較心理学的研究に努めた。ベルリンの民族学博物館は彼のコレクションが土台となって生まれた〕は同様なことを未開民族において観察している。生きものの最も古い道徳的関係は、このように性的感情によって養われているのである。動物界においてもすでに、牡は牝を交尾の後も捨て去らず、牝のところに踏みとどまって子の保護を引き受けるという現象が見られる。父親であり、夫であるという感情に、牡の最初の倫理的な心の動きが潜んでいるのである。またこの感情は牝の倫理的な母性感情に密接につながっているものなのである。猿では、牝が高い枝で子に授乳している間に、牡は木の根本で見張りをしているということが観察されている。エロスは自分が触れるものを良くしていこうとする抑えがたい望みを持っている。このことにすでに、エロスが人間の道徳的な力を育てる使命を持っているといわれるゆえんがあるのだ。ヴァルター・フォン・デア・フォーゲルヴァイデ〔一一七〇頃―一二三〇頃。中世ドイツ最大の抒情詩人〕が「ミンネは一切の徳が安全に守られている場所だ」といっているのはもっともである。ゲーテはシュタイン夫人に「あなたの仕事をやりとげて、私を本当に幸福にしてください」と頼んでいる。愛はこの上なく仕合せにしてくれるから、人を慈悲深くするのだ。これが、賞賛すべき仕事がこの上なく仕合せにしてくれるのではなく、この上なく仕合せであることが、賞賛すべき仕事が生まれることをはじめて可能にするような土壌を作るのだ、というルターの思想の正しい点である。エロスこそは、至福という資金を作り供給する使命を担っているのであり、この資金なくしては悪に打ち勝つことはできないのである。

また一方では宗教が道徳の建物を支えている。宗教がなくては永続的な道徳は存在しえない。人間が目に見える世界の上に、またその背後に絶対的な力を認めていなければ、いかなる世俗の力も、人間の共同生活を保証する道徳の命令を尊重するように人間を強制することはできないだろう。媒介するものがなくては隣人愛というものは存在しない。隣人愛は、男女の愛か、神への愛か、あるいはこの両方から生まれ、この両方あるいは一方からその生命力を得ているのだ。愛を持たぬ者や信仰を持たぬ者にあっては、人間愛は、それどころか隣人に対する尊敬さえもが、急速に衰えていく。宗教とエロス精神の共通の宿敵はエゴイズムである。これは両者に対する反対原理なのだ。生まれ変わるという行為によってエゴイズムを克服するのが宗教とエロス精神の共通の使命である。男女の愛と人間愛と神への愛の関連を念頭に置き、エロス精神と倫理と宗教との関連を念頭に置くならば、宗教の名において道徳の諸力を動員して、エロスの諸力に敵対するということは、精力の浪費であるだけではなく、文化の本当の破局だと考えざるをえないだろう。最初に人間の救済欲求がエロスの可能性と矛盾するにいたったとき、救済の熱望をエロスによって満たす代りに、エロスに向かって襲いかからせたときは真に悲劇的な瞬間であった。このことから結果する、エロス的な愛の能力と献身の能力の減退は、結局宗教的な謙虚の精神の衰えを惹き起こさざるをえなかった。すべての真正のエロス精神に備わっている、愛し合う二人の者を超越してその上に在る第三の存在を感じ取る感覚が衰えていくにつれて、この世界のあらゆる矛盾を超越して存在する最高の絶対的統一、すなわち神との触れ合いも次第に失われていく。それ故にインドでは、結婚は人間に課せられた宗教的義務となっている。これは(ヘブライ人でのように)民を殖やすために行なわれるのではなく、個々の人間が宇宙の不壊の法と調和を保つようにするためなのである。愛を知らぬものは、世界の仕組みを引き裂いてしまうだろうというのである。この考え方は模範とするにたる。この考え方は、エロス精神が持っている宇宙的な秩序形成力の明確な承認を含んでいるからである。ヨーロッパの文化世界も、エロスの救済の流れと宗教の救済の流れを合流させることに成功し、こうして結集された力が、人間をその永遠の使命に向かって運んでいくようにしたいと思うなら、同じような信念によって導かれなくてはならないであろう。

宗教がエロスを失うことによって失うところは実に大きい。男女の愛は献身と犠牲の心構えを訓育する。それは心の根底のしこりを解き、心情を柔らかにし可塑性を与える。それは心が直観を受け入れられるようにする。男女の愛は霊感を受ける力を育て、超越的世界からの示唆にじっと耳を傾ける忍耐力を鍛える。アウグスティヌスが「物事は、それが愛された程度に応じて認識される」(res tantum cognoscitur, quantum diligitur) といっているのはもっともである。エロスの聖寵の状態にあって愛を抱いている者は、すべてのことがらに対して正しい立場を保っている。こういう人には、愛は認識の源になる。我々が愛を抱き、エロスが与えてくれる、万物を愛する心で事物に近づくとき、我々は自然を常とは違った目で見るものだ。恐怖、憎悪、嫉妬は我々から離れ、観察するものと観察されるものとの間を隔てていた壁は消え、全体を見る目が開けてくる。そして遂には我々の観察の対象が、我々を愛し返すという行為のなかで、自分の秘密を明かすにいたるのである。我々にとって死んでいた世界が、愛のお蔭で生き返ったのだ。愛を抱いて身を捧げる者には、真理が心を打ち明けるのである。こういう人は宇宙の愛の力が見えるようになる。キリスト教のように、神の本質を愛に置く宗教にとっては、このことは、エロスは神の認識に対して目を開くということを意味する。エロスは我々が神の啓示を聞けるようにする。エロスは神と人を引き合わせる。こうして愛の状態と信の状態は混り合う。そして宗教の用語はしばしば愛の言葉と信の言葉を転換する。このような愛の心境では、信と知の間にも、また見ることと作ることの間にも、切れ目というものがない。愛を抱く者からは、芸術を創造する力も忽然として生まれる。ミンネの愛からミンネの歌が生まれる。「詩を作るためには、恋しなくてはならぬ」とゲーテは豊かな経験から得た意見を漏らしている。プラトンは『饗宴』のなかでアガトンに「誰でも、エロスが彼に触れるならば、たとえそれまではミューズと無縁であっても、皆詩人となる」と言わせている。愛を抱く人は創造的な人間だが、独在論者は全く非生産的な人間である。つまり芸術創造の神秘と創造的天才の謎も、不可思議で測り知れぬ男女の愛の力と関連しているのである。エロスが、創造の源泉とも信仰の源泉とも、地下で結びついているからこそ、創造の歓喜の宗教に（宇宙創造的なエロス精神として）関与すると同時に、人間の救済にも（救済的エロス精神として）関与するということが可能なのである。一つの幹からエロス精神の二つの枝が生え出るのである。

世界嫌悪によって特色づけられている禁欲主義は、世界創造の思想と世界救済の思想は著しく矛盾するものだ、と考えているが、エロスの持つ二重の性格は、それらは矛盾するものではないのだということを認識させる。この禁欲主義型の人間では、エロスとの断絶に、世界との断絶が先行する。エロスが神々への帰路を見出すことを望むのなら、エロスは世界嫌悪という障害物を片づけなくてはならない。エロスには、生の肯定と生の意味の肯定が、世界観的背景として必要なのだ。エロスが必要とするのは、世界愛であって、世界嫌悪ではない。こうして、ペシミズム、すなわち、筆者が世界嫌悪と呼んでいるあの浸蝕性の、すべてのものを毒していく、この世界に対する不機嫌な態度を克服することが、エロスの問題、つまり愛の運命にかかわる問題となり、宗教とエロス精神が分かち合わねばならない課題となるのである。

世界嫌悪は宗教的な性質のものである。これは挫折した信仰心、つまり終りまで行き切らなかった信仰心である。超越的世界に引きつけられると、人間は目に見える世界秩序を忘れることもありうるが、憎むこともありうる。後の場合には、（見せかけの）神への愛と世界憎悪は、同一の心のうちに宿っているのである。この場合、信仰を抱く者は、なるほど神を崇めはするが、なぜ神はこの世界を、この恐ろしい世界を造ったのか、という問いを脱することができないのである。宗教の持っている大きな危険は、人間に世界を嫌悪させ、世界を憎悪し、現世のものを侮蔑するまでにいたらしめるが、困惑した人間は、浄化された、この世に対する愛にいたるべきそれから先の道を見出すことができずにいる、ということである。これは、愛を抱く者が焦燥の状態を乗り越えることができず、救われたと感ずる代りに不安に憔悴している、というエロスの危険に比することもできるし、また神と一体となった人が、その神に酔った状態のために、かたわらにいる飢え苦しむ同胞が目に入らない、という神秘主義の危険にも比することもできる。この事情について述べられた最も素晴らしい言葉は、イギリスの宗教哲学者フリードリヒ・フォン・ヒューゲル〔一八五二—一九二五。イギリスのローマカトリック神学者。哲学者。現代主義運動の指導者の一人となったが、後に関係を断った。彼の思想はイギリスのキリスト教界全体に大きな影響を与えた〕が、姪に宛てたある手紙で言っている次のような言葉であろう。「宗教に関する一切のことに対する、今のお前の活潑な生き生きとして深い感得力が、宗教外の題目を多かれ少かれ陳腐なものに思わせ、テルトリアヌスのものやアウグスティヌスの『告白録』を読んだ後では、ホメロスやピンダロスを勉強しなくてはならないのを、煩わしく感ずるということは十分ありうることです。しかしもしそうなら、あるいはかりに将来そんなことが起こったとしたなら、お前がこういう考えを起こさないようにし、こういう考えに対して一所懸命抵抗してもらいたいものです。宗教にとっての危険というものがあるとすれば、——宗教の長い歴史全体を通じて宗教の力を蝕み、逆の方向における最も破壊的な放縦に導いていった、自然発生的な、ほとんど抑え難い傾向というものがあるとすれば——それは、聖寵の魅惑が、この世の美と務めを抑えつけ、それに注意を払わないようにさせることを許す傾向です。……この世のものの与える土台、動機、素材がなくては、聖寵は存在しません。また恩寵なくしては、この世のものは存在しないのです。私の望んでいることが完全に分かりますか。お前が宗教を切望しているからこそ、私は、お前が宗教と直接には関係のない営みや関心を育て続け、それどころかもっと入念に、もっと愛情をこめて育成してくれることを願っているのです。それも、私たちは当然のことながら食べざるをえないようにできているからとか、ちょっとした息抜きは当然しなくてはならないから、というだけのことではなく、この直接には宗教と関係のない関心や営みがなくなれば、お前は、徐々に目立たぬうちにではあるけれど、そこで聖寵が生まれ、それに聖寵が働きかけることのできる実体を失っていくからだ、というずっと重大な理由からなのです。」

宗教的体験が完成していくときは、この体験は、世界を呪詛する気持を通り抜け、世界を再び承認する心境にまで達するものである。被造物をけなしていては、創造主を愛することはできない。これが宗教の最後の認識である。

キルケゴールは、この生存の再肯定を「無限性の二様の運動」と名づけているが、実生活ではこの再肯定を実現することに成功しなかった。浄化された、この世に対する愛は、怯懦のオプティミズムとは無関係であり、生の深淵をこわごわ横目で見て通り過ぎるような態度や、この世界の腐敗堕落に対する子供のような無智とも無縁である。浄化された、この世に対する愛は、この世界の悪と恐ろしさを知っていながら、にもかかわらずこの世界を肯定するのである。ドストエフスキーの生に対する愛はこのようなものだった。被造物の不完全さと、ぞっとするような面にもかかわらず神を愛すること——これが宗教が人間に与える重大な任務なのだ。もし世界が完全なものならば、世界を愛することはたやすいことだろう。完全なものを愛するのに人間の努力は要らぬ。だが、不備なものを、それどころか畸型のものを愛することは、それに直面すると大抵の者が参ってしまうような要求なのである。神への愛が、この世に対する愛にまで成熟するということが、常に人間の神への愛が本物であるかどうかを知る試金石となるだろう。それ故に、世界嫌悪の克服はすべての宗教の中心問題である。世界嫌悪は被造物と創造主を嘲ることであり、それだから、世界嫌悪の行きつく果てである禁欲主義と全く同様に、神聖を冒瀆するものなのである。一旦このことの重大さが十分に理解されるならば、常に世界を肯定し、被造物の意義を信じなくては生きていられないエロスは、ほかならぬ宗教の側に最も強力な同盟者を見出すことになるのである。

世界創造と世界救済は、相容れぬ対立物ではなく、一つの発展の異なる段階である。世界救済は、造られた世界の破壊を要求するものではない。被造物は、最初から自己の救済の芽を、自分の神的な源への復帰の保証を蔵しているのである。自然全体が、道徳を持ち、神を求める存在を生み出すことを目指している。自然自体が、ある発展の段階に達するやいなや、自分のなかから道徳を持つ宇宙を生み出す。自然は、道徳を持つ宇宙が生まれるために死ぬ必要はない。ゲーテの神—自然やドストエフスキーの神—人のような概念は、世界と超越的世界が互いに補い合っていることを示している。人間が自己の根源と存在の始まりを覗きこむならば、自分が由来する源である神に突き当たるだろう。人間が自分の存在の目的に目を向けるならば、自分が行きつくところである神に再び突き当たるだろう。そして、この神において源と目標を一どきに見るならば、世界創造と世界救済の一致を眼前に見、そしてその世界一致の保証を見出すだろう。この一致が存在するから、女性において創造の原理と救済の原理が、同時に具象化されることができるのである。女性の一切を含む本性を考察しても、人間は、世界の始めと世界の終りとの間に存在するかのように見える矛盾を取り除くことができる。最後に、(愛の抱擁において)生殖の行為と自己脱却の瞬間が完全に一致するということも、深い象徴的な意味を持っている。被造物を個別化された形で永遠化してゆくその同じ行為が、また同時に被造物を個別化から救い出してくれるのである。

我々は、自然宗教と救済の宗教の対立は、明確な学問的な区別にもかかわらず、結局は幻影にすぎぬということになるだろう、と推測せざるをえない。全一性が宗教の本質であるなら、宗教の二つの基本的な種類が、最後には両者を支えている共通の全なるものに合流すべきであろう。両者は最も深いところで共通の一つの根、すなわち、パウロが、一切における一切である、といった神に終るのである。それ故に、けがれない目には、男根と十字架を、すなわち創造の聖なる象徴と救済の聖なる象徴を同時に見ていながら、恐れに戦くことがないということは可能であるに違いない。

世界創造の思想に女性的原理を、世界救済の思想に男性的原理を見るならば、両者の緊張関係は、両性の根源的緊張関係に還元される。男と女が、生殖と救済のために相手をめざし、互いに相手を求め、エロス的な合一においてはじめて対立を解消するように、男性的原理と女性的原理、理《ロゴス》と生《ビオス》も、この両極端の対立を超克したより高い統一において、和解させられねばならない。不遜にも、救済の理念を使って創造の理念を不利に陥れようというのは、性恐怖から生まれた、禁欲主義的で男性的な仕方での性問題の解決に、宇宙的な意味を付与し、人間存在の究極の問題に対する解決として用いるということになのである。

以上のような考えは、プラトンの、エロスの意味は τίκτειν ἐν τῷ καλῷ である、という言葉に、もう一度我々を連れ戻す。プラトンはこの解し難い言葉において、創造の神秘と救済の神秘を結びつけ、一致させようと試みたのだと筆者は思うのである。プラトンは、エロスの意味は創造的であること(τίκτειν)だと単純にいっているのではないし、また単に調和的であること、救われてあること(καλόν)だといっているのでもなく、聖寵の状態から生み出すことだといっているのである。従ってプラトンは、救済のこの至福の状態に、創造的であることの源を求めているのである。プラトンは、エロスの聖寵の状態の溢れるばかりの豊かさを、創造の源泉としている。この考えに従えば、恒久的な聖寵の状態である神は、世界をあり余る豊かさから創造したということになろう。しかしこれと逆のこと、つまり、神は欠乏と渇望から世界を創造した、ということも考えうるし、また考えられてもきた。この場合には、救済が創造にいたるのではなく、創造が救済の熱望から生まれるのであって、なし遂げられた救済から生まれるのではないということになるだろう。つまり救済のモチーフは、根源的で、またより包括的なモチーフであって、創造の歓喜を内包しているのだということになるだろう。エードゥアルト・フォン・ハルトマンはこの考えに近づいている。「どういう動機から、創造主が創造したかということはどうでもよいことだ。なぜなら、創造へ駆り立てる動機は常に、自己の現状を変革したいという願望なのであり、この願望は、現状にすっかり満足し切っていることとは相容れないものだからである。完全にそして不断に自己に満足している神には、創造することはできない。なんとなれば、創造は無からあるものへの移行、すなわち、自己の状態の意図的な変革を含んでおり、この変革は、現状に完全に満足しているときには不可能だからである。」世界の創造者たる神は同時に探し求める愛である、というキリスト教の思想は、創造の歓喜と救済のモチーフの両方を神に付与し、両者を神的存在の両面として神に統合するのである。神の苦しみと救済の切望がないならば、世界の創造はないだろうというのである。孤独を克服したいという密かな切願だけで、もう世界の創造は起こったのである。そしてこの切願は、すべての被造物に浸透しているのだが、同様に、すべての創造はこの切望をいやしてくれるだろう、という至福の予感も、すべての被造物に染みわたっているのである。つまり測り難い深奥では、救済のモチーフと創造の歓喜とは結びついているのであり、世界の根底は一つであるという信仰は、正しいことが認められるのである。世界の創造と世界の救済はどちらが先か、というようなことを誰が言えるだろうか。両者が、一回限りの出来事であるかどうかを言える者があろうか。神秘主義者が信じているように、神が再び世界と一つになるのなら、次に神は新たに再び世界を造り、それから新たに再び世界と一つになり、という具合に宇宙的リズムに従って永遠に続けていくのではなかろうか。インド人や古代メキシコ人の考えでは、世界の没落と世界の再生が永遠に交互に行なわれることになっているが、ちょうどそのような具合であろうか。あるいは最近の自然科学の知識では、宇宙は膨張したり収縮したりしていると考えられているが、そのようなものであろうか。それならば、世界の創造と世界の救済とが、永遠にかつ一定のリズムをもって交互に行なわれると考えることも可能となる。そうすれば世界の創造と世界の救済は、無限の行なう一つの運動の二つの相であり、いわば神の呼吸であるといえよう。

訳者あとがき

『宗教とエロス』の著者ヴァルター・シューバルトは一八九七年にチューリンゲン地方のゾンネベルクという町で生まれた。法学部卒業後、まずミュンヘン美術学校の法律顧問となり、次にイェーナ高等裁判所で弁護士として活躍した。一九三三年、政治的理由から、リガ（現在ソ連のラトヴィア共和国の首都）に移り、ここの大学で文学博士号を取得し、同大学の哲学講師となった。いくつかの哲学の著書があるが、特に『ヨーロッパと東方の心』および『ニーチェとドストエフスキー』によって名をなした。一九四〇年ソ連のラトヴィア進駐後、シューバルトはブタペストを経由してドイツに戻ろうとした。しかし一九四一年ヒットラーの対ソ宣戦布告のため国境が封鎖され、爾来夫人とともに消息を断った。

『宗教とエロス』は、著者の生前に上梓されたものではなく、一九四一年ミュンヘンの心理学のフリードリヒ・ザイフェルト教授の名で編集出版されたもので、著者による最終的な磨き上げを経ていなかったということも考えられるし、手稿を読み取る際の誤読、清書の際の書き誤り等も生じたかもしれない。そのためか固有名詞の綴り違いをはじめとして大分誤りが見られるようである。また疑問のある語、事項を調べる労もあまり取られたようには思えない。その点は仏訳も同じことで、いよいよつじつまの合わぬ箇所はカットするというようなことさえ行なわれている。

略歴から推察されるところでは、シューバルトは宗教学者でも民族学者でもなく、また精神病理学者でも社会学者でもないようである。そこで宗教儀式、民族の風習のような様々な具体的事象の記述には不備な点が少なからずあるのではないかと推測されるが、事実日本に関することにはかなりユーモラスな記事も見られる。(もっとも、フロイトの『トーテムとタブー』に引用されているケンプファーの『日本史』の記述にくらべればお手柔らかなものであるが。)このような素人目にも顕著な誤りのほかにも、様々な宗教に関する所説にも、各分野の専門家の目より見るときは、少なからぬ誤りが発見されるかもしれない。浅学の訳者たちはそのような誤りを見出す力もなく、さらに飜訳にあたってもとんでもない取り違えをしているかもしれないので、識者より御指摘、御叱責を賜わるならば誠に有難いと思っている。そういう次第で宗教とエロスの関係についての正確な歴史的知識を得るつもりで本書を読むことはいささか考えものであろう。そもそもこの本が歴史的記述をめざしたものでないことは、著者の序文からも窺えることである。歴史的記述のみならず、精神病理学的分析にせよ、社会学的研究にせよ、およそ客観的科学的な論述というものは、この本の意図するところではない。シューバルトは性愛に良心の安らかさを取り戻すと同時に、宗教に根源的生命を獲得せしめたいという切実な願いからこの本を書いたのである。ゲルマニストである三人の訳者が非力をもかえりみず、本書の飜訳を敢行したのも、文学におけるエロスの問題を考えるにあたって、本書の示唆するところが極めて多かったということもさりながら、やはりシューバルトの切願に動かされるところが大きかったと思うのである。

エロスの文字は今や巷に氾濫しており、性の問題と真剣に取り組んだ書物も決して少ないとはいえない。宗教とエロスの関係を取り扱ったものも珍しくはないが、それ等は精神病理学的観点から宗教的現象を性抑圧の現われとして論じたもの、一定の神学にたって性の倫理を説くもの、民族学的に「性の神神」を調査報告するもの等であって、本書のように性愛を宗教的救済の道として示し、同時に性愛そのものの尊厳を復活しようとする試みは寡聞にしてこれを知らない。あるいは、救いの道はさておき、今さら宗教によって性愛の尊厳を復活していただく必要はないという人もあるかも知れない。戦後の我国においては性はもう決してタブーではなく、十分肯定されているのであるということである。しかしながら、当節隆盛を極める「ポルノ映画」「ポルノ小説」なるものが、性のタブー意識を前提としなくては成立しえぬものであることを思うと、このような楽天的な考えを抱いているわけにもいくまい。また性の忌避など全く感じないという人たちがあったとしても、ここではまたエロスの尊厳などは一かけらも見当たらず、性愛は一杯のコーラを飲むようにか、さもなくば興奮剤もしくは麻薬のごとくに取り扱われていることも珍しくないのである。要するに否定する者も肯定する者も、エロスについては根源にさかのぼって考えることはほとんどせず、ささいな私的な問題として片づけるにしても、自然主義的に合理化するにしても、考えることはやめて「まあええやないか」とひたすら実践するにしても、性の諸問題は戦前と本質的には全く変わらぬ意識の上に投げ出されたままになっている。なぜ性が忌避すべきものとされたか、あるいはされているかはさっぱり解明されていないのだし、男性の放縦許容と女性に対する一方的な禁欲と純潔の要求の二重道徳も生き続け、女性蔑視は様々な衣をつけて堂々とまかり通っている。結局現在「エロス」と呼ばれているものは貪食本能の異名にすぎないのである。性教育にしても、生理技術教育や性取り締り教育にとどまるかぎり、性の運転教習にすぎず、人間形成という意味での教育とは無縁なものであろう。そういう状況を考えるとき、性愛を根源的に考え、性愛の尊厳を回復しようとする本書は、性の問題の解明と、人間を成長させ、高めるものとしての性愛教育の一つの手掛りとなるであろう。

現在の我国では、宗教とエロスとを結びつけることは物議をかもす恐れも少ないかわりに、深い関心を呼ぶこともないかも知れない。また本書の「キリスト教と禁欲主義」の章において展開された宗教とエロスとの血みどろの歴史は、要するに我々には無縁の物語りと受け取られ、救済のエロスという思想も所詮我国の宗教史、特に仏教史とはかかわりのないこととされるかもしれない。たしかに、我々が仏教というとき直ちに頭に浮かぶのは、鎌倉仏教であって、本書で展開されたような救済のエロスの思想は結びつき難いように思われる。たとえば浄土真宗では愛欲は否定されていないといっても、愛欲はどこまでも煩悩熾盛のこの身の救われ難さを悟らしめる契機である。その悟りが、絶対に救われえぬ者を救う本願の信に転ずるというところから見れば、確かに愛欲は救いのモメントであるが、そのことは決して性愛が救いをもたらすものとして聖化されることを意味するものではあるまい。訳者もこういう視点からのみ仏教を見ていたのであるが、シューバルトの書を訳していくうちに――彼自身は仏教をエロスを排斥する宗教と考えているのだが――仏教と救済のエロスとの結びつきを考えるようになったのである。

この本では当然なことながら、仏教の諸観念も経典の名もすべてローマナイズされたサンスクリットないしはパーリ語として登場してくる。これらを漢語と日本語としてしか知らぬ訳者は当惑せざるをえなかった。幸い中村元著『新・仏教辞典』のお蔭で次第に見当がつきはじめたが、仏教の諸観念をサンスクリットやパーリ語に帰って考えるという経験は、この辞典の与えてくれた様々の知識とともに、仏教を日本からインドへと連れ戻した。つまり、仏教はインドの宗教であるという自明の事実に思いいたらせたのである。それと同時に、密教の背後にはヒンドゥー教があるというこれまた分かり切った事実が見えはじめてきた。ヒンドゥー教には偉大なエロスの宗教があり、ここでも救済のエロスの思想は生まれている。とすれば仏教のなかに救済のエロスの思想が入ってきても少しも不思議ではあるまい。事実ヒンドゥー教のシャークタ派(性力派)の一派左道性力派は男女合歓の恍惚を神への合一、解脱境と観ずるエロスの神秘主義思想を生み出したが、仏教もこの派の影響を受け、左道密教たるタントラ仏教が生まれる。これはチベットに渡ってはエロス的仏像をもって有名なラマ教の根幹となったが、中国や我国の仏教には影響しなかったことになっているらしい。中国を経て我国に入った密教は高度に純化された密教であった。すなわち、エロス的なものは抽象化され、アレゴリーに化石されてしまっており、全く性力的でなくなっていたということらしい。いうまでもなく、我国の密教の僧は、修道士に劣らぬ禁欲的生活を送り、独身制に服していたから、性愛の恍惚などというものは全く無縁なことのように思える。しかし、アレゴリーが文字通りのものとなっていかぬと誰が保証できよう。そういったことから、まずエロスを追放した真言密教の寺院のうちで、日本のタントラ仏教というべきものの種子となるものがはぐくまれていったらしい。やがてそれが一人の真言の僧仁寛において結実し、武蔵の国に本朝タントラ仏教の種が蒔かれ（一一一四）、一三世紀後半になると全国各所に繁茂するにいたっていた。これすなわち、異端立川流である。読者のなかにはこの名を聞いただけで、眉をしかめられる方もあるかもしれない。全くこの異端の悪名の高さは相当のものであるらしい。たとえばこの異端には異様なる本尊の建立のことが伝えられているが、その様を極めて大雑把に述べれば、異端の行者は、漆を塗った髑髏に、好相の女人と交会してえた和合水を塗ること百二十度、さらにその上に金銀の箔をおして本尊とするといったものである。これを見ただけで立川流なるものは到底真面目に取り扱うに値しない最低の邪教の印象を受けるのは当然である。これは誓願房心定なる僧が一二七〇年に著した立川流弾劾の書『受法用心集』下巻に述べられているところであるが、この書のテキストを付録として収めている守山聖真著『立川邪教とその社会的背景の研究』（昭和四十年）によると、この書は余り広くは知られていないということであるから、立川流は必ずしもかかる黒ミサもどきの行をなすものなるが故に邪教であるとされているわけではなかろう。なにもそこまでいかなくても、この派が男女陰陽の道という「不浄の行」を即身成仏の秘術としたといわれていることだけですでに、言語道断の邪教とされてきたと考えても大した過ちはなかろう。勿論ことは門外漢の容易に理解しえない秘密の教えの世界で起こったことであるから、神学的論争は恐るべき錯綜を示すやも知れぬが、肝要なのは宗教とエロスの結びつきであると思う。

さて破邪顕正の書『受法用心集』は、立川異端の言語道断の邪教なることを強烈に印象せしめるのに最も有効なる事象として髑髏本尊のことを描いたのであろうし、また当時におけるその宣伝効果はさぞやと想像されるのであるが、この書の「本寺の正流の人々の事は都て是れをいはず、辺土田舎においては真言師と聞ゆる輩の中に十人が九人は皆是れを密教の肝心と信じあへり」という言葉が見える。話八分に聞くにしても、この文からは当時この異端は真言宗界を支配せんとする勢を示していたことが窺える。この破邪顕正のキャンペーンの烈しさそのものがその状況を雄弁に物語っているのではなかろうか。では、いかに乱世とはいえ、金箔つきの髑髏を祭るがごとき珍妙なる宗教が何故にかほどの大勢力を持ちえたのか。あるいは、異端の信徒は皆狂人だったのか。ことによると、一切を独身制による性の抑圧に帰し、立川異端が経典のアレゴリーを文字通りに解することによって、性欲の満足を正当化したから多くの信奉者を得たのだ、というような解釈も出てくるかもしれないが、これこそ自然主義的解釈というものではなかろうか。こういう解釈は、宗教に対する無関心の支配する現代の人間の意識を、当時の人の心に移入して考えるところから出てくるのである。鎌倉から室町にかけては、宗教的意識は史上最大の高まりを示しているのであって、救済への願いは激しさを極めていたのである。その時代に救いの大事をセックスの満足の口実として利用するセックス自由化運動が起こったという考えには、深い疑いを抱かざるをえない。唐突な連想であるが、訳者は髑髏本尊の呪法の文を読んで、教父エピファニウスの報告しているグノーシス異端の一派の秘密の儀式の光景を想起した。この儀式の黒ミサ的性格は『受法用心集』の伝える呪法をはるかに凌いでいるが、いとわしい光景の叙述に現われている破邪顕正の熱情には両者幾分相通じるものがある。二人の弾劾者がともに、信者と思われるほどまでに異端の徒と親密になり、その教義、密儀を探っているところまで似ているのも面白い。グノーシス異端についても、破邪顕正の書の類だけにもとづいてそのイメージを作り上げるならば、その多くは狂気の所産のように見えてくるかもしれないのである。一般に異端派の教典は抹殺される場合が多く、異端に対する情報は、正統派の破邪顕正の書を最大の情報源とせざるをえないことが少なくない。その結果しばらく時がたつと、異端者たちは、痴人か狂人か魔道の徒としか見えなくなってしまうということも起こるのである。さて立川異端も髑髏本尊の前でセックスの自由化に専心していたのではなく、何百種という著作を行なっているのである。それは経典の自己の教説からする注解であることもあれば、さらに経典を土台としつつ新しく作り出された異端の経典（偽経）であることもあった。これまた当然彼らの犯した大いなる罪とされているのであり、それらの大部分は焚書にあったという。そういう次第で我々にはこの異端の思想を知る手掛りがほとんど存在しないのであるが、現代になって幸いに発見された、この異端の大成者とされている文観の理趣経の注釈（『注理趣教』）の研究からだけでも上掲の立川流研究書の著者は、文観は邪教の徒にあらずと言う結論を出しているのであるから、おびただしい文書のうちで抹殺をのがれた若干が発見されるようなことがあれば、この異端においても新しい仏教の救道者が見出されるかもしれない。しかしいかに新しい資料が現われても、救済のエロスという思想を、聖なるものと不浄なるものを結びつけようとする邪見と断ずる限り、事態は変化を見ないかもしれぬ。立川異端の徒のなかには、救済の悲願が我国歴史上空前絶後の激しさで燃え上がった時代に、エロスに救済の道を見出し、救済のエロスの宗教を形成しようとした人たちも含まれていたのではなかろうか。彼らの救済のエロスの追求は、あるいは道を誤り、失敗に終ったのかもしれない。それについて我々が断定するには資料が乏しすぎる。しかし道を迷ったにせよ、そうでなかったにせよ、救済のエロスということを日本の歴史のなかで考えていくにあたっては、立川流の問題は避けて通るわけにはいかぬのではなかろうか。

性愛の問題は、要するに生物としての人間の自然的欲求に発するものである、という立場に立てば、宗教とエロスの結びつきは、宗教の独身制によってその欲求が抑圧されていたために生じたものにすぎぬ、とする考えに達するのはまことに当然である。従って我国の仏教についていうなら、明治五年の肉食妻帯勝手たるべしの太政官布告をもって宗教とエロスが結びつく可能性は消えたということになろう。シューバルトは禁欲主義の凄惨なる歴史を照らし出し、独身制に審判を下したが、神秘主義者のはなはだ官能的な法悦の言葉を、宗教の姿を取った性の満足とするような解釈には断じてくみしなかった。シューバルトが法悦に見たのは、性愛の陶酔の代償物ではなく、救済のエロスの恍惚だった。そのような神秘主義者の恍惚にシューバルトが見出している、自我脱却、個別化の牢を打ち破って大なる全一への帰入、等は、仏教徒にとっても親しみのある事柄ではなかろうか。というよりむしろ訳者はシューバルトの神秘主義についての論述に、キリスト教にとどまりえぬものを感じている。これは、必ずしも訳者のキリスト教を理解することが余りにも浅いことにのみ由来するものではなかろう。シューバルトは神秘主義において、諸宗教の排他的対立を乗り越えるものを見出したのである。それ故に、彼はあくまで真摯なキリスト者であり続けているのだが、そのことが少しも排他的対立を生み出さず、キリスト教と仏教との間でも互いに他を豊かにする道を開いているのである。訳者のごときも、彼の仏教に関する説ではなく、キリスト教について説いたところに導かれて、仏教においてはエロスは罪の悟りの契機にすぎぬ、というような断定の誤りに気づいたのである。ここにいたって訳者は、原著者の呼びかけに対して、救済のエロスの思想は我国の歴史には無縁である、とすましてはおられぬものを覚え、一知半解の知識をもって独断的思いつきを並べ答えに代えたものである。その答えの頓狂なるに驚かれた諸賢が『宗教とエロス』を一読するの労を取られ、シューバルトの意のあるところを汲まれるとともに、我国における問題として考えられるならば、妄言にもまた一利があったといえよう。

昨年の晩秋に好エッセイの紹介ぐらいの比較的軽い気持で始めたこの飜訳は、著者の執念が訳者たちを次第に深みに引きずりこんでいくにつれて問題は続出し、完成は予定より大幅に遅れてしまった。その間訳者たちの我儘な願いを快く聞き入れ、はげましてくださった法政大学出版局の稲義人氏、松永辰郎氏にここにあらためて深く感謝の意を表したい。

昭和四九年夏

石川　実

《叢書・ウニベルシタス　61》
宗教とエロス

1975年２月20日　初　版第１刷発行
2015年３月20日　新装版第１刷発行

ヴァルター・シューバルト
石川 実・平田達治・山本 実 訳
発行所　一般財団法人　法政大学出版局
〒102-0071 東京都千代田区富士見 2-17-1
電話 03(5214)5540 振替 00160-6-95814
印刷：三和印刷　製本：積信堂

Printed in Japan

ISBN978-4-588-14007-5

著　者

ヴァルター・シューバルト（Walter Schubart）

1897年，チューリンゲン地方のゾンネベルクに生まれる．法学部を修了後，ミュンヘン美術学校法律顧問，イェーナ高等裁判所弁護士として活躍．1933年，政治的理由により，リガ（現在のラトヴィア共和国首都）へ移り文学博士号を取得，同大学哲学講師となる．哲学的著書『ヨーロッパと東方の心』および『ニーチェとドストエフスキー』によって名をなす．1941年，ソ連のラトヴィア進駐後，ドイツへ戻ろうとしたがヒットラーの対ソ宣戦布告のため国境が封鎖され，爾来，夫人とともに消息を絶つ．

訳　者

石川 実（いしかわ　みのる）

1955年京都大学修士課程修了．大阪大学名誉教授．

平田達治（ひらた　たつじ）

1959年大阪大学修士課程修了．大阪大学名誉教授．

山本 実（やまもと　みのる）

1966年京都大学修士課程修了．元大阪大学教授．